D'OR ET D'AIRAIN

ERIC BRIYS

D'OR ET D'AIRAIN

Penser, cliquer, agir

PARIS
LES BELLES LETTRES
2017

*© 2017, Société d'édition Les Belles Lettres,
95, boulevard Raspail, 75006 Paris.
www.lesbelleslettres.com*

ISBN : 978-2-251-44628-8

« Il est des métaux amis et des métaux ennemis. »
Primo LEVI.

Dans un étonnant recueil intitulé *Le Système périodique*, l'écrivain chimiste italien Primo Levi balise des épisodes de sa vie en les plaçant sous le signe d'un métal ou d'un gaz.

De l'or il dit l'incertitude. Incertitude, mais aussi fièvre qui depuis longtemps s'est emparée des hommes et ne les a plus quittés. Je ne saurais dire si cette fièvre fait de l'or un métal ami. Il est en revanche un métal dont la sinistre réputation en fait un ennemi à coup sûr, l'airain.

OR : symbole chimique Au. Numéro atomique 79

L'or scintille dans la mythologie gréco-romaine. De l'âge d'or d'Hésiode aux Pommes d'or du Jardin des Hespérides en passant par la conquête de la Toison d'or, le métal jaune ne cesse d'agiter les hommes. Fascination paradoxale car l'or brille rarement seul. L'âge d'or annonce l'âge d'airain. Les fameux boucliers d'or du roi Salomon finiront en boucliers d'airain.

AIRAIN : alliage de cuivre et d'étain, aujourd'hui plus connu sous le nom de bronze.

L'âge d'airain est un âge sombre. C'est l'âge des guerres, de la violence. L'airain a aussi force de loi, une loi qui est implacable, impitoyable. Elle tient sous sa coupe les ouvriers qui, s'insurgeait le socialiste allemand Ferdinand Lassalle, perçoivent un salaire ne leur assurant que leur stricte subsistance. Pour les candides disciples de Schumpeter (destruction créatrice), l'airain de la destruction annonce l'or de la prospérité réinventée.

D'OR ET D'AIRAIN :

« *Et ainsi Danae, la toute belle,*
Passa de la lumière heureuse du jour à des murs d'airain,
Et dans cette chambre secrète et close comme une tombe,
Elle vécut en captive. Mais un jour, elle reçut la visite
De Zeus dans sa pluie d'or [1]. »

De la pluie d'or qui lysa l'airain des murs et féconda Danae naquit Persée, le vainqueur des Gorgones aux ailes d'or et aux griffes d'airain.

De quoi cette pluie numérique qui continûment arrose nos vies est-elle l'annonciatrice ?

---

1. Edith Hamilton, *La Mythologie. Ses dieux, ses héros, ses légendes*, Poche Marabout, 2013, p. 182.

À mon Père,
avec lequel j'aurais dû flâner plus souvent,
qui savait que la terre est patiente,

À la mémoire de Jean-Michel Cornu de Lenclos,
éditeur aux semelles de vent,

À la mémoire de Robert Julien Kast
qui savait aller « chemin musant »,

À ceux de Colognola.

« Il faut que l'homme ait le temps de faire et tout à la fois de se regarder faire. »

Charles Ferdinand Ramuz.

« Le vieil oracle dit, toute chose a deux leviers : méfie-toi du mauvais. »

Ralph Waldo Emerson.

« La différence est savoureuse. »

Édouard Glissant.

OUVERTURE

> « Il m'a appris à regarder, et à prendre confiance en ce que
> je voyais. »
>
> James BALDWIN.

> « Je ne fais, je ne suis, je ne vis, je ne vois que des ponts. »
>
> Michel SERRES.

Il suffit parfois d'une flânerie pour ouvrir les yeux. Ou
plutôt pour que l'on vous les ouvre. En ce début d'avril,
il y a bientôt quarante ans, l'incertain soleil de printemps
ne parvient toujours pas à réchauffer ces murs de pierres
crayeuses le long desquels j'aimais à baguenauder, et auxquels j'aimais à raconter mes secrets. J'avais une confiance
totale en ces verticales pages rugueuses que la paume de
ma main caressait comme pour y cacher mes trésors. J'étais
convaincu que le mutisme des murs était plus franc que celui
des tombes. Ce jour d'avril, encore engourdi d'hiver, n'était
pourtant pas un jour à emmurement de secrets. C'était un
jour où, pour la première fois, j'allais apprendre à regarder.
J'étais impressionné que l'on puisse apprendre à regarder
tant j'étais convaincu que les yeux « ça marche tout seul ».
Mon compagnon du jour, professeur de regard, était un
flâneur professionnel, un historien du dimanche comme
il aimait à se définir, un homme auquel je vouais (et voue
toujours) une profonde admiration tant son parcours peu
usuel me fascinait. Philippe Ariès [2], c'est de lui dont il s'agit,

---

2. Philippe Ariès (1914-1984), un des grands historiens français de
la « nouvelle histoire ». On lui doit de nombreux livres devenus

m'emmenait donc prendre une leçon de regard, une leçon
un peu spéciale. Nous allions voir des tombes. Nous mar-
chions d'un pas lent, et je ne pouvais m'empêcher de scruter
du coin de l'œil ce que celui de Philippe Ariès pouvait bien
avoir de plus que le mien. Nous arrivâmes devant cette jolie
église normande du XIᵉ siècle dite Saint-Denis-de-Bernières.
Philippe me demanda ce que je voyais. Je répondis une
église, une vieille église, une presque chapelle. Mais encore
insista Philippe. Je décrivis l'église, son clocher, ses minus-
cules vitraux. J'étais encore loin du compte. Je parlais alors
des tombes dispersées autour de l'église et du muret qui
fermait le tout. C'est bien, me répondit Philippe mais ton
regard est encore trop impatient, il ne (se) pose pas assez
de questions. C'était donc cela que l'œil de Philippe avait
de plus que le mien, il était patient, il prenait le temps de
regarder pour mieux discerner. J'avais toutefois beau poser
mon regard, je ne voyais pas où Philippe voulait en venir. Il
me demanda de penser à d'autres églises que je connaissais
et de lui dire en quoi je les trouvais différentes. *Fiat Lux*!
Celles que je connaissais n'avaient pas de cimetières autour
d'elles. Les cimetières étaient ailleurs. Je ne parvenais toutefois pas à comprendre ce qui, en dehors d'un problème
d'espace ou d'hygiène, avait privé ces églises de leurs cimetières. Philippe me parla alors de l'homme devant la mort.
Il m'expliqua que l'homme avait pris ses distances d'avec
la mort, qu'il ne supportait plus sa proximité. Au Moyen
Âge en revanche, on enterrait *ad sanctos*, au plus près des
tombeaux des saints, de leurs reliques. On enterrait près
des églises. Philippe m'expliqua que le mot *coemeterium*
désignait l'« *azylus circum ecclesiam* », l'asile de la dernière
demeure. Le cimetière que Philippe m'apprenait à regarder
témoignait de cet enchevêtrement inouï entre vie et mort
dans des espaces qui souvent tenaient aussi lieu de marchés. « On vivait avec eux [les morts] dans une familiarité

---

des classiques dont *Histoire des populations françaises et de leurs
attitudes devant la vie depuis le XVIIIᵉ siècle*, *L'enfant et la vie familiale
sous l'Ancien Régime* et *L'homme devant la mort*.

qui nous paraît aujourd'hui presque indécente », écrira un jour Philippe[3]. Je venais de prendre ma première leçon de regard, une fameuse leçon, leçon qui serait suivie de bien d'autres au gré des promenades qu'il m'a été donné de faire avec ce malicieux historien qui n'a cessé, sa vie durant, de regarder là où les autres ne regardaient pas.

Près de quarante ans ont passé, et je n'ai pas oublié la leçon. La patience est un troisième œil, qui permet aux deux autres de voir plus loin, un œil musard qu'il faut savoir garder ouvert, y compris et surtout lorsque les deux autres sont clos d'impatience.

J'ai pourtant choisi un métier qui met mon troisième œil à rude épreuve, un métier qui baigne dans l'impatience, dans l'incommensurable envie d'immédiateté, dans l'ivresse de la célérité. Il y a dix-sept ans j'ai cofondé une entreprise numérique, une entreprise dont Internet est à la fois la source et le véhicule de ces trépidations impatientes. Cette impatience, souvent pathologique, qu'engendre l'Internet ne cesse de m'étonner. Elle m'a parfois donné bien du fil à retordre avec mes actionnaires. Il faut avouer que mon associé et moi n'avons pas choisi la voie facile. Nous avons pris le parti de revisiter le livre, ce *liber*, qui si l'on en croit le passionnant Larousse des mots de l'histoire, a « traversé les âges en gardant toujours le même sens, alors que le support de l'écriture a lui-même changé plusieurs fois de nature. » Des roseaux du Nil à Amazon (toujours une histoire de fleuve!), de la membrane de Pergame aux mains maculées d'encre de Johannes Gutenberg, le livre demeure « encré » dans ses écorces originelles. Il est un éloge à toutes ces patiences qui, tout au long de l'histoire, ont façonné ses formes. Patience du cueilleur de roseau, patience du racleur de peau, patience du moine copiste, patience du libraire autrefois éditeur, patience du bibliothécaire, patience de l'auteur, patience

---

3. S'il était encore parmi nous, Philippe Ariès n'aurait pas manqué de remarquer combien les apôtres du numérique veulent tenir la mort à distance (au point de vouloir devenir immortels).

du lecteur, le livre est bien plus que la somme de toutes ces patiences, de toutes ses patiences devrais-je écrire. À ces patiences patinées de la passion d'hommes et de femmes passeurs de mots, nous avons pris le risque d'accoupler une impatience, celle du numérique. En l'an 2000, nous décidons de célébrer le nouveau siècle à notre façon. Nous inventons les premières bibliothèques numériques accessibles en ligne *via* le paiement d'un abonnement forfaitaire. Une fois le règlement effectué, tous les livres de la bibliothèque sont lisibles en ligne, en texte intégral (le fameux *streaming* anglo-saxon), sans limitation aucune quant au nombre de lecteurs simultanés d'un même ouvrage. Aux (deux) yeux d'innombrables sceptiques qui ne donnent d'ailleurs par cher de notre peau, nous commettons un acte barbare. Nous galvaudons toutes ces patiences qui sont la chair même du livre. Nous ouvrons la boîte de Pandore.

Mais voilà, l'entrepreneur est têtu! Son entêtement est d'autant plus marqué qu'il s'abreuve à l'affectueux enseignement d'un historien lui-même longtemps victime d'un scepticisme redoutable, le scepticisme universitaire. Il faut bien l'admettre, les sceptiques n'ont que deux yeux, quand ils ne sont pas cyclopes! En 2000, mon troisième œil voit l'ironie d'un enseignement universitaire qui doit ouvrir les étudiants au tout-monde mais qui repose sur la tyrannie pédagogique du manuel unique. Il voit l'agacement d'étudiants qui doivent attendre que les livres désirés soient rendus pour enfin les emprunter. Il voit la gabegie du désherbage de bibliothèques qui doivent se séparer des anciennes éditions pour laisser place aux nouvelles. Ce que mon troisième œil voit est infiniment frustrant, mais aussi… profondément réjouissant. Car, cette frustration est de bon aloi: elle est précisément le carburant de l'entrepreneur. Elle le maintient dans le refus du *statu quo*. Elle l'incite à tenter de changer ce qui n'est pas en ce qui sera peut-être. Cette frustration reste toutefois stérile si elle ne s'accompagne pas simultanément d'une joie d'agir, d'une joie, quelque peu vaniteuse, d'œuvrer au bon moment, à bon escient.

Cette joie entrepreneuriale, je la dois aux petites poucettes chères à Michel Serres, et d'une certaine manière à Michel Serres lui-même. Le cimetière que je visitais, il y a près de quarante ans, en compagnie de Philippe Ariès forme l'enceinte d'une église qui est vouée à saint Denis. Dans son touchant opuscule intitulé *Petite Poucette*, Michel Serres appuie justement une partie de son propos sur l'histoire de l'évêque saint Denis dont la vie s'acheva tragiquement alors qu'il prêchait les premiers chrétiens de Lutèce. Les chrétiens faisaient alors l'objet de persécutions ordonnées par l'empereur Domitien. Arrêté par le proconsul Fescennius, saint Denis fut d'abord torturé. Puis, un centurion lui trancha la tête. Saint Denis ne mourut pas de suite. Il se releva, et saisissant sa tête entre ses mains marcha jusqu'à s'effondrer, dit l'hagiographie, à l'actuel emplacement de la cathédrale de Saint-Denis. Le peintre Nicolas Poussin a représenté la décollation de saint Denis dans une toile qui se trouve au Louvre. On peut y voir l'effarement des témoins de la scène et l'épouvante du centurion assassin. Et Michel Serres de conclure :

> « Lorsque, le matin, vous vous asseyez devant votre ordinateur, vous avez en face de vous votre tête, comme celle de saint Denis. En effet, les facultés dont je viens de vous parler se trouvent dans votre tête : la mémoire, l'imagination, la raison, des milliers de logiciels pour accomplir des opérations que vous ne feriez pas sans votre tête. Or votre tête est objectivée ; vous avez perdu la tête. Pour parodier le titre du roman de Musil, j'appellerais volontiers l'homme moderne "l'homme sans faculté". Vous avez perdu ces facultés, mais elles se trouvent toutes devant vous. »

Michel Serres se réjouit. Grâce à cet ordinateur que nous tenons dans nos mains, notre tête intelligente peut s'affranchir de notre tête osseuse et neuronale. Ainsi, les petites poucettes écolières et étudiantes, si souvent connectées, se meuvent étêtées mais non pas écervelées. Elles sont devenues des céphalophores qui célèbrent allègrement les flux numériques sans jamais devoir renoncer aux génies des sources. La joie de l'entrepreneur est immense de prendre

part à cette émancipation céphalophore au point de vouloir
faire des petites poucettes des bibliophores, en introduisant
dans la boîte-ordinateur la bibliothèque que ses murs ren-
daient immobiles, que le poids de ses collections de livres
imprimés rend impossible à mouvoir d'un bloc. Cette joie
est plus intense encore lorsque, quelques années de labeur
plus tard, ses enfants, devenus étudiants, sont à leur tour
bibliophores! Elle devient jubilation lorsque des centaines
de milliers d'étudiants africains, trop longtemps privés
du livre imprimé, deviennent à leur tour des bibliophores
ardents. Elle devient plénitude lorsque les bibliophores,
libérés des murs de leurs institutions, de leurs bibliothèques,
rayonnent en une communauté vibrante qui porte les livres
autant que les livres la transportent.

Cette joie, cette jubilation, cette plénitude n'excluent pas
pour autant le questionnement numérique. La bibliophorie,
pour ne pas dire la biblio-euphorie, à laquelle mon entreprise apporte toute son énergie, tout son enthousiasme,
tout son entêtement (pour étêter il faut être entêté!) est un
poste d'observation privilégié. De ce poste, je peux scruter
cette disruption numérique, cette destruction créatrice,
cette fameuse uberisation, bref cette loi aurifère de l'airain
dont tant de commentateurs font leurs choux gras, et qui
ne cesse pas de m'exaspérer. Mon exaspération provient
de cette paresse du regard que j'associe à tous ces termes
dont ceux qui les profèrent n'imaginent (sans doute) pas la
violence et la gratuité. Je refuse de me joindre à la cohorte
de tous ces techno-réjouis, pour ne pas dire techno-ravis de
la crèche numérique[4]. Je récuse ce bluff numérique, jumeau
digital du bluff technologique[5], qui irritait tant Jacques Ellul:

---

4. Je connais trop bien ce sentiment exaltant, et je plaide coupable
d'avoir été dans une autre vie un techno-ravi de la crèche financière!
5. Jacques Ellul prenait soin de distinguer la technologie, au sens
de discours sur la technique, et technique elle-même. Souvent
incomprise, son ire s'adressait à la technologie et non pas
à la technique. J'appelle bluff numérique le bluff du discours sur le
numérique dont destruction créatrice et disruption sont devenues
des piliers.

« Et il s'agit bien de bluff, parce que dans ce discours l'on multiplie par cent les possibilités effectives des techniques [*ce que j'appelle l'or*] et que l'on voile radicalement les aspects négatifs [*ce que j'appelle l'airain*]. »

Ce refus de l'airain qui se fait passer pour de l'or me ramène une fois de plus à ce cimetière que Philippe Ariès me demandait de regarder avec patience et attention. Je ne peux en effet me résoudre à ce que cette crèche doive nécessairement trôner au milieu du cimetière des vaincus, vaincus d'une soi-disant guerre numérique, pour ne pas dire d'une barbarie[6] numérique, dont je ne comprends ni les termes, ni la légitimité. Il me suffit de lire les propos du philosophe français Pierre Caye pour comprendre que je ne suis pas seul dans cette incompréhension :

« Dans l'expression "destruction créatrice", la destruction semble conjurée et sauvée par la création qui vient en définitive l'accomplir ; c'est en quoi elle est promesse de progrès. Mais la destruction créatrice implique nécessairement son envers, à savoir que toute production se paie au prix d'une destruction, que toute création est puissance de destruction sans que l'on soit toujours en mesure de faire le compte ou d'établir le bilan de ce qui est détruit et de ce qui, en contrepartie, se trouve produit à partir de cette destruction. »

Car, comme n'a jamais cessé de le rappeler Fernand Braudel, « au détour de nos raisonnements (surtout lorsqu'ils sont comptables !), le temps long, chaque fois, réclame son dû ». Les techno-ravis numériques prétendent tenir avec rigueur (ils ont les données, les big data !) cette comptabilité pourtant bien illusoire, et ainsi légitimer la marche d'airain du progrès. Mais ils oublient, comme le rappelle Pierre Caye[7], que les mots qu'ils emploient sont issus d'une

---

6. Pour reprendre le titre du livre d'Alessandro Baricco.
7. Je ne pensais pas, en employant le terme de crèche, faire écho au propos ma foi revigorant de Pierre Caye selon lequel « tout économiste est un théologien qui s'ignore et, comme tout théologien

période (entre-deux-guerres et guerre) qui fourbit ses armes (technologiques), et se lance dans une destruction meurtrière. À destruction créatrice, il faudrait d'ailleurs substituer l'expression destruction prédatrice tant la prétendue création est, en partie hélas non négligeable, le résultat d'une kyrielle de larcins, de rapines que l'arrogante comptabilité économique, pour le coup créative, s'est empressée d'omettre dans ses flatteurs bilans des Trente Glorieuses, et plus encore de la mondialisation. Il faut sans doute en conclure que la mondialisation n'est que la guerre poursuivie par d'autres moyens, et ne pas s'étonner que les mêmes causes produisent les mêmes mots, les mêmes maux. En réponse à ces objections, les avocats de la destruction créatrice et ceux de la disruption, ce sont bien souvent les mêmes, arguent de la fameuse main invisible d'Adam Smith dont la sagacité serait aujourd'hui inégalée tant sa paume est riche de données numériques et d'algorithmes. La main ne tremblerait plus, elle nous indiquerait sans faillir cette direction dorée qui doit nous rendre l'airain du chemin moins douloureux. C'est oublier bien vite que dans un monde de plus en façonné par le numérique la main invisible commet de plus en plus d'erreurs. C'est un terrible camouflet que celui de disposer de données de plus en plus abondantes et, pourtant, de ne pouvoir se tromper moins souvent. Ce paradoxe s'explique par la puissance actuelle des effets de rendements croissants et de gagnants qui raflent la mise. La taille appelle en effet de plus en plus la taille. Seul le gagnant subsiste, et la taille finit par étouffer toute concurrence. Ainsi en va-t-il de Facebook, de Google, d'Amazon, etc. Rien ne dit, hélas, que le gagnant soit bien celui que nous aurions désigné si nous avions eu le temps de la réflexion. Nous finissons par adopter des technologies, des applications non parce qu'elles sont meilleures [8]

---

naïf et inconscient des notions et traditions qu'il manipule, il produit une théologie grossière, sauvage et dangereuse ».

8. Nous n'avons même plus le temps de discuter de ce que nous entendons par meilleur.

que leurs rivales mais parce que d'autres, connus de nous ou pas, les ont adoptées. À ce jeu-là, le gagnant finit par disposer du verrou et de la clé qui excluent toute autre option. Et ce verrou peut causer bien des dégâts tant il devient, avec le temps, difficile à faire sauter. L'impéritie de la destruction créatrice et de la disruption est une évidence : les technologies dont nous (ab)usons sont gagnantes non parce que nous en avons consciemment décidé ainsi mais parce que des facteurs apparemment anodins ont enclenché une trajectoire qui est devenue inéluctable. L'histoire de la technologie n'est pas avare de ces épisodes. On peut par exemple se demander pourquoi le moteur à combustion interne, celui de nos voitures, l'a emporté sur le moteur à vapeur ? Était-il meilleur ? Rien n'est moins sûr. La différence s'est jouée, entre autres facteurs [9], sur un démarreur électrique et un retour de manivelle. En 1910, Henry Leland, le fondateur de la marque Cadillac, apprend la mort d'un de ses amis proches, Byron Carter, d'un malencontreux retour de manivelle alors qu'il démarrait sa Cadillac. Choqué par ce triste événement, Henry Leland mobilisa ses ingénieurs afin qu'ils inventent un nouveau mode de démarrage. Ils inventèrent le démarreur électrique. La commodité de pouvoir démarrer son véhicule d'une simple pression de doigt contribua à causer le déclin des voitures à vapeur (pourtant plus nombreuses) dont la mise en route était plus lente. Nos ancêtres ont-ils fait le bon choix ce jour-là ? J'en doute. Ils ont fait preuve d'une grande impatience dont nous subissons les conséquences plus d'un siècle plus tard. Comme l'écrit Richard Nelson dans son livre *Technology, Institutions, and Economic Growth* :

> « Si dans les premiers temps de l'histoire automobile le dé était tombé sur une autre face, peut-être conduirions-nous aujourd'hui tous des voitures à vapeur ou électriques. »

---

9. Détaillés par Robert Pool dans le livre d'Albert H. Teich, *Technology and the Future*, Thomson, 2006.

Ainsi, destruction créatrice et disruption sont-elles à la merci du lancer d'un dé. Comment leur accorder un quelconque crédit! Je ne puis imaginer que l'homme ne puisse formuler un rapport pacifié, non destructeur, au monde, aux richesses produites ou naturelles, en somme un rapport pacifié à lui-même. L'écrivain suisse Charles Ferdinand Ramuz, homme pétri de patience bienveillante, écrivit un jour « Il faut que l'homme ait le temps de faire et tout à la fois de se regarder faire. » Quelle magnifique tension, en effet, que celle de la main qui fait, et qui ne néglige pas de se regarder faire. L'action est continuité, le regard est invention. Le fil n'est pas interrompu, il n'est pas sauvagement coupé, il est tissé et retissé, enrichi de ses emmêlements, au rythme de l'action, au gré du regard qui rien ne néglige, et qui toujours guette l'inattendu, cet inattendu que la main tentera de féconder [10].

Cette main, c'est aussi, d'une certaine façon, la mienne à laquelle on a reproché, bien souvent, trop souvent à mon goût, de faire fi des patiences du livre, de cisailler sa chaîne, d'étrangler ses libraires, de chasser ses bibliothécaires de leurs temples, d'y faire entrer la horde numérique, et que sais-je encore. Je peux comprendre cette *angst*, cette anxiété qui est aussi celle de l'homme face à l'airain de la machine tout comme je peux entendre l'enthousiasme aurifère des prosélytes du progrès numérique. Je fais néanmoins le pari qu'ils ne résisteraient ni les uns ni les autres à cette flânerie attentive à laquelle m'a initié Philippe Ariès. J'aimerais pouvoir flâner avec tous ceux que le numérique, que les algorithmes, que les robots effraient ou réjouissent. Ce n'est pas l'envie qui m'en manque, mais, pour des raisons évidentes, je ne suis pas en mesure de le faire. J'ai donc décidé de prendre la plume, et d'écrire ce livre qui est mon invitation à une flânerie que j'espère tout aussi attentive et patiente que mes flâneries historiennes d'antan.

---

10. De ce point de vue, les ouvrages de Matthew Crawford, *Éloge du carburateur* et *Contact* sont ramuziens : je regarde ma main (faire), donc je suis.

Cette inclination pour la flânerie et l'affection que je porte toujours à Philippe Ariès expliquent la structure de l'ouvrage. Je n'ai pas cherché à développer un essai à charge ou à décharge, encore moins une thèse. J'ai cherché à écrire une promenade rythmée par des stations, stations qui sont autant de lieux que j'affectionne, d'objets auxquels je suis attaché, de gens dont les aventures de vie et de travail au contact de ces lieux, au contact de ces objets, au contact des uns et des autres me passionnent, m'intriguent et m'inspirent. Je me sens proche de cet homme, si bien décrit par Albert Bégin, qui « recourt à des objets, à des fragments de papiers, à des paysages un jour familiers, pour évoquer à l'aide de ces épaves magiques tout ce qui en lui, quelque part, attend de s'émouvoir à nouveau pour le plus beau des chants [11] ». J'ai pensé ce livre comme un rhizome qui se donne à lire par les tiges aériennes qu'il propulse çà et là.

De cette longue flânerie, je retiens une intuition, ou plutôt une espérance, celle du poète martiniquais (du rhizome) Édouard Glissant. Ce n'est pas de disruption [12], encore moins de destruction dont il nous faut parler. C'est de créolisation dont il faut nous imprégner, cette créolisation dont Glissant disait qu'elle est une « façon de se transformer de façon continue sans se perdre [13] ». De cette rencontre encore incertaine entre l'univers physique et l'univers numérique je tire l'intuition d'une créolisation à même de produire des inattendus, inattendus qui n'ont point besoin de destruction pour sourdre. Car, dans cette créolisation, l'homme

---

11. Albert Bégin, *L'Âme romantique et le rêve*, José Corti, Biblio, Le Livre de poche, 1991, p. XIV.

12. Jaron Lanier, dans son excellent livre *Who Owns The Future ?* nous invite à ne pas être dupes de cette disruption : « Dans la Silicon Valley, on entend en permanence que telle ou telle industrie est mûre pour la disruption. Nous nous illusionnons en pensant que la disruption requiert de la créativité. Ce n'est pas vrai. C'est toujours la même histoire. »

13. http://www.lemonde.fr/disparitions/article/2011/02/04/pour-l-ecrivain-edouard-glissant-la-creolisation-du-monde-etait-irreversible_1474923_3382.html#DHSVtmeIb6yhHC6y.99

prend le temps d'être *Homo Pontifex* [14]. Il n'est pas cet *Homo* « *Disruptus* », pontife cynique et détestable qui ne peut durablement unir sans détruire, qui ne sait marcher que sur des décombres. L'homme qui bâtit le pont qui relie l'île au continent ne « disrupte » ni l'île, ni ses îliens. Ce pont n'aurait aucun sens, ni aller, ni retour, s'il était incapable, dès la première pile posée, d'unir au propre comme au figuré les deux rives. *Homo Disruptus* ne cesse de clamer que l'airain annonce l'or. *Homo Pontifex* fait fi de cette métallurgie de pacotille. Il perpétue simplement et patiemment cet art millénaire du pontage qui créolise les rives opposées, qu'elles soient physiques ou numériques.

---

14. L'*Homo Pontifex* cher à Michel Serres.

LIEUX

BIBLIOTHÈQUE EUCLIDIENNE,
BIBLIOTHÈQUE CRÉOLISÉE

« Les livres sont des bateaux, et les mots, leurs équipages. »
Émile OLLIVIER.

« Fascinés par l'aventure de l'informatique, les poètes sentent aujourd'hui qu'il y a là, non pas l'amorce d'une réponse possible à cette apostrophe que la société leur adresse, mais l'occasion au moins de renouer le fil entre ces deux ordres de la connaissance, le poétique et le scientifique. »
Édouard GLISSANT.

« Nous devons voir, sentir, toucher, manipuler, chanter, danser, communiquer directement avant de tirer de la machine un soutien supplémentaire de la vie. Si nous sommes vides, pour commencer, la machine nous laissera plus vides encore. Si nous sommes passifs et impuissants, pour commencer, la machine nous laissera encore plus faibles. »
Lewis MUMFORD.

Dois-je l'avouer, les bibliothèques publiques me dépriment. Elles devraient pourtant susciter l'émoi et la passion du fou de livres que je suis. Elles m'attristent car, une fois le tourniquet d'entrée franchi, je ne peux m'empêcher de voir dans ces travées de livres alignés et immobiles des colonnes d'orphelins silencieux. Dans cet orphelinat [15] si singulier, je ressens en chaque livre, rivé à l'étagère qui

---

15. Dans le mot bibliothèque, Θ ήκη (*théke*) signifie aussi cercueil !

lui a été assignée, un être inquiet qui attend fébrilement le moment incertain de son adoption. Lorsque, par chance, un visiteur ralentit le pas, lorsqu'il incline la tête pour ensuite tordre son buste dans cette posture que j'ai toujours trouvée inconfortable, je crois entendre chaque livre s'écrier, implorer « par ici, non pas là, ici, oui juste devant… ». Je capte ensuite ces soupirs lourds et défaits devant cette main qui déjà s'éloigne, ce corps qui a repris sa position de marche. Parfois, j'imagine le pire. Ce pire porte des noms sinistres : désherbage, pilon, incinération. Vous ne le savez peut-être pas mais, chaque année, des centaines d'orphelins, pour ne pas dire des milliers, sont chassés sans ménagement des rayonnages pour alimenter le plus légal des autodafés. On dit qu'ils sont désherbés. Leur vie s'achève dans le fracas du pilon ou les flammes de l'incinération. L'orphelinat se débarrasse discrètement de ses orphelins. Si, comme l'écrit Émile Ollivier, les livres sont des bateaux, chaque livre désherbé est un bateau que l'on désarme, un équipage qui disparaît, la victoire de la tempête sur le voyage. Je ne peux me résigner à ce que Holbrook Jackson appelait les infortunes des livres :

> « C'est une longue histoire que celle de tous ces grands livres qui sont restés inconnus, ensevelis dans nos bibliothèques publiques et privées [16]. »

Je sais bien sûr que cet orphelinat qui me rend d'humeur si maussade est dans des mains expertes pour ne pas dire charitables. Je serais de bien mauvaise foi si je ne reconnaissais pas le dévouement et le professionnalisme avec lesquels les bibliothécaires organisent leurs espaces. Je serais bien ingrat si je passais sous silence les recommandations enthousiastes faites aux lecteurs, les efforts déployés pour faciliter flânerie et baguenaude et, *in fine*, cette adoption qui

---

16. Holbrook Jackson, *The Anatomy of Bibliomania*, Urbana et Chicago, University of Illinois Press, 2001, p. 417.

m'est si chère. Si les livres sont des bateaux, les bibliothécaires sont leurs sémaphores.

À dire vrai, je suis même un peu jaloux. L'amertume de
la première vision estompée, je m'émerveille devant cette
ville dont les quartiers ont été savamment cartographiés.
Ici, le quartier de la littérature française, là-bas le quartier
des sciences, un peu plus loin celui de la psychologie. C'est
une ville que l'on peut embrasser d'un seul regard qui nous
renseigne sur sa taille, sur la complexité de son tracé, sur
le nombre de ses habitants. Il est facile d'y déambuler, de
passer d'une ruelle à l'autre, d'y faire des rencontres souvent
inattendues, que ce soit celle d'un livre encore inconnu ou
d'un lecteur assidu tout aussi inconnu. Une bibliothèque
est aussi cette antibibliothèque chère à Umberto Eco et
Nassim Taleb qui donne le vertige de tous ces livres que
nous n'avons pas encore lus, qui nous rappelle élégamment
l'étendue des savoirs qu'il nous reste à saisir. Je n'ai cessé
de m'interroger sur l'élément architectural qui donne à
cette ville ou antiville sa remarquable unité urbaine, et qui
parvient à me faire oublier, au moins pour un temps, cette
sinistre vision de l'orphelinat.

Je crois avoir trouvé. Il s'agit de la géométrie, celle
du fameux Euclide. Si Archimède était dans sa baignoire
lorsqu'il poussa son fameux Eurêka, il me semble évident
qu'Euclide était dans une bibliothèque lorsqu'il formula les
postulats qui l'ont rendu célèbre. Entre deux livres passe
une étagère et une seule. Le plus court chemin d'un livre
à un autre, c'est l'étagère sur laquelle ils se trouvent. Sous
deux livres passe une étagère rectiligne qu'on pourrait
(si le budget le permettait !) prolonger à l'infini. L'angle
droit que fait le livre X avec son étagère est égal à l'angle
droit que fait le livre Y avec l'étagère parallèle du dessous
ou du dessus, etc. C'est vrai, Euclide n'a pas tout à fait dit ça.
Mais, si vous appelez un point un livre et une étagère une
droite, vous retrouverez une version imagée des postulats
qui l'ont rendu célèbre. C'est cette géométrie qu'ont investie
avec succès les bibliothécaires en indexant chaque îlot géométrique de façon à ce que nous le localisions facilement.

Une bibliothèque, c'est *in fine* une interface géométrique en lutte permanente contre cet orphelinat qui la menace. Cette lutte prend la forme de cette mission si bien résumée par Matthew Battles, bibliothécaire à la Houghton Library de Harvard :

> « … au cœur même du mandat de toute bibliothèque : déposer les livres entre les mains des lecteurs. »

Alors, pourquoi diable, suis-je jaloux ?

Je devrais être guilleret. Voici en effet plus de quinze ans que je bâtis des bibliothèques. Ces bibliothèques n'ont pas de murs. Elles n'ont pas de toit. Elles sont… invisibles. Elles contiennent pourtant des dizaines de milliers de livres dans des langues multiples. Mais ce sont des livres qui sont, eux aussi, invisibles. Impossible de les saisir à pleines mains. Ils ont perdu toute odeur d'encre et de papier. Ils n'ont plus d'épaisseur. Ils sont dans les limbes numériques. On ne peut plus les aimer pour leur seul aspect extérieur. Le lecteur ne palpe plus le début et la fin du livre, ce début que nous touchons de la main gauche et cette fin que nous appréhendons de la main droite. Il ne peut plus « faire corps » avec son livre, corner ses feuillets, brasser d'un mouvement rapide de son pouce l'éventail de ses pages pour enfin s'assoupir aux côtés de son livre ouvert. Le dedans n'a plus de dehors. Mes bibliothèques sont numériques, virtuelles. Leur espace foncier se limite à un écran plat, plus ou moins grand. Ma jalousie naît de la platitude de cette interface à laquelle il manque cette dimension non seulement physique mais aussi sensorielle.

Mais voilà, depuis quinze ans, des millions d'étudiants à travers le monde apaisent cette jalousie (sans pour autant totalement l'éteindre). Depuis quinze ans, des milliers de professeurs font de même en balisant, tels des Sherpas du livre, les parcours de lecture de leurs étudiants. Ce baume au cœur académique est-il suffisamment réparateur pour qu'un amoureux déclaré du livre imprimé dénature ainsi l'objet de sa passion ? Je répondrai qu'il faut précisément un amateur du livre, de la lecture et de la pédagogie pour oser envisager la promesse numérique. J'ai enseigné l'économie et la finance pendant une quinzaine d'années. Je leur ai consacré des essais et des manuels. Les amphithéâtres, les salles de classe sont un peu mes madeleines de Proust. Lorsque l'occasion m'est donnée de retourner dans ces espaces pédagogiques, je hume au sens littéral du terme les cours qui y ont été dispensés au fil du temps. Je revois mes propres cours. Je ressens cette incertaine vibration de la première séance durant laquelle un équipage qui ne se connaît pas encore doit entériner la lettre de course qui sera la sienne tout au long du périple pédagogique. Chaque cours est l'objet d'une minutieuse cartographie à l'issue de laquelle le professeur remet à ses étudiants la feuille de route. L'un des ingrédients majeurs de cette feuille de route est le manuel support du cours, celui qui scandera au gré de ses chapitres la progression vers la destination finale.

Mais, voilà, nouvelle frustration ! Je n'ai jamais cessé de détester cette douloureuse épreuve à mes yeux qui consiste à ne retenir qu'un seul manuel au détriment des autres. J'ai tout autant détesté l'hypocrisie de ce que le plan de cours range usuellement sous l'étiquette : lectures additionnelles conseillées, c'est-à-dire ces quelques livres en exemplaires uniques à la bibliothèque, toujours indisponibles car ils trônent sur le bureau du professeur. Cette pédagogie que j'abhorre est une pédagogie du rationnement. On ne peut choisir un manuel parce qu'il serait à tous égards meilleur que les autres. Cela n'a aucun sens. Qui d'ailleurs peut prétendre transmettre le tremblement d'une discipline au travers d'un livre unique si remarquable soit-il ? Comment peut-on un seul instant imaginer se priver de la sérendipité, de l'obliquité engendrées par la juxtaposition d'auteurs et de points de vue. Sauf évidemment à succomber au trop fameux PowerPoint (aimablement fourni par l'éditeur dudit manuel). Le choix mutilant du manuel imposé est un choix par défaut. Il est mis en place faute de mieux car on ne peut demander à chaque étudiant d'acquérir quatre ou cinq livres par cours. On ne peut non plus déporter cette charge budgétaire sur la bibliothèque de l'université.

C'est cette frustration intense et cette volonté d'échapper à ce que j'appelle la tyrannie du manuel unique (« *timeo hominem unius libri* », écrivait saint Thomas d'Aquin), qui m'ont conduit à concevoir ces bibliothèques numériques qui sont aujourd'hui si naturelles à tous ces étudiants que Michel Serres baptise affectueusement Petites Poucettes. Je me réjouis chaque jour que nous ayons contribué à apporter le livre là où, pour des raisons évidentes, il voyage si mal, et se conserve si difficilement. Bien que cet apport soit numérique et donc impalpable, je n'ai encore jamais entendu un étudiant africain ou haïtien me dire combien il regrettait le contact du papier ou l'odeur de l'encre[17]. Quand le plan A n'existe pas, le plan B est de toute évidence le plan A! Je me réjouis tout autant que nous ayons offert aux Petites Poucettes où qu'elles se trouvent cette redondance numérique, synonyme de liberté de lecture qui permet de substituer à un manuel aride d'autres manuels d'accès plus faciles. Un livre peut en cacher d'autres, tout comme un lecteur, en offrant le labyrinthe de ses étagères numériques, nous guide vers des livres que, seul, nous n'aurions pas identifiés. Nous avons illustré ce passage digital de témoin par l'expression suivante: « Vous êtes à un livre de votre prochaine bibliothèque, vous êtes à une bibliothèque de votre prochain livre. »

Toutes ces joies n'effacent malheureusement pas totalement cette *gelosia* frustrante qui finalement porte bien son nom. Cette jalousie qu'est l'écran de l'ordinateur ou de la tablette est une bien piètre interface qui, faute d'y apporter remède, appauvrit singulièrement l'expérience du contexte. J'ai parfois l'impression que cet écran est le petit bout de la lorgnette qui ne permet de voir que quelques détails au détriment de l'ensemble. Un écran d'ordinateur ne peut

---

17. Que de bêtises a-t-on dites à propos de cette encre! Il faut lire et relire François Bon: (traverses) de l'odeur du papier et autres fariboles, in *Après le livre*, Seuil, 2011.

frontalement rivaliser avec une bibliothèque de briques, de bois, de ciment, de fer, de verre, d'acier qui, par magie euclidienne, permet d'embrasser, d'un coup d'œil d'un seul, la richesse de son espace et de son catalogue. C'est, je le répète, un piètre huissier d'horizons si on le laisse en l'état. Il existe certes de nombreux outils (moteur de recherche en texte intégral, indexation, Web design, etc.) dont les lecteurs peuvent faire usage afin de naviguer aisément au sein d'un catalogue numérique. Mais, quand bien même l'identification de tel ou tel livre est facilitée, l'absence de la troisième dimension se fait sentir à un moment ou à un autre. À bien y réfléchir, il n'y a pourtant aucune raison pour que notre horizon reste bouché. Pourquoi, en effet, la bibliothèque physique et la bibliothèque numérique devraient-elles s'ignorer l'une ou l'autre, pire encore, pourquoi en seraient-elles réduites à s'affronter ? Le jeu entre elles n'est nullement un jeu à somme nulle. Ce que gagne l'une n'est pas ce que perd l'autre. Leur jeu est de somme positive : cette somme, c'est le lecteur que toutes deux chérissent. *In lector veritas* !

La longue histoire des bibliothèques physiques est aussi celle de leurs richesses tant en termes d'architecture qu'en termes de collections. L'histoire des bibliothèques numériques ne peut revendiquer un tel passé. Il est en revanche une richesse latente dont les bibliothèques numériques peuvent se targuer. Cette richesse est immense. Elle est saisie en temps réel. Chaque lecteur dessine des sillages numériques au gré de ses lectures numériques. C'est une riche étoffe digitale que tissent tous les lecteurs connectés à la bibliothèque au fur et à mesure de leurs parcours rythmés par la myriade de leurs lectures numériques. Chaque livre s'enrichit au fil de cette dérive numérique de nouvelles métadonnées. Il n'est plus seulement un livre de cuisine publié en 2013 par les Éditions Stéphane Leduc. Il est, en outre, un livre lu par Ariane, livre qu'elle a apprécié au point de l'affecter à l'une de ses étagères numériques. Malgré son étroitesse, la petite fenêtre est source de flux étonnement fertiles. Finalement, Michel Serres ne croit pas si bien dire lorsqu'il parle avec tendresse et admiration de ses chères Petites Poucettes. Chaque Petite Poucette, au gré de ses lectures, sème de petits cailloux dont l'assemblage façonne sa bibliothèque personnelle. Ces flux permanents me fascinent car ils sont chaque jour et chaque nuit alimentés par des lecteurs dispersés aux quatre vents. Comment rester indifférent devant un tel bouillonnement, devant un tel gisement ? Le gisement brut n'a évidemment que peu d'intérêt. Il n'a de valeur que s'il est proprement mis en valeur. Par proprement, je n'entends pas le choix de telle ou telle technique, de tel ou tel algorithme. Je me situe bien plus en amont, aux côtés du lecteur. Je tente d'esquisser les questions dont les réponses rendront service à ce lecteur, dont les réponses permettront de réduire ce temps insupportable durant lequel un livre demeure orphelin de lecteur. Après moult méditations et bavardages, j'en suis arrivé à reformuler la question qui ne cesse de hanter tout bibliothécaire : Comment ranger la bibliothèque ? Plus exactement, comment faudrait-il ordonner la bibliothèque si l'on prenait en compte, outre les données traditionnelles des bibliothécaires, celles issues de tous ces sillages individuels qui enrichissent au fil de l'eau le profil de chaque ouvrage ? Serait-ce le même rangement ou bien serait-il radicalement différent ? Cette question du rangement des livres préoccupait Georges Perec dans son ouvrage *Penser/ Classer*. Dans le chapitre intitulé « L'art et la manière de ranger ses livres », il énumère les nombreuses façons de réduire l'entropie d'une bibliothèque : classement alphabétique, classement par couleurs, par langues, par genres, par reliures, par priorités de lecture, etc. Nous nous sommes tous posés un jour ou l'autre ces questions lorsqu'il s'est agi de mettre un peu d'ordre dans nos bibliothèques personnelles, ne serait-ce que pour s'y retrouver un peu plus facilement.

Je ne prendrai parti pour aucune des options envisagées par Georges Perec quand bien même j'ai ma propre stratégie de rangement de ma bibliothèque personnelle. Je n'ai pas besoin de le faire, car je vais tenter un saut quantique : passer de la multitude des sillages individuels au sillage collectif. Si tous étaient un, quelle serait sa bibliothèque ?

Telle est l'ambitieuse question. La bibliothèque numérique a le désavantage par rapport à son illustre aînée de l'étroitesse de sa lucarne. De ce désavantage, elle peut faire un atout en essayant de dessiner une carte de ce territoire complexe et mouvant qu'est l'enchevêtrement des sillages individuels de lecture. C'est une tâche que n'aurait pas reniée Ératosthène, le bibliothécaire géomètre qui, à l'aide des livres de géométrie de sa bibliothèque (d'Alexandrie), d'un gnomon et du soleil mesurait le grand dehors. Car, c'est bien toujours de géométrie dont il s'agit. Ce n'est plus la même, elle est non euclidienne. Dans les limbes numériques, deux livres sont souvent portés par des étagères multiples : celle de Jean, celle de Flora, celle de Clément, etc. Ordinateurs et algorithmes d'intelligence artificielle remplacent le gnomon et le soleil d'Ératosthène. L'objectif reste néanmoins le même : cartographier le grand dehors, celui que nos yeux ne peuvent voir, celui que notre corps ne peut appréhender. Ce labeur cartographique est rendu possible par l'analyse des données de lecture qui font la vie de la bibliothèque numérique. La fouille de ces données, la mise en lumière des liens livresques tissés par l'emmêlement des lectures numériques fournissent la matière au dessin de la carte.

Je dois avouer que cette exploration au cœur des données a dissipé totalement la jalousie et la frustration évoquées plus haut. Je sentais l'ivresse de découverte des Ptolémée, Al-Kachi de Samarcande, Jean de Sacrobosco et autres Mercator qui nourrissaient ce formidable appétit de cartographier au long cours, cette volonté inébranlable de visualiser cette Terre en dépit des piètres huissiers d'horizon qu'étaient leurs yeux. Je crois y avoir retrouvé ce travail de précision du cartographe-géomètre qui accompagnait cette soif des ailleurs des navigateurs dont les périples insensés permettaient de réduire, chaque jour un peu plus, l'emprise de Terra Incognita. J'ai vibré à cette quête qui réunissait des hommes reclus dans leurs bibliothèques, d'autres courageusement vissés à la barre de leurs navires, soudés par un même appel du grand dehors, une même

envie insatiable d'arpenter le monde, de le représenter
pour mieux le raconter. Je me souviens avoir maintes fois
songé au ravissement qui était le mien lorsque mes parents
m'emmenaient avec ma sœur au Planétarium du Palais
de la découverte : je vois aujourd'hui les livres comme un
cosmos d'étoiles que nous tentons de positionner les uns
par rapport aux autres, tel un firmament bibliothécaire.

Cet enthousiasme céleste chevillé au corps, nous sommes
parvenus à dresser ce que j'appelle les cartes intimes de
nos bibliothèques numériques. Cartes, car elles indiquent
dans un plan imaginaire la position de chaque livre par
rapport à ses voisins à l'image du planétarium de mon
enfance. Intimes, car leur matière première est pétrie par
les lectures des usagers de nos bibliothèques numériques.
Il ne reste alors qu'à visualiser le résultat obtenu. La pro-
jection murale de ces cartes, leur visualisation sur grand
écran illustrent, à un instant donné, de manière vivante
et interactive, l'organisation spatiale des livres dans leurs
proximités et leurs distances. La carte embrasse en un seul
écran des dizaines de milliers de livres. Chaque livre devient
un point sur la carte dont le halo de couleur indique son
appartenance thématique. Toutes ces couleurs entremêlées
donnent à la carte une allure de toile contemporaine devant
laquelle on s'interroge, que l'on essaie, et c'est bien le but,
d'interpréter. Pourquoi ce joyeux désordre multicolore
alors que dans une bibliothèque physique les livres de
cuisine ne fréquentent pas les livres de mathématiques ?
Pourquoi tel livre est-il aussi éloigné de tel autre ? Où se
trouve ce livre ? Dans quel voisinage ? Comment passe-t-on
de celui-ci à celui-là ? Puis-je savoir quelle pourrait être ma
bibliothèque « idéale » ?

À la lecture du livre de Jean d'Ormesson, *Comme un chant
d'espérance*, j'ai trouvé en deux simples mots les deux clés
de la carte : comment et pourquoi. Comme l'écrit si justement Jean d'Ormesson, le comment relève de la science.
L'algorithme, empreint de science, nous montre en effet
comment les lecteurs lisent : il dresse la carte d'un territoire
invisible à nos yeux. Le pourquoi, dit Jean d'Ormesson,

appartient au roman. La carte ne nous explique pas pourquoi les gens lisent comme elle le représente. À nous de
le deviner, de le raconter, de tenter d'expliquer ce que
nous voyons. Et, finalement, qu'importe que notre expli-
cation soit juste ou pas, le lecteur, le livre et la lecture en
sortent gagnants. Les histoires ne sont jamais ni tout à fait
vraies, ni tout à fait fausses. Face à la carte, nous parlons
de livres, nous partons à leur découverte tout en essayant
de comprendre les liens plus ou moins distendus qui se
sont tissés entre eux au gré de tant de lectures. Je ne me
lasse pas de contempler ces cartes dans lesquelles, j'en suis
désormais convaincu, mes chers orphelins ne le resteront
plus très longtemps.

Le livre, la lecture, le lecteur gagnent ai-je écrit. Mais,
c'est aussi et surtout la bibliothèque qui gagne, qu'elle
soit d'atomes ou numérique. La carte devient un remarquable point d'attache tant numérique par sa conception
que physique par ses usages. Je vois dans cette carte issue
des cailloux semés par les Petites Poucettes non seulement
la solution à ma jalousie frustrée et frustrante (l'orphelinat
et la platitude de l'écran) mais aussi et surtout le moyen
pour ne pas dire le prétexte, s'il en fallait un, par lequel
repenser l'architecture de la bibliothèque physique. Comme
je l'ai dit plus haut, le jeu ne peut être de somme nulle. Il
doit être de somme positive au bénéfice des lecteurs et des
livres qu'ils lisent.

Je reprends volontiers à mon compte le concept de créolisation cher au poète martiniquais Édouard Glissant et
repris par David Edgerton dans son remarquable essai *Quoi
de neuf?* Édouard Glissant définit la créolisation comme un
métissage qui produit de l'inattendu. Bibliothèque physique
et bibliothèque numérique peuvent se métisser, et de leur
enchevêtrement, l'inattendu peut sourdre. Il me paraît par
exemple évident que la fonction originelle de toute bibliothèque numérique (numériser des livres afin de permettre
leur lecture en ligne) est pauvre au regard des richesses
que drainent dans leur sillage les technologies numériques.
En rêvant la bibliothèque numérique comme un prisme

cartographique et visuel (dont les données peuvent aussi être issues des prêts d'ouvrages imprimés), c'est finalement des cartes qui se dessinent, cartes qui vont contribuer à redéfinir/ créoliser le territoire de la bibliothèque physique. Ce sont ces cartes qui vont stimuler, du moins en partie, la réflexion sur la réorganisation de l'espace physique. Habituellement, les cartes naissent des territoires qu'elles cartographient. La célèbre carte du métro londonien cartographie, certes en la déformant, la ville physique qui porte le réseau métropolitain. La carte part de la ville et de son métro, de son territoire, pour en formuler une carte, une visualisation utile aux voyageurs. Dans le cas de la bibliothèque physique, c'est un peu l'inverse : la ville est à (re)dessiner. La carte appelle le territoire tout en partant des lecteurs et des livres. C'est pourquoi la bibliothèque ne doit plus se demander si elle est physique ou numérique. Elle est bibliothèque. Tout simplement. Ce que Walter Benjamin, dont je « créolise » l'une des phrases, exprimerait sans doute de la façon suivante :

> « On pourrait dire, de façon générale, que la bibliothèque numérique détache la bibliothèque physique du domaine de la tradition. Et en permettant à la bibliothèque de s'offrir au récepteur dans la situation où il se trouve, elle créolise la bibliothèque physique (qui à son tour la créolise). »

Mon esprit créolisé vagabonde. J'imagine déjà au sein des bibliothèques des cabines, à l'image des photomatons de mon enfance, dans lesquelles nous irons nous faire tirer le portrait sous la forme de nos bibliothèques idéales. Je vois les murs des bibliothèques ornés de ces cartes devant lesquelles lecteurs et bibliothécaires poursuivront les voyages que la lecture des livres imprimés ou numériques aura initiés. Je m'imagine rêvant devant une carte du monde s'animant en temps réel au gré des lectures de gens que je ne rencontrerai peut-être jamais. L'écrivain haïtien Dany Laferrière dit qu'il n'y a rien de plus émouvant que d'observer quelqu'un en train de lire. Que dire alors d'une carte qui prend le pouls des lecteurs de par le monde !

Cette créolisation est un chantier vibrant et passionnant. Elle est source d'inattendu, cet inattendu dont Édouard Glissant ne cessait de rappeler qu'il est toute la différence entre le métissage et la créolisation. Je le rejoins sur ce point décisif : je ne veux pas de bibliothèques métisses, je revendique des bibliothèques créolisées. Édouard Glissant reprochait au métissage son déterminisme, si je ne le trahis pas, de n'être que du ressort de l'addition. La créolisation est tout sauf linéaire, elle est faite de sinuosités qui libèrent les énergies, et leur donnent ces élans dont on ne sait pas vraiment jusqu'où ils nous conduiront. La force de la créolisation est dans ce dynamisme vital, dans la multiplication. Dans son remarquable ouvrage intitulé *Contre le colonialisme numérique. Manifeste pour continuer à lire*, Roberto Casati analyse comment notre rapport à la photographie a évolué depuis que nos smartphones sont aussi performants que de vrais appareils photographiques. En bref, nous sommes passés du rituel estival de l'appareil argentique pendu au cou de nos papas à un partage planétaire des clichés *via* Flickr, Facebook ou Instagram, clichés pris par… des téléphones. D'un acte qui fleurait bon les vacances familiales et qui exigeait de la patience, la photographie a basculé dans un univers dans lequel sa banalisation (numérique) a engendré de nouveaux modes d'expression photographique. La photographie s'est créolisée tant dans ses usages, ses représentations que dans ses instruments.

Il n'est pas de meilleure métaphore que la bibliothèque pour humer l'or et l'airain du temps, pour en humer les créolisations possibles. La bibliothèque de mon enfance, celle du βιβλίον (*biblion*, le livre) et du θήκη (*théke*, le coffre), est emblématique de communautés, de sociétés fondées sur l'imprimé, cet or du savoir qu'elle a pour mission de stocker et de préserver. La bibliothèque numérique est la signature de communautés, de sociétés qui ouvrent le coffre, et en dispersent le contenu numérisé aux quatre vents. Coffre fermé, coffre ouvert ? Surtout ne pas en rester là ! Je suis intimement convaincu que le rituel bibliothécaire saura se jouer de ce fallacieux antagonisme du coffre ouvert et du coffre fermé.

Je ne peux que m'en réjouir tout en tentant quotidiennement de participer à la créolisation des bibliothèques, à la délicate alchimie entre l'or des livres et l'airain [18] de leurs binômes numériques, à « ce soutien supplémentaire de la vie » auquel Lewis Mumford [19] nous exhortait.

---

18. Airain si nous nous contentons de subir plutôt que d'agir comme nous en avertit Mumford.
19. Voir la citation en exergue de ce chapitre.

L'ÉCOLE BUISSONNIÈRE

« Nos Beaux-Arts ont été institués, et leurs types comme leurs usages fixés, dans un temps bien distinct du nôtre, par des hommes dont le pouvoir sur les choses était insignifiant auprès de celui que nous possédons... Il y a dans tous les arts une partie physique qui ne peut être regardée ni traitée comme naguère qui ne peut plus être soustraite aux entreprises de la connaissance et de la puissance moderne... Il faut s'attendre que de si grandes nouveautés transforment toute la technique des arts, agissant par là sur l'invention elle-même, aillent peut-être jusqu'à modifier merveilleusement la notion même de l'art. »

Paul VALÉRY.

« Est-ce vraiment une coïncidence que l'éducation traditionnelle devienne cosmiquement onéreuse au moment même où l'éducation buissonnière devient quasi gratuite ? »

Jaron LANIER.

« On veut à la fois savoir et faire, dans un rapport réciproque – savoir comment l'on fait et ce que l'on fait, faire comme l'on sait et ce que l'on sait. »

NOVALIS.

La citation de Paul Valéry (issue d'un court essai du poète français) figure en exergue d'un essai, à mon avis majeur, du philosophe allemand Walter Benjamin, intitulé *L'Œuvre d'art à l'époque de sa reproductibilité technique*. L'intérêt de Walter Benjamin pour l'œuvre d'art n'est pas le fruit du hasard. Il était passionné par la photographie au point de consacrer un livre à son histoire. La photographie intriguait Benjamin car, contrairement à nombre de ses contemporains, il était convaincu qu'elle était bien un art, un art en effet bien singulier dans lequel le négatif permet une multiplicité de tirages « identiques » à l'original. Benjamin ne cessa de s'interroger : dès lors que la technique autorise la reproductibilité à grande échelle de l'œuvre d'art, comment faut-il repenser la distinction entre original et copie qui, par exemple dans la peinture, sépare « authentiquement » l'un de l'autre ? Que devient l'acte créatif dans un contexte technique qui facilite la production et la consommation en masse de copies ? En somme, qu'est-ce qui distingue un original de ses copies issues de la technique ?

En tant qu'amateurs d'art, nous détenons intuitivement la réponse. Nous ressentons une grande différence entre les vitraux de la cathédrale de Chartres contemplés dans l'écrin de la nef et leur reproduction sur un poster. Lorsque nous sommes dans la cathédrale de Chartres, nous emboîtons le pas à ces centaines de milliers de pèlerins aux pieds poudreux qui nous ont précédés, qui ont humblement prié à la lumière de ces vitraux. La contemplation lumineuse du fameux bleu de Chartres nous unit à eux. Les vitraux de la cathédrale ne sont pas « seuls » : ils sont enveloppés d'une aura, pour reprendre le terme de Benjamin. En ce sens, les vitraux sont bien authentiques. Et, c'est cette aura qui est dépréciée voire perdue dans la reproduction mécanique. Cette dépréciation n'est pas perte sèche pour autant car, comme l'écrit Benjamin, « en autorisant la reproduction future à entrer en contact avec le récepteur là où il se trouve, elle actualise l'objet reproduit ». Tout n'est donc pas perdu !

Quelque quatre-vingts ans plus tard, les questions soulevées par Walter Benjamin et Paul Valéry trouvent un écho saisissant dans le domaine de la pédagogie qui se trouve « bousculée » par l'émergence des Cours en ligne ouverts et massifs connus en anglais sous le vocable de *Massive Open Online Courses* (MOOC, baptisés aussi FLOT formation libre ouverte à tous) dont les avatars les plus

connus sont Coursera (www.coursera.org), Udacity (www.
udacity.com), FutureLearn (www.futurelearn.com), EdX
(www.edx.org) ou encore OCEAN (http://www.ocean-
flots.org/)[20]. Et, ce n'est pas un hasard si les regroupe-
ments et fusions d'écoles interviennent dans ce contexte
numérique bouillonnant. Les institutions académiques,
longtemps épargnées par la banalisation numérique, y
sont désormais confrontées comme nombre d'industries
et de secteurs avant elles.

En bref, les MOOC sont des cours accessibles, gratuitement *via* le Web, à des millions d'étudiants à travers le
monde. Ce sont des cours hors les murs, hors les frontières.
Ces cours à forte dimension communautaire sont généralement issus des enseignements d'universités et d'écoles
de grand renom, telles Stanford, Yale ou Princeton dans
le cas de Coursera[21]. L'engouement pour cette pédagogie
hors les murs est tout simplement phénoménal : à intervalle
de temps équivalent, les effectifs étudiants de Coursera
ont crû beaucoup plus vite que les effectifs de membres
de Facebook ou de Twitter ! Coursera compte aujourd'hui
plus de quatre millions d'étudiants dispersés à travers
le monde. La pédagogie est réellement entrée dans l'ère
de sa reproductibilité technique à grande échelle. Certes,
l'e-learning, le téléenseignement existent depuis bien plus
longtemps que les MOOC. Il est cependant juste de dire que
ni l'un ni l'autre n'ont atteint à ce jour de telles dimensions
quantitatives (effectifs, nombre de pays, nombre d'universités concernées) et de telles dimensions qualitatives
(communautés d'apprenants mondialisées, dissolution du
point focal de l'autorité pédagogique). Une telle déferlante
n'inquiète par pour autant l'éternel optimiste qu'est le
philosophe Michel Serres :

---

20. On ajoutera à cette liste iTunesU qui ne délivre pas des MOOC
    à proprement parler mais qui permet néanmoins de suivre des
    cours et débats issus de nombreuses universités dans le monde.
21. Mais pas uniquement.

« La classe elle-même, loin de disparaître, est en train de se brancher sur le réseau et de se restructurer sur un modèle ouvert et participatif. Avant elle était formatée par le modèle de la page du livre : le professeur était devant sa classe en position d'auteur, de celui qui sait et qui transmet à ceux qui ne savent pas. Aujourd'hui ce modèle éclate [22]. »

L'éclatement du modèle est synonyme de la perte d'aura de cet original qu'est le cours magistral en amphithéâtre. Le cours magistral a une dimension théâtrale : il réunit ses acteurs dans une unité de temps, de lieu et d'action. Il organise un point focal, l'estrade, un Power Point au sens littéral du terme comme le rappelle Michel Serres. Cette unité éphémère, ancrée dans une longue tradition académique, lui confère une aura que le MOOC et les nouvelles technologies remettent en question. Le MOOC est d'abord une copie à grande échelle de cet original rendue possible par les outils technologiques du Web. Mais c'est bien plus que cela. C'est une copie retravaillée, actualisée dirait Benjamin, qui revendique son infidélité à l'original.

Cet éclatement ne peut me laisser indifférent. Pour au moins deux raisons. La première est ma passion pour ce métier d'enseignant que j'ai pratiqué pendant plus de quinze ans, et auquel je m'adonne encore avec un plaisir non dissimulé. La seconde est Cyberlibris, l'entreprise que j'ai cofondée il y a dix-sept ans. Cyberlibris, dont les bibliothèques numériques sont utilisées par des millions d'étudiants et de professeurs dans le monde, est une réponse à ce que j'appelle la tyrannie du manuel unique. Le livre est, lui aussi, entré dans l'âge de sa reproductibilité numérique. À l'instar des MOOCs qui émancipent la pédagogie de l'enceinte immobilière de la salle de classe, qui la libèrent du point focal, la bibliothèque numérique sépare le contenu de son contenant. L'art de la lecture et celui de la découverte du livre s'en trouvent modifiés. L'apprenant n'est plus tributaire du livre

---

22. *In* Dossier « Apprendre à l'ère d'Internet : "Moteurs de recherche" », *Philosophie Magazine*, 62, septembre 2012, p. 54-57.

« imposé », du livre focal. D'un modèle linéaire, hiérarchique et autoritaire du livre, on passe à un modèle de découverte et de lecture profondément organique et naturel au sens propre du terme. Tout comme Mère Nature tâtonne dans ses innovations biologiques, l'étudiant de la bibliothèque numérique passe d'un livre à l'autre, d'un lecteur à l'autre, à la recherche de ceux qui l'accompagneront dans ses apprentissages. Fort de ce bagage bibliothécaire numérique, je ne pouvais donc pas ne pas m'interroger sur les MOOC et leurs implications sur l'art d'apprendre, sur celui d'enseigner et, plus simplement, sur les institutions qui dispensent cet art.

Il y a au moins deux raisons pour lesquelles cette interrogation est légitime. La première raison est invoquée dans des mots d'un grand pragmatisme par Sir Ken Robinson :

> « Les enfants qui débutent leur scolarité primaire cette année en Australie seront à la retraite vers 2070. Personne ne sait de quoi l'année prochaine sera faite, alors vous imaginez 2070. Alors, c'est vrai les parents sont préoccupés et ils ont raison de l'être. Je suis préoccupé. J'ai deux enfants. C'est pourquoi je me démène pour que mes enfants reçoivent une éducation de leur temps et non pas une éducation dessinée il y a 150 ans. »

> [http://www.abc.net.au
> /7.30/content/2009/s2600125.htm].

Notre modèle éducatif émane d'une tradition fort ancienne issue de la Grèce antique et de Gutenberg. Mais c'est seulement à la fin du XIXᵉ siècle qu'apparaissent les systèmes d'éducation nationale obligatoire tels que nous les connaissons aujourd'hui. Leur design actuel n'a quasiment pas changé depuis. Il est encore fort imprégné d'un modèle issu des maîtres de forges. Sir Ken Robinson a raison, il est urgent de s'en inquiéter et, de ce point de vue, les MOOC jouent indéniablement le rôle de catalyseurs. La deuxième raison est que l'équation diplôme = emploi qui a si bien fonctionné durant des décennies est grippée. Qui plus est, la notion même de diplôme se banalise, comme le souligne Sir Ken Robinson :

« De plus en plus de personnes suivent des études et reçoivent des diplômes. Il y a deux raisons à ce phénomène. La première est la croissance de la population. Au cours des trente dernières années, la population a doublé, passant de 3 milliards à 6 milliards. La seconde est l'émergence de l'économie de la connaissance et la demande croissante de travailleurs du savoir. Le résultat : dans les trente prochaines années, il y aura plus de gens diplômés dans le monde qu'il n'y en a jamais eu depuis le début de l'histoire de l'humanité. C'est un changement historique dans la demande éducative, et cela a des conséquences énormes quant à sa nature. »

[http://www.ecs.org/clearinghouse/60/51/6051.pdf
*How Creativity, Education and the Arts Shape
a Modern Economy*, avril 2005.]

Ma conviction intime est que les MOOC offrent une opportunité unique de (re)penser l'éducation, la pédagogie et les institutions qui les portent. Malheureusement, le débat sur les MOOC est trop souvent réduit aux seuls MOOC et à leurs supposées déficiences. Les questionnements sont ceux que tout changement technologique induit. Ils s'expriment le plus souvent sous la forme de craintes :
  – Les enfants de l'Internet savent-ils encore apprendre ?
  – Les MOOC annoncent-ils la banalisation, voire la disparition, du métier d'enseignant ?
  – Les MOOC ne sont-ils pas de l'éducation au rabais ?
Quand bien même ces questions sont légitimes, on ne peut limiter la réflexion à ces seules inquiétudes. Avec les MOOC, on passe d'une économie de la transpiration pédagogique (le campus, les murs, les salles de classe, les corps enseignants, etc.) dans laquelle les rendements pédagogiques sont décroissants (une fois la salle de classe remplie, il en faut une autre pour accueillir de nouveaux étudiants, il faut aussi un autre professeur) à une économie de l'inspiration pédagogique dans laquelle les économies d'échelle sont reines et la sérendipité maximale. Qui sait si parmi ces millions d'étudiants africains pauvres qui jusqu'ici ne pouvaient accéder au « nirvana » d'un campus

physique, et qui aujourd'hui étudient dans des cybercafés avec Coursera ou la Khan Academy, il ne se trouve pas des centaines d'entrepreneurs, d'enseignants, de chercheurs dont les découvertes bouleverseront le monde ? Les MOOC donnent des ailes au long cours aux idées en les émancipant de leurs contraintes physiques. Car les idées, en tant que biens intangibles, sont fort différentes des actifs traditionnels. Le fait que quelqu'un utilise le théorème de Pythagore n'empêche nullement d'autres personnes d'y recourir. Les institutions académiques, haut lieu historique des idées, entrent ainsi de plain-pied dans ce monde des rendements croissants qui requiert une grande faculté d'adaptation. L'écrivain américain Mark Twain nourrissait toutefois fort peu d'espoir quant à la capacité des institutions académiques à se réformer au point de déclarer :

> « Le collège est un endroit dans lequel les notes de cours des professeurs atterrissent directement dans celles des étudiants, sans passer par le cerveau ni des uns ni des autres [23]. »

Michel Serres ne dit pas autre chose lorsqu'il écrit :

> « Pourquoi Petite Poucette s'intéresse-t-elle de moins en moins à ce que dit le porte-voix ? Parce que, devant l'offre croissante de savoir en nappe immense, partout et toujours accessible, une offre ponctuelle et singulière devient dérisoire. »

Le savoir surabonde, et les MOOC sont un avatar de cette surabondance. Le savoir n'est plus rare et, surtout, plus cantonné à ces campus devenus pour reprendre l'expression de Michel Serres semblables à des camps de l'armée romaine. Les étudiants peuvent désormais « faire le mur », et pratiquer en toute légalité l'école buissonnière, choisir les cours qui les stimulent vraiment.

---

23. Cette citation est aussi attribuée à Henry Lloyd Miller (http:// quoteinvestigator.com/2012/08/17/lecture-minds/).

Au sein du vaste portefeuille de cours de Coursera, il est possible à l'étudiant de ne suivre qu'un seul cours, par exemple celui du professeur Franklin Allen de l'université de Pennsylvanie (https://www.coursetalk.com/providers/coursera/courses/an-introduction-to-corporate-finance). Il n'est plus obligé de suivre l'intégralité du cursus de l'université de Pennsylvanie après y avoir été admis pour assouvir sa passion de la finance. La liberté qu'offrent les MOOC est totale : aucun curriculum n'y est imposé. Chacun construit sa « playlist pédagogique », sa playlist buissonnière. Cette pratique à grande échelle de la playlist buissonnière et gratuite n'est pas pour autant une perte sèche pour les écoles et les universités. Un examen des données géographiques de Coursera révèle que nombre d'étudiants inscrits résident dans des pays émergents ou sous-développés[24]. Ce sont sans doute des étudiants qui n'auraient de toute façon pas eu, dans l'immédiat, la possibilité d'acquitter les onéreux frais de scolarité de Yale ou Stanford. Il n'y a donc aucune perte monétaire en tant que telle pour les universités concernées. En revanche, on peut imaginer deux scénarios possibles. Le premier repose sur la notion de sélection. En suivant et en réussissant les modules de leur choix, les étudiants signalent directement leur compétence aux universités concernées. Celles-ci sont donc mieux à même de les identifier, et le cas échéant de leur proposer des bourses leur permettant d'accéder à leurs formations diplômantes. Le second s'inscrit dans la même veine. Un étudiant auquel on aura un jour permis de découvrir sa passion n'oubliera sans doute pas cet instant décisif dans son existence. La présomption est forte que le moment venu il décide de s'inscrire dans l'université dont l'un des cours en ligne aura agi comme un révélateur. Ce cours lui sera alors crédité.

Le modèle de gratuité qui dynamise les MOOC n'est pas nouveau, loin s'en faut. Il est bien connu des usagers de ce qu'on appelait autrefois la TSF. La radio est gratuite. Elle peut

---

24. http://www.ted.com/talks/daphne_koller_what_we_re_learning_from_online_education.html

dispenser ses émissions parce que des tiers payants acceptent de se substituer au consommateur final. On imagine aisément que de nombreux tiers payants seront attirés par les données que vont permettre de collecter les MOOCs. Parmi ceux-ci, les futurs employeurs occupent une place évidente. Il est envisageable en effet que des entreprises acceptent de financer les cours afin, sous certaines conditions qu'il est urgent de définir, de bénéficier d'informations utiles à leur politique de recrutement. C'est une stratégie similaire du tiers-payant que soutiennent financièrement de nombreuses entreprises de capital-risque, en particulier dans la Silicon Valley. Il n'est pas inutile, pour expliquer l'activisme des financiers de la Silicon Valley, de rappeler la difficulté et l'opportunité qu'engendre la reproductibilité technique. La difficulté réside dans le fait qu'une fois l'investissement initial consenti (un MOOC de qualité est onéreux à confectionner), le coût marginal de l'unité supplémentaire est faible. Passer de deux cents à vingt mille étudiants ne pose pas de problème majeur. Chacun accède au même MOOC. Il devient alors potentiellement difficile, conformément à ce qu'enseigne la microéconomie, de facturer un prix pour ces unités supplémentaires qui diverge durablement du coût marginal quasi nul, c'est-à-dire d'asseoir un quelconque profit direct et durable.

L'opportunité est l'autre face de la même pièce de monnaie : les rendements croissants qu'offrent les MOOC. Daphné Koller, cofondatrice de Coursera, rappelle fort à propos que le cours de « Machine Learning » d'Andrew Ng, l'autre cofondateur de Coursera, attire à Stanford 400 étudiants. Dans Coursera, ce sont plus de 100 000 étudiants qui suivent le « même » cours. Pour atteindre un résultat identique, il faudrait à Andrew Ng dispenser son cours pendant 250 ans à Stanford ! Par ailleurs, le succès appelle le succès. Plus un cours a d'audience positive, plus il attire de candidats, et plus il attire d'étudiants, plus sa franchise s'en trouve renforcée. La question fondamentale est de réconcilier rendements croissants, et capacité à faire payer, d'une manière ou d'une autre, un prix supérieur au coût marginal. Dans l'esprit toujours aux aguets des financiers, l'équation est

assez simple : il s'agit pour les financiers de capturer une
option sur cette possible rente, option que l'on finira bien
par rentabiliser auprès de tel ou tel.

Face à une échelle éducative devenue planétaire, on
ne peut manquer d'être frappé par la comparaison de la
photographie d'une salle de classe en 1900 et celle d'une
salle de classe aujourd'hui. Peu a changé ! Tableau, tables,
chaises, estrade, tout est toujours au même endroit. Seules,
les blouses des écoliers ont disparu pour, bien souvent, être
remplacées par un concours de logos de grandes marques.
Pourtant, comme le pressentait Benjamin, ce n'est plus
l'individu qui va vers l'original mais la reproduction qui
va vers lui. Ce n'est plus uniquement l'étudiant qui va dans
cette salle de classe qui a si peu changé. C'est le contenu
pédagogique numérisé qui devient accessible à l'endroit
même où se trouve l'étudiant *via* son ordinateur, sa tablette
ou son smartphone. Les enseignants ne peuvent ignorer cette
ubiquité qui détrône le PowerPoint. Cette inversion de la
trajectoire pédagogique est fascinante et m'incite à prendre
le risque d'un inventaire de ses conséquences possibles.

Les MOOC ouvrent la porte à la granularité, et ce n'est
pas sans conséquence. La notion de curriculum établi par les
autorités académiques habilitées est aujourd'hui, à de rares
exceptions près, le modèle dominant. Chaque étudiant doit
s'y conformer et satisfaire à ses exigences au risque de ne
pas se voir remettre le diplôme convoité. Le curriculum a un
début, une fin, une progression programmée. Il est linéaire.
Les MOOC sont en revanche vecteurs de non-linéarité :
l'apprenant concocte son propre curriculum, grain par grain,
selon son rythme, selon ses envies, ses passions, et il le fait
hors des frontières institutionnelles académiques. Une métaphore financière permet de saisir les conséquences de cette
non-linéarité. Elle est inspirée par les marchés de ces titres
financiers que l'on appelle les options. Tout *trader* d'option
sait qu'un portefeuille d'options vaut plus cher qu'une option
sur un portefeuille. En effet, dans le cas d'une option sur
portefeuille, le gain possible est binaire : ou bien l'option
est gagnante, ou bien elle ne l'est pas. Les gains possibles

sont en revanche plus variés dans le cas d'un portefeuille d'options : chaque option individuelle peut ou non contribuer au gain final. Il existe donc un plus grand nombre de possibilités lucratives. Il vaut mieux disposer d'un grand nombre de « petites » options sur des actifs différents que d'une « grande » option sur un seul actif. C'est la logique même du *trial and error*. On essaie, on se trompe, on gagne, on perd. Ce n'est pas dommageable car l'essai est limité en taille et donc en conséquence. Les MOOC encouragent ce type de « bricolage » dont la nature s'est fait une spécialité. Ils offrent la flexibilité de se tromper, la possibilité de tenter, de (se) découvrir par tâtonnement. Ils ne stigmatisent pas l'erreur. Ils l'encouragent. Chacun a alors la chance de trouver chaussures à son pied. L'apprenant devient convexe à ses propres erreurs, « antifragile » pour reprendre le fameux néologisme de Nassim Taleb. Se tromper est bénéfique, souhaitable. Les institutions académiques ne sont pas perdantes pour autant car elles bénéficient elles aussi de cette stratégie en $1/N$ en élargissant la variété des talents qui s'adressent à elles. C'est un point crucial : qu'elle soit vue sous l'angle de l'apprenant ou sous l'angle de l'institution, la pédagogie doit être convexe. Elle doit être le lieu de tous les possibles, et non pas d'un seul. C'est la meilleure manière de respecter la diversité des passions et compétences de chacun.

Cette granularité et cette non-linéarité spatiale et temporelle des enseignements ont des conséquences drastiques sur la notion même de diplôme. Il y a fort à parier que la notion de diplôme, au sens de validation ultime du produit fini « industriel », va disparaître. Il faudra s'y faire, il y aura sans doute beaucoup moins de cérémonies de remises des diplômes « *capes and gowns* », de « *commencement addresses* ». Est-ce un mal ? Paul Valéry a des mots d'une dureté sans égale à l'endroit du diplôme :

> « Je n'hésite jamais à le déclarer, le diplôme est l'ennemi mortel de la culture. Plus les diplômes ont pris d'importance dans la vie (et cette importance n'a fait que croître à cause des circonstances économiques), plus le rendement de l'enseignement

a été faible. Plus le contrôle s'est exercé, s'est multiplié, plus les résultats ont été mauvais. Mauvais par ses effets sur l'esprit public et sur l'esprit tout court. Mauvais parce qu'il crée des espoirs, des illusions de droits acquis. Mauvais par tous les stratagèmes et les subterfuges qu'il suggère, les préparations stratégiques, et, en somme, l'emploi de tous les expédients pour franchir le seuil redoutable. »

Le diplôme, si l'on veut conserver le terme, sera l'affaire personnelle d'une vie. Chacun bâtira le curriculum qui lui sied, au gré de ses errances. La demande ne sera plus passive devant une offre formatée qui s'impose à elle. Il y aura autant de « diplômes », d'itinéraires que d'apprenants. Le diplôme ne sera plus celui d'une seule institution. Il sera celui d'une vie. Temps et géographie ne seront plus des contraintes. Un diplôme ne sera plus ce seuil détesté de Paul Valéry : il sera un chantier individuel et collectif joyeux et permanent.

Comment cette granularité affecte-t-elle les institutions existantes ? Il y a fort à parier que vont se mettre en place des modèles granulaires de « coopétition », c'est-à-dire des modèles dans lesquels les institutions éducatives accepteront de coopérer tout en se faisant concurrence. C'est d'ailleurs déjà le cas dans le cadre des échanges Erasmus ou de la réforme ECTS. La technologie MOOC va rendre ce phénomène systématique et surtout planétaire. On peut imaginer par exemple qu'Harvard « labellise » un MOOC issu de Yale pour l'intégrer au sein d'un de ses programmes diplômants. Coursera, tout comme EdX ou Udacity, est sans doute amenée à devenir (aussi) une plateforme de syndication des MOOC. Une telle syndication lui permettrait de commercialiser institutionnellement les MOOC disponibles sur sa plateforme et, ce faisant, de générer des revenus tout en rémunérant les universités et professeurs ayants droit desdits MOOC.

Coursera et les autres préfigurent l'arrivée de « *pure players* » dont le talent sera de sélectionner au sein de portails dédiés les briques MOOC pertinentes. On peut par exemple imaginer un groupe de professeurs réputés bâtissant une plateforme contenant leurs propres MOOC combinés à des MOOC syndiqués auprès de Coursera. La viabilité de ladite plateforme tiendra à la réputation des professeurs et à l'originalité de leur proposition. La gratuité initiale des MOOCs prend alors tout son sens car elle permet de mieux fixer les prix de syndication : les cours gratuits les plus populaires pourraient devenir les plus chers en syndication. Quoi qu'il en soit, il est évident que les institutions académiques de faible réputation, de moindre aura, vont être fortement affectées par l'arrivée des MOOC, comme en témoigne cette citation du professeur Timothy Devinney :

« Pour avoir enseigné au sommet de la pyramide académique (Université de Chicago) et à sa base (à l'heure actuelle dans une usine pédagogique en Australie), je peux témoigner. Les étudiants de l'Université de Chicago reçoivent une éducation animée par des gens qui comprennent ce qui est l'état de l'art, ce qui est sophistiqué. Les étudiants de mon institution en Australie reçoivent une éducation banale d'individus qui ne sont pas des professeurs d'élite, qui ne savent que ce qu'ils ont lu. Le tsunami des MOOCs frappera d'abord ces institutions banales du bas de la pyramide. »

[Timothy Devinney, http://www.ft.com/cms/s/2/cde6163c-7f4a-11e2-97f6-00144feabdc0.html#axzz2QABQsuIB]

La remarque de Timothy Devinney appelle un commentaire. Elle demeure très élitiste au sens où la perfection d'une institution académique résiderait principalement dans la qualité des publications de ses professeurs. Nous n'entrerons pas dans le débat de ce qui détermine la valeur scientifique d'un article. Ce n'est ni le propos, ni l'endroit[25]. En revanche, cette emphase sur la recherche académique invite à se poser la question des motifs de son omnipotence.

---

25. Les publications scientifiques alimentent de plus en plus des plateformes scientifiques communautaires. Elles sont mises en ligne sans avoir à souffrir des délais de publications des revues classiques. L'intérêt d'un article se mesure alors au nombre de ses téléchargements et de commentaires dont il fait l'objet.

L'une des raisons est sa visibilité numérique qui trouve son paroxysme dans des entreprises ou institutions telles Elsevier, SSRN ou ArXiv. Les articles et leurs auteurs sont visibles, ils sont numériquement accessibles. Jusqu'à aujourd'hui la pédagogie et les pédagogues ne l'étaient pas vraiment. Ils sont visibles en les murs mais pas hors les murs. La recherche l'emporte par absence d'opposant visible. L'émergence des MOOC change la donne : les pédagogues viennent *urbi et orbi* en première ligne. Il y a fort à parier que la promotion des professeurs ne se fera plus (exclusivement) par le truchement de la recherche mais aussi par celui de la pédagogie. Les bons pédagogues seront enfin en pleine lumière. Les institutions académiques chercheront à les embaucher afin, en particulier, de doter leur portefeuille de MOOC plus riches, variés, pertinents, pour ne pas dire plus audacieux.

Les MOOC sont pour l'heure arrimés aux différents curricula dispensés par les institutions académiques. Ils en reprennent la trame, les libellés et les contenus. Il est normal que dans cette phase séminale ils s'appuient sur l'infrastructure existante. Leur réelle envergure est néanmoins dans l'émancipation vis-à-vis des formes existantes. Les enseignants vont pouvoir expérimenter des cours hors des taxonomies habituelles. Il y a là une liberté pédagogique recouvrée, une invitation à la prise de risque, au « bricolage » pédagogique. Le MOOC sera de moins en moins l'homothétie d'une trame préexistante. Il deviendra un terrain privilégié pour expérimenter et collecter à grande échelle des données précieuses à la compréhension des comportements des apprenants. Des sujets nouveaux émergeront qui feront fi des cloisonnements thématiques, des taxonomies traditionnelles. Ces sujets fleuriront d'autant plus vite qu'ils ne seront plus la seule prérogative des enseignants galonnés mais aussi celle d'amateurs passionnés.

Les MOOC (re)mettent à l'honneur l'art de la conversation si cher à Michel de Montaigne. Les salles de classe demeurent des endroits hiérarchisés dans lesquels la pédagogie vise trop souvent à remplir des têtes. Pourtant, il est évident pour quiconque visite les salles de classe d'aujourd'hui que les crânes ne veulent plus se laisser bourrer docilement. Les têtes conversent, bavardent physiquement ou virtuellement. Elles n'écoutent l'estrade que de façon distraite. Elles sont libres car elles savent que le lieu connecté qui donne accès au stock de savoir est devant elle : l'ordinateur, la tablette, le smartphone, en un mot les écrans, sont synonymes de ce refus du monologue académique. Les nouvelles têtes requièrent de nouvelles règles d'engagement compatibles avec les outils qu'elles contribuent d'ailleurs à façonner. Le « savant » (le professeur) est au milieu des « sachants » (les étudiants), un *primus inter pares*. Il doit prendre le risque de la conversation à bâtons rompus, déposer les armes de son autorité d'estrade pour reconnaître qu'il n'est pas le seul conducteur et qu'il est lui aussi passager. Le savant et le sachant forment ce couple énigmatique du hérisson et du renard dont la mention la plus ancienne remonte au VIIe siècle avant Jésus-Christ à un vers isolé du poète Archiloque : « Il sait bien des tours le renard. Le hérisson n'en connaît qu'un, mais il est fameux. » Dit autrement, « le hérisson reste toujours au même endroit, guettant les proies qui passent à sa portée. Le renard, lui, se déplace sans cesse pour chasser toutes sortes de gibier » (Irène Tamba, 2012). Le professeur, le hérisson, symbolise la force centripète. L'étudiant, le renard, symbolise la force centrifuge. La classe, si elle veut avoir une chance de renouveler son aura, doit muter en un espace de partage, d'invention, d'oralité assumée. Le hérisson doit accepter de s'y faire renard, de fonctionner comme celui-ci. Mais cela ne suffira sans doute pas. Le lieu lui-même dans lequel cette classe renouvelée nourrira ses acteurs va devoir être repensé. Son architecture ne peut demeurer celle qui a été inspirée par une pédagogie « powerpoint ». Il en va de même des bibliothèques qui ne peuvent rester des espaces de stockage. Leur territoire foncier doit devenir une agora où le silence est l'exception plutôt que la règle. C'est donc l'architecture même des campus qui doit être revue pour enfin s'émanciper de ce modèle du camp romain dénoncé par Michel Serres. Le numérique « banalise » la pédagogie, la rend reproductible. En revanche, le lieu physique de cette

pédagogie ne peut et ne doit pas être banal. Il doit être difficilement reproductible, il doit donner envie de s'y rendre.
Car, après tout, ce lieu est celui des « *meetings of minds* » : il
doit être pensé comme tel. Il doit être unique et, à ce titre,
être à la hauteur de ces rencontres, de ces échanges *hic et nunc*
entre êtres humains qui eux ne seront jamais reproductibles.

Chaque MOOC est articulé autour d'un ou plusieurs
professeurs. Ces professeurs sont par ailleurs rattachés à
des institutions académiques. Se pose alors la question de
la propriété intellectuelle du savoir dispensé sous la forme
de MOOC. Imaginons, pour les besoins de l'illustration,
qu'un professeur de Centrale auteur d'un MOOC à succès,
quitte son université pour rejoindre Polytechnique. Est-il
propriétaire de son MOOC ou en a-t-il tout simplement cédé
le copyright à l'université qui l'emploie ? Une fois dans sa
nouvelle université, peut-il déployer un MOOC similaire
sans pour autant être qualifié de pirate intellectuel ? L'enjeu
de propriété intellectuelle est non négligeable. Il devra être
traité avec vigilance et diligence dans les universités qui
comptent déployer des MOOC. On peut espérer que se
mettra en place un système qui saura éviter les écueils du
tout (« all rights reserved ») ou rien (« no rights reserved »).
Le professeur pourra par exemple endosser le rôle d'auteur
et son université (ou bien la plateforme qui aura assuré la
conception et la mise en ligne dudit MOOC) celui d'éditeur
(ou de coéditeur). L'université (ou la plateforme) contractera
avec le professeur, exploitera le MOOC dont le professeur
est auteur et le rémunérera sur base des éventuels revenus
issus de ce MOOC.

Le système éducatif traditionnel repose sur la notion de
note, d'évaluation, portées par des instances dont la légitimité de l'autorité en la matière ne souffre pas la remise
en cause. Une tendance forte observée dans les MOOC est
celle de la « *peer evaluation* », de l'évaluation par les pairs.
L'évaluation n'est plus seulement verticale mais aussi horizontale. Cette méthode est d'ores et déjà en place dans

Coursera [26]. Cette évaluation repose sur une dynamique communautaire qui est, elle-même, un des principes forts des MOCC. Chaque étudiant peut s'appuyer sur un vaste réseau d'autres étudiants inscrits dans le même MOOC. Une pédagogie horizontale complète la pédagogie verticale. Il s'agit d'une véritable entraide pédagogique entre personnes qui, quelques instants auparavant, ne se connaissaient pas. Cette solidarité numérique est bien connue sur le Web au travers des forums questions-réponses par exemple. Elle prend ici une dimension essentielle. Elle est l'un des ressorts pédagogiques des MOOC. Il n'est donc pas étonnant qu'on la retrouve présente dans le processus d'évaluation.

Outre leurs évaluations les étudiants laissent volontairement ou involontairement des traces numériques de toutes sortes. On imagine aisément l'intérêt des entreprises pour ces données académiques que les MOOC permettent de rassembler. C'est une préoccupation légitime que celle qui conduit à s'interroger sur l'usage qui serait fait de ces informations. C'est même une question centrale sur laquelle je me pencherai attentivement dans les pages qui suivent. Toutefois, cette préoccupation ne doit pas entraver l'intelligence que l'agrégation et l'analyse des données individuelles et collectives permet de dégager. À l'instar des cartes de bibliothécaires, cette investigation peut conduire à de remarquables outils d'assistance à l'apprentissage permettant, par exemple, à l'apprenant de baliser ses itinéraires futurs. J'imagine déjà la fertilité du croisement de ces cartes grâce auxquelles cours, articles et livres seraient maillés les uns aux autres.

Les MOOC sont un hommage à la tour de Babel. Des centaines de nationalités différentes convergent vers des MOOC issus de professeurs et d'universités tout aussi divers. Cette diversité est une richesse indéniable. En revanche, elle pose crûment la question des autorités nationales de tutelle du monde de l'éducation et de leur mission de reconnaissance

---

26. (http://help.coursera.org/customer/portal/articles/1163294-how-do-peer-assessments-work-, https://www.coursera.org/about/pedagogy).

des diplômes. Dès lors que les diplômes deviennent granulaires, voire disparaissent, quel rôle les ministères nationaux de l'Éducation et de l'Enseignement supérieur vont-ils jouer ? Quelles seront désormais leurs missions dans un cadre géographique qui ne connaît plus de frontières nationales ? À la fin du XIXᵉ siècle, Ferdinand Buisson, inspecteur général de l'Éducation, tenta par sa méthode intuitive de faire entrer l'école buissonnière (cela ne s'invente pas !) dans l'école publique :

> « La méthode intuitive, Messieurs, c'est celle qui dit au maître : Votre tâche devient de jour en jour plus lourde et plus compliquée. Pour la remplir, il faut vous faire aider. Par qui ? Par de bons livres, de bons procédés, de bons programmes ? Oui, sans doute, mais plus encore par l'élève lui-même. C'est votre plus sûr auxiliaire, votre collaborateur le plus efficace. Faites en sorte qu'il ne subisse pas l'instruction, mais qu'il y prenne une part active, et vous aurez résolu le problème. Au lieu d'avoir à le faire avancer malgré lui en le traînant par la main, vous le verrez marcher joyeusement avec vous [27]. »

L'enjeu n'a finalement pas changé. Les MOOC sont une forme d'école buissonnière numérique qui rappelle cette image de l'enfant qui, tout en baguenaudant, observe hanneton, coccinelle, arbre, fleurs, rivières… Des MOOC comme de l'école buissonnière on ne retient que la futilité de la baguenaude alors qu'il faudrait au contraire se réjouir de ces savoirs littéralement grappillés au fil de l'eau qui sont comme farine en attente de levure et de pétrissage. Dans son best-seller *L'Homme aux deux cerveaux*, l'auteur américain, Daniel Pink, écrit :

> « Quand ils deviennent aussi disponibles et accessibles en si peu de temps, les faits ont moins d'importance. En revanche, la capacité à les mettre en contexte et à leur conférer un impact émotionnel prend de la valeur. »

---

27. In *Les conférences pédagogiques faites aux instituteurs délégués à l'Exposition universelle de 1878*, troisième édition, Librairie Ch. Delagrave, 1880, p. 333.

Il en va de même des contenus pédagogiques. Lorsqu'ils deviennent aussi disponibles, aussi abondants et accessibles en si peu de temps, ils perdent en relief. En revanche, la capacité à les mettre en contexte, et à leur conférer un impact sensible devient clé. Cette alliance nécessaire entre abondance et mise en contexte est d'autant plus passionnante qu'elle sollicite intensément nos processus cognitifs. On sait depuis les travaux du professeur Roger W. Sperry, prix Nobel de médecine, que les deux hémisphères de notre cerveau remplissent des missions différentes et complémentaires [28]. L'hémisphère gauche est le lieu de la pensée séquentielle. L'hémisphère droit est le lieu de la pensée holistique, celle de la synthèse. En somme et pour reprendre le fameux aphorisme renard/hérisson du VIIe siècle avant Jésus-Christ, le cerveau gauche joue le rôle du hérisson et le cerveau droit celui du renard. De ces observations, on peut tenter la conjecture suivante. Les MOOC favorisent l'apprentissage-bricolage, l'école buissonnière, le marronnage. Ils permettent d'apprendre beaucoup de choses. L'enjeu est de donner du sens à ce bricolage, de dégager une synthèse qui est la contribution de ce que Pink appelle la Pensée droite. Le défi lancé à la pédagogie de la salle de classe qui s'est si souvent appuyée sur l'autorité de la Pensée gauche (le Power Point) est de bousculer cette autorité si confortable. C'est en ce sens que le pédagogue doit mobiliser par tous ses pores les dimensions d'émotion, d'esthétique, d'émerveillement, de contexte, de synthèse, de vue d'ensemble. Il n'est plus un pape de la Pensée gauche. Il est un simple apôtre parmi d'autres apôtres de cette Pensée créolisée chère à Édouard Glissant, d'une Pensée ambidextre.

L'architecture des lieux dans lesquels cette Pensée créolisée doit s'exprimer et se partager s'en trouve profondément modifiée. L'architecture actuelle des lieux pédagogiques correspond majoritairement à des endroits dans lesquels

---

28. On en sait beaucoup plus sur les synergies entre les deux hémisphères. Le cerveau n'est ni gauche, ni droit, il est lui aussi créolisé.

des hérissons savants adeptes de la Pensée gauche tentent de gaver des renards qui n'ont qu'une envie : musarder, marronner. L'architecture future des lieux pédagogiques doit évoluer afin que renards et hérissons se confondent, se superposent, dirait le physicien quantique. Elle doit favoriser l'échange, l'entraide, la découverte. En somme, cette architecture doit inventer des lieux buissonniers dans lesquels le plaisir d'apprendre en découvrant et celui de découvrir en apprenant sont des évidences, des lieux dans lesquels renards et hérissons se mélangent joyeusement.

Montaigne, dans ses *Essais*, écrit qu'il préfère une tête bien faite à une tête bien pleine. Une tête bien pleine est vraisemblablement une tête de hérisson plutôt qu'une tête de renard. L'une ne devrait pourtant pas aller sans l'autre. Au fond, c'est sans doute cela une tête vraiment bien faite, une tête hybride, une tête créolisée qui, chemin buissonnant, tout en détaillant, ne cesse de relier, qui est tout à la fois renard et hérisson. C'est bien à une réinvention créolisée de l'aura pédagogique, mâtinée de renards et de hérissons, que nous invitent les MOOC. Suivons donc le sage conseil de l'inspecteur général de l'Education, Ferdinand Buisson, marchons en compagnie des Petites Poucettes et façonnons cette aura renouvelée !

FEU AR-MEN ?

« Tout notre travail est pour l'horizon. »

Jean-Pierre Abraham.

« Qui voit le phare finit son quart. »

Proverbe marin.

J'aime ces phares qui, la nuit venue, éclairent l'océan. Obstinément. Rien ne peut faire taire leur voix de lumière. Ils n'ont cure du chaos des éléments contre eux déchaînés. D'Ouessant à la Terre de Feu, ils en ont vu d'autres. Feu à éclat ou feu scintillant, même combat. Ar-Men, Kereon, Penmarc'h…, ils peuvent témoigner. L'obscurité, le vent, les embruns n'y pourront rien. Chaque nuit les photons turbulents muent en photons samaritains. Telles des flèches salutaires, ils pourfendent les nuits les plus épaisses à la recherche d'hypothétiques détresses. À la furie de la mer, aux caprices du vent s'oppose, dans un combat quotidien, la précision du travail de l'opticien. Jamais la flamme de vie ne vacille. Jamais elle ne faillit à la tâche même si chaque marin perdu est une défaite, un camouflet insupportable. Ces nuits sont terribles lorsque les photons rentrent bredouilles, leur gibecière de vie trempée, racornie, désespérément vide. Qu'y faire ? Surtout ne pas abandonner. Demain sera un jour de vie. Demain, ce sera la mer qui rentrera bredouille.

Ce combat ininterrompu pour la vie ne cesse de me fasciner. Un engagement généreux qui débute à la naissance du phare. Entre la première tentative de débarquement sur le légendaire caillou d'Ar-Men (15 mètres sur 7) et l'allumage du phare, vingt et un ans s'écoulèrent. Trente-quatre mètres de hauteur, un mètre soixante par an d'un affrontement sans merci dans la chaussée de Sein. Un jour, la mer cesse de gronder comme vaincue. Le sacerdoce des bâtisseurs s'arrête. Celui des gardiens de phare débute. Et la mer gronde de plus belle. Seuls au milieu des mugissements, les maîtres des photons désormais veillent. Perchés sur leur éperon de pierre, de fer, de verre et de lumière, ils entretiennent le faisceau lumineux qui guide et protège les navires et leurs marins.

Aucun de ces navires pourtant ne verse sa dîme. La lumière salvatrice est à tout le monde et à personne. Que chacun se serve, c'est gratuit! Ou, peut-être, cela n'a pas de prix. Car, après tout, c'est de la vie dont il s'agit. La vie qui soude les gens de mer dans une solidarité infaillible. La vie qui tapisse les murs des églises d'ex-voto. Comme si une main providentielle guidait les photons sauveteurs. Les âmes chagrines n'y verront ni générosité, ni abnégation. Un gardien de phare ne peut tenir un guichet. Il est comme l'ouvreuse de la salle obscure qui jamais ne recevrait de pourboire. Comment en effet faire cotiser un cargo qui déjà s'échappe dans la nuit noire? La lumière salvatrice du phare semble l'exemple même d'un bien public qui ne peut être fourni par l'intérêt privé. Elle ne peut être que gratuite. C'est la conviction intime des économistes qui retiennent le phare comme la métaphore par excellence du bien public que l'on ne peut facturer à ses usagers. Pourtant, les minutieux travaux du prix Nobel américain Ronald Coase [29] ont montré que les phares n'ont pas toujours été

---

29. Ronald Coase a reçu le prix Nobel d'Économie bien qu'étant juriste. Il fallait sans doute un juriste habitué à travailler une abondante documentation légale et jurisprudentielle pour restituer avec exactitude l'histoire des phares.

gratuits. Loin s'en faut. Au XIXe siècle de nombreux phares britanniques étaient privés. Ils étaient possédés ou exploités par des investisseurs au moral bien trempé. Ces marins de la finance embauchaient des agents habilités à prélever des péages dans les ports. Ces financiers ne firent pas faillite. Les photons les enrichirent. Et, ce fut bien là, la fin de leur entreprise. Des groupes d'intérêt puissants s'empressèrent de requérir une nationalisation des phares d'Angleterre et du pays de Galles sous l'égide de la Trinity House au prétexte que le péage des phares pénalisait le commerce britannique.

La gratuité n'est donc pas une évidence quand bien même celle des phares semblait aller de soi. C'est, sans l'ombre d'un doute, ce que nous oublions collectivement lorsque nous pensons qu'il n'est d'autre solution que de livrer quasi gratuitement à des firmes mondiales aux desseins douteux ces phares intimes que sont nos données personnelles. La gratuité des phares n'a pas sauvé leurs gardiens. Partout dans le monde, les phares sont automatisés. À l'heure des sonars et autres GPS, le phare doit se débrouiller seul. Il doit se garder seul. Des « bits » informatiques régulent désormais les photons. Le « bit » informatique ne connaît pas la solitude. L'angoisse de la relève lui est étrangère. Chaque nuit, des particules répondent à d'autres particules. On se consolera de cette désertion des phares en se rappelant que le principal est sauf : la lentille de monsieur Fresnel et ses photons samaritains continuent de sauver des vies. Mieux, dans cette tâche ils sont assistés par de puissants outils de géolocalisation qui permettent aux navires de savoir à tout moment où ils se trouvent. C'est une éloquente métaphore que celle du gardien de phare qui s'efface au moment même où la technologie numérique pourrait permettre d'installer à bord de chaque navire un système de paiement géolocalisé. Je n'ignore pas qu'un tel système, quand bien même il serait mis en place, ne ramènerait pas les gardiens de phare dans leurs tours sacerdotales. Mais la technologie donne finalement raison à Ronald Coase. Rien n'oblige à la gratuité de la lumière du phare.

C'est pourquoi je ne peux m'empêcher de penser que rien n'oblige à la gratuité de nos phares intimes. Rien ne dit que ceux-ci ne puissent être échangés à leur juste valeur et, surtout, selon nos vœux. Il nous faut retenir la leçon de Ronald Coase. Nous finirons par comprendre que la gratuité limitée reçue en échange de la concession (cession?) totale et illimitée de nos phares intimes ressemble fort à cette verrerie de pacotille qu'autrefois les navigateurs explorateurs du Nouveau Monde offraient aux autochtones en échange des clés des richesses de leurs royaumes. Jamais la gratuité n'aura été aussi sournoise et dispendieuse. Il n'est d'ailleurs pas anodin que la langue anglaise recoure au même adjectif, *free*, pour signifier gratuité et liberté. La gratuité numérique nous donne le sentiment d'une immense et totale liberté alors qu'il s'agit d'une liberté sous surveillance intense et plus que rapprochée. La gratuité permet à des suzerains numériques de bâtir des empires dont nous sous-estimons les capacités actuelles et futures de contrôle et dont, en retour, il devient quasi impossible d'assurer la maîtrise. Bruce Schneier, Fellow au Berkman Center for Internet and Society de la Harvard Law School, nous donne un conseil salutaire dans son récent livre intitulé *Data and Goliath* :

> « Rien ne dit que les choses doivent se passer ainsi. Mais il faut que nous réagissions. Il nous faut d'abord revoir les termes sous lesquels nous mettons nos données à disposition. Nous devons être proactifs dans la façon dont nous abordons les nouvelles technologies. »

Il ajoute qu'il est difficile de nous blâmer d'avoir succombé à la tentation. Tout est allé si vite que nous n'avons pas eu le temps de prendre la réelle mesure des termes qui nous étaient proposés. Une nouvelle fois, une décision s'est imposée à nous sans que nous ayons pu en soupeser les tenants et les aboutissants. Il est néanmoins encore temps de réagir avant que la vraie facture de la gratuité de pacotille ne nous soit présentée par les tout-puissants suzerains numériques. Il nous suffit de refuser cette loi d'airain de la gratuité, ce rapt planétaire de l'or de nos données. Si nous n'opposons pas ce refus, nous risquons de subir un sort bien plus douloureux que celui des gardiens de phare.

LE CAP DE BONNE-ESPÉRANCE OU PRESQUE

> « Nous vivons au bord du chaos, trop confiants que nous sommes
> en notre capacité à contrôler et à prévoir notre avenir, trop confiants
> que nous sommes en la capacité du marché de maximiser notre
> bien-être collectif. »
>
> Richard BRONK.

1ᵉʳ mars 2010 – Afrique du Sud, cap de Bonne-Espérance :
quand bien même il ne s'agit pas du point le plus méri-
dional de l'Afrique, on ne peut qu'être impressionné par
ce promontoire rocheux, usé par les vents, rongé par les
vagues, tourmenté par les courants de l'océan Atlantique
et de l'océan Indien. C'est ce morceau de roche du bout du
monde qu'en 1488, au péril de leur vie, Bartolomeu Dias
et ses marins contournèrent. À l'âge de 37 ans, Bartolomeu
Dias transforma une espérance en une découverte capitale,
celle de la route maritime vers les Indes. Avec cette découverte, l'horizon du monde s'agrandit et, avec lui, celui des
marchands et celui des idées.

Comment alors, face à un endroit imprégné de tant
d'aventures humaines et maritimes, ne pas rire jaune
lorsqu'un immense panneau publicitaire happe le regard
avec un message sans ambiguïté : « *Real Estate : Ride the
Waves of Success !* [30] » Et, bien entendu, smartphone en main,
il est possible de ce bout du monde de consulter le site Web

---

30. Immobilier : Surfez sur les vagues du succès !

porteur de toutes sortes de promesses d'enrichissement. Les navigateurs d'antan bravaient les vagues à la recherche de territoires inconnus. Les surfeurs d'aujourd'hui n'utilisent que leurs pouces pour atteindre ces terres immobilières promises. Si loin de tout, ce n'est pas sans une certaine amertume que l'on constate qu'immobilier, Internet et finance traquent leurs cibles jusque dans les coins les plus reculés du globe, avec les mêmes promesses pourtant éculées de succès, de lendemains qui chantent… de bonne espérance.

2 mars 2010 – Afrique du Sud, retour à Cape Town : on sent les stigmates de la Coupe du monde de football dans toute la ville. Elle bourdonne frénétiquement. Elle se refait en toute hâte une beauté. Elle se veut irrésistible, aguicheuse et, bien évidemment, la première de ses parures, c'est celle de l'immobilier. Les immeubles ont métamorphosé le front de mer qui n'a plus rien à envier à Sydney ou à Hong Kong. Centres commerciaux rutilants, résidences de luxe, grandes marques internationales, rien ne manque à la panoplie. Le vieux quartier De Waterkant Village n'échappe pas à cette gigantesque opération de chirurgie esthétique. Les promoteurs s'échinent à lui redonner ses couleurs de 1760. À déambuler au milieu de cette ruche frénétique, on finit par s'interroger. Que pensent les habitants d'un tel charivari dans un pays par ailleurs malmené par tant de tensions sociales flagrantes ?

Le long d'un sentier dominant le front de mer, un homme s'affaire dans un minuscule jardin qui borde un cottage. Le charme de la ruelle qu'aucun véhicule ne vient troubler est indéniable. Le cottage porte un panneau « à vendre ». J'engage la conversation avec le jardinier qui est aussi le vendeur. Je lui demande « s'il n'est pas attristant de devoir quitter un tel endroit, épargné par la circulation, doté d'une vue incomparable sur le front de mer ? » Le propriétaire m'explique qu'il est né ici, qu'il a toujours vécu à cet endroit. Cette vue, qui me semble unique, lui a toujours paru naturelle. Et, pourtant, un jour, tout a basculé : le quotidien est devenu « exceptionnel » quand l'un de ses voisins a vendu son cottage. À l'énoncé du prix, le propriétaire a été pris de vertige. Comment le lieu paisible de son enfance a-t-il pu déclencher une telle avalanche de Rands ? Rien n'arrête les transactions qui se multiplient au point qu'il décide de mettre sa propre maison en vente. L'entretien s'achève sur une note amère. Le jardinier m'explique qu'il se sent devenu spéculateur :

> « Le matin, je ne vois plus le front de mer de mon enfance, je ne vois qu'une pluie d'argent. Cette pluie me stresse. J'ai peur, en cette période de Coupe du monde, que des tours ne se dressent devant notre rue. Je suis chaque jour les évolutions immobilières sur Internet. Je compare sur les sites Web ma maison aux maisons avoisinantes. Je scrute les évolutions de prix. Je ne parviens pas à savoir pas si je suis heureux d'être potentiellement riche ou au contraire malheureux d'avoir perdu ma ligne d'horizon. »

Heureux ou pas ? En deux anecdotes tout est dit : après les turpitudes de la finance, le déferlement numérique. Les repères les plus solides, les âmes les mieux trempées sont perturbés où qu'ils se trouvent. Ce n'est plus le chien qui remue la queue, c'est une queue connectée qui remue un chien non moins connecté.

Sommes-nous inéluctablement condamnés à cette usante trépidation ? Faut-il se résigner à l'instar du propriétaire de cottage sud-africain à ne dormir que sur une oreille, à vivre sous tension numérique permanente ? Faut-il devenir des comptables pathologiques des coûts des biens que nous possédons au point de n'être satisfaits que lorsque toutes les chambres vacantes de notre logement ont des locataires Airbnb et que notre voiture ne roule jamais sans cinq personnes à bord ? Faut-il que nous nous transformions en chasseurs impitoyables, compulsifs et obsessionnels de tout bien insuffisamment utilisé, optimisé pour reprendre un adjectif en vogue ? Je suis surpris que personne (à ma connaissance) n'ait songé à créer une régie publicitaire qui proposerait nos logements aux annonceurs dans le but d'y disposer cafetières, écrans, pèse-personne… connectés (surtout ne pas oublier les sacro-saintes données), etc.,

et d'en faire ainsi la promotion auprès de nos hôtes Airbnb![31]
Cet impératif métrique est tragique. Sous couvert communautaire, priorité est donnée à la mesure (de l'oisiveté, la
nôtre et celle de nos objets), et donc à la concurrence. Nos
appartements, nos voitures, notre temps libre entrent en
concurrence les uns avec les autres[32]. Ils nous mettent en
concurrence les uns avec les autres. Jamais la concurrence
n'aura été aussi granulaire. Ces plateformes globales et
centralisatrices ne sont pas des lieux de partage mais des
lieux de concurrence généralisée. « *Greed is good*[33] » comme
le proclamait Gordon Gekko (*alias* Michael Douglas) dans
le film *Wall Street*. « *Digital greed is indeed even better* » fait
désormais partie de l'intimité de notre foyer.

Il y a dans toute cette agitation comptable une singulière ironie que les prophètes euphoriques de ce numérique sous stéroïdes métriques se gardent bien d'aborder.
S'il est devenu si onéreux et si stressant de posséder quoi
que ce soit, qui seront à terme les gens ou les entreprises
encore assez stupides pour posséder ou produire des biens
(maison, voiture, perceuse, robot ménager, vélo, etc.) dont
d'autres bénéficieront sans avoir à en subir la pénalisante
détention ? Cela augure-t-il d'une baisse généralisée des prix
des biens qui ne trouveraient plus acheteurs ? Pourquoi en
effet acheter une perceuse si mon smartphone m'indique
à tout moment où je peux en louer une ? Les fabricants de
visseuses, d'automobiles et autres biens vont-ils se transformer en fournisseurs d'accès ? La propriété sera-t-elle
reléguée au rang de vague souvenir ? Tout sera-t-il mesuré,
quantifié en permanence y compris notre corps ? Allons-nous
conditionner nos existences et nos actions à ces signaux que
nous émettrons et recevrons en permanence ?

Les experts nous rassurent en nous disant qu'à long
terme, quoi qu'il arrive, les bénéfices l'emportent toujours

---

31. Je laisse cette idée libre de droits.
32. Car, que faisons-nous sur Airbnb si ce n'est mettre notre logement
en concurrence généralisée avec ceux des autres ?
33. « La cupidité est une bonne chose. »

sur les coûts, à l'âge d'airain succède toujours l'âge d'or. Asymptote quand tu nous tiens! Cette comptabilité du long terme est devenue la promesse à laquelle nous devons croire dur comme fer (pour que l'airain devienne de l'or!). Ce nouvel évangile ne peut échouer puisque tout est gouvernable et gouverné par les nombres qui ne sauraient mentir tant ils sont nombreux et soumis à l'analyse permanente, scrupuleuse et impitoyable d'algorithmes toujours plus puissants, traqueurs impitoyables de la moindre corrélation.

Si l'on veut que le chien recouvre la maîtrise de sa queue, il s'agit de ne surtout pas accepter béatement cette loi d'airain du changement au motif qu'elle aurait façonné notre histoire. Vous savez, cette idée que les barbares (nouveaux ou anciens) jettent les ferments d'une nouvelle organisation dans laquelle il y a certes des perdants mais qui ne sont après tout que le prix à payer pour de futurs gagnants en plus grand nombre. Il y a évidemment toujours quelqu'un quelque part que cette comptabilité miraculeuse arrange quand il n'arrange pas lui-même ladite comptabilité. On ne peut se contenter de cette lecture candide, hâtive, voire béate d'Adam Smith [34] (la fameuse main invisible, un pour tous, tous pour un) et de Joseph Schumpeter (destruction créatrice [35] que ne ferait-on pas en ton nom?) [36]. On n'insistera

---

34. Il est surprenant, et à dire vrai profondément agaçant, que tant de commentateurs n'aient pas le même empressement à citer la première phrase de son livre intitulé *The Theory of Moral Sentiments*: « Quelque degré d'égoïsme qu'on puisse supposer à l'homme, il y a évidemment dans sa nature un principe d'intérêt pour ce qui arrive aux autres, qui lui rend leur bonheur nécessaire, lors même qu'il n'en retire que le principe d'en être témoin. » Cela en dit long quant à leur agenda.

35. Je recommande vivement la lecture du bel ouvrage de Pierre Caye, *Critique de la destruction créatrice*. Pierre Caye montre combien il est déraisonnable (et contradictoire) de faire de la richesse une affaire de destruction.

36. Quelle surprise en outre de constater que les expressions main invisible et destruction créatrice ne connaissent respectivement que deux occurrences et une occurrence dans les œuvres de leurs auteurs respectifs! Dans mon édition de *Capitalisme, Socialisme et Démocratie* publiée en 1974 par la Petite Bibliothèque Payot,

jamais assez sur le fait que la fameuse main est plus souvent
aveugle qu'invisible (c'est sans doute pour cela que nous
en avons deux!), et sur l'autre fait qu'aucune destruction,
uberisation dit-on aujourd'hui, ne peut prétendre à sa légitimité en arguant d'une création dont elle aurait comme
par hasard la seule paternité. C'est décidément un signe
des temps (numériques) que de tant faire parler les morts
(toujours les mêmes, Smith et Schumpeter), à tort et à travers, pour (tenter de) rassurer les vivants!

Affirmer que toute création est nécessairement destruction relève au mieux d'une formidable paresse intellectuelle,
au pire d'une indigente irresponsabilité. Je suis frappé
que ceux qui revendiquent ces termes d'uberisation, de
disruption, de destruction créatrice ne perçoivent pas la
violence [37] et la prédation que ces termes véhiculent. Ces
mots, si nous n'y prenons pas garde, finiront par construire
la réalité. Une société qui ne fait que tirer des bilans, qui
clame haut et fort l'efficacité de la mesure et la mesure de
l'efficacité s'abandonne corps et âme à la gouvernance
par les nombres pour reprendre le titre du livre d'Alain
Supiot. La destruction créatrice y trouve sa pleine et froide
justification: celle du verdict des chiffres qui justifie et donc
autorise les bouleversements et les décombres de la tempête démiurgique. Cette passion de la mesure, pour ne pas
dire addiction, prend un nouveau tournant avec l'invasion
des objets connectés. Je ne sais pas si le jardinier de Cape
Town s'est finalement résolu à vendre le cottage de son
enfance. S'il ne l'a pas fait, son cottage se rappellera bientôt
à son bon souvenir. Connecté aux données de marché, il lui

« destruction créatrice » apparaît au chapitre 7, page 119. Comme
le rappelle Pierre Caye, l'expression « destruction créatrice » est
absente de l'œuvre posthume de Schumpeter *Histoire de l'analyse
économique*.

37. Jill Lepore, historienne à Harvard, s'exclame: « L'innovation
disruptive est une stratégie concurrentielle faite pour un âge
façonné par la terreur. » Elle ajoute: « La disruption est une
théorie du changement basée sur la panique, l'anxiété mais qui
ne repose sur aucun fondement avéré. »

signalera le moment optimal où il faut vendre, et le prix auquel il convient d'effectuer la transaction. Mieux encore, il le mettra automatiquement en relation avec les acheteurs compatibles et lui indiquera la maison ou l'appartement qu'il devra ensuite louer ou acquérir. Le cottage ne sera plus ce havre habité depuis l'enfance mais un actif financier pris dans l'immense toile des objets connectés. Et, quand bien même, le jardinier déciderait de prendre le maquis, de devenir un marron numérique, il serait pourchassé et rattrapé par la meute des chiffres. Car, cette société gouvernée par les nombres se rêve en société ergodique. L'ergodicité est cette propriété particulière employée par les physiciens selon laquelle, sous certaines conditions, il n'y a pas de différence entre les moyennes statistiques (d'ensemble) et les moyennes temporelles. Faire jouer mille personnes à pile ou face ou bien jouer seul mille fois à pile ou face donne *grosso modo* le même pourcentage de pile (et de face.) Ce jeu de pile et face est dit ergodique. Dans une telle société ergodique qu'importe que l'on dispose de données insuffisantes pour me caractériser [38]. Qu'importe que j'aie décidé d'opter pour le marronnage numérique. En recourant aux zillions de données d'autres personnes ou d'autres objets, les algorithmes parviendront à me reconstituer, à effacer ma part d'opacité, à tracer mon portrait-robot, un portrait qui n'aura jamais si bien porté son nom. Une société numérique, ultra-quantifiée et ergodique est une société redoutable. Redoutable car elle contient les ferments de l'abandon du politique. Le sociologue américain Robert O. MacBride en formule le sinistre pressentiment dès 1967 :

> « Au vu des ressources fournies par la technologie moderne et les techniques de planification, il n'y a pas besoin d'être grand clerc pour transformer y compris un pays comme le nôtre en une entreprise tournant comme une horloge dans laquelle

---

38. Une société ergodique est une société immortelle. Puisqu'en moyenne les gens sont vivants, je le suis aussi !

chaque détail de la vie devient une fonction mécanique dont il faut prendre soin [39]. »

MacBride ne pouvait anticiper l'extraordinaire granularité et instantanéité qu'allait permettre l'Internet. Cette granularité instantanée a pour conséquence que chacun d'entre nous devient une « *entreprise tournant comme une horloge, toujours connectée* » qui émet en permanence des signaux et, en retour, reçoit les produits, services, relations, solutions et remèdes appropriés. Ce jeu continu d'émission-réception *via* l'Internet des objets (sujets) connectés (ma voiture signale à mon assureur en temps réel mon style de conduite) vise à une personnalisation toujours plus poussée des solutions offertes à chaque individu.

Cette simplification de la vie quotidienne, cette capacité à détecter les dangers, cet objectif de rendre notre monde plus intelligible sont non seulement louables mais souhaitables. Nul ne songera à le contester. Si la société se laisse compter, c'est bien entendu qu'elle y trouve son compte. Et ce compte ne date pas d'hier [40]. Fernand Braudel, dans sa somme intitulée *Civilisation matérielle, économie et capitalisme*, rappelle que « William Petty (1623-1687) essayait de comparer les Provinces Unies et la France ». Il ajoute qu'« une bonne dizaine d'autres "calculateurs" pourraient être introduits dans la course, de Vauban à Isaac de Pinto, et à Turgot lui-même ». Le grand Vauban écrit non sans une certaine grandiloquence :

> « Quelle satisfaction ne seroit-ce pas à un grand Roy de sçavoir tous les ans à point nommé le nombre de ses sujets en général et en particulier… ? Ne seroit-ce pas un plaisir extrême pour luy, de pouvoir de son Cabinet parcourir luy-même en une heure de temps l'état présent et le passé d'un grand Royaume dont il est le souverain maître ; et de pouvoir connaître ses richesses

---

39. Robert O. MacBride, *The Automated State : Computer Systems as a New Force in Society*, Philadelphia, Chilton Book Co.
40. Je conseille la lecture du beau livre d'Olivier Rey, *Quand le monde se fait nombre*, Stock, 2016.

et ses forces ; le bien et le mal de ses sujets et ce qu'il peut faire pour accroître l'un et remédier à l'autre ? [41] »

On doit à Condorcet un livre intitulé *Mathématique sociale* et à Buffon des *Essais d'arithmétique politique*. Le statisticien belge Adolphe Quételet postule l'existence d'un homme moyen (calculable), idéal de perfection, duquel nous dériverions par nos imperfections. Ni les uns, ni les autres ne pouvaient imaginer qu'un jour un déluge de données permettrait d'envisager de mettre la société sous pilotage « arithmétique ». L'acceptation de ce pilotage à grande échelle implique une allégeance de plus en plus forte à ce que l'essayiste Evgeny Morozov baptise « le solutionnisme ». Si les nombres et les solutions tirées de ces nombres peuvent gouverner au nom d'une sacro-sainte efficacité déclarée prioritaire, alors le gouvernement par la politique finit par s'effacer et avec lui toute solidarité.

Mais tout n'est pas soluble dans l'efficacité. C'est une chose que les algorithmes nourris du flux de données des hommes connectés et de leurs objets non moins connectés nous indiquent la solution efficace ; c'en est une autre de décider collectivement de la mettre en œuvre. Nous devons conserver ce droit inaliénable de faire imparfaitement (relativement à la solution de l'algorithme). C'est donc un choix éminemment politique que celui de dire non à la solution de l'algorithme, que celui de prendre le temps d'interroger les causes plutôt que de corriger les conséquences. Tim O'Reilly, auquel on prête l'invention de l'expression Web 2.0, ne choisit pas par hasard l'assurance lorsqu'il déclare qu'il s'agit du domaine par excellence de l'Internet des objets connectés. Il se garde en revanche d'avouer que l'objectif est d'éradiquer toute mutualisation qui est pourtant à l'origine de l'assurance [42]. Car, si chacun devient une entité dûment

---

41. Vauban, *Projet d'une dixme royale*, chapitre X.
42. La menace est réelle (https://www.theguardian.com/technology/2016/nov/02/admiral-to-price-car-insurance-based-on-facebook-posts).

chiffrée, alors à chacun selon son chiffre. Plus besoin des autres. Plus besoin de cette mutualisation qui, en permettant aux moins chanceux d'être soutenus par les plus chanceux, forge solidarité et sentiment d'appartenance[43]. C'est vrai, la mutualisation est loin d'être parfaite. Elle peut engendrer des comportements opportunistes, attirer des passagers clandestins. La mauvaise monnaie peut y chasser la bonne. Il n'en demeure pas moins qu'elle est un choix de société respectable qu'on ne peut écarter au seul motif qu'il ne permet pas l'individualisation des risques. La mutualisation n'est pas qu'une exploitation actuarielle imparfaite de la loi des grands nombres. Elle est aussi l'expression d'un contrat social. Je suis d'autant plus sensible à cette notion de mutualisation que c'est sur elle que repose l'entreprise que j'ai fondée. Lorsque nous fixons le montant de l'abonnement qu'une université doit acquitter afin que ses étudiants et professeurs puissent accéder à l'une de nos bibliothèques numériques, nous savons que certains étudiants liront beaucoup alors que d'autres liront moins. L'abonnement est calculé de telle façon à ce que le comportement de lecture des uns compense celui des autres. Nul n'est exclu, et c'est primordial.

Il est un terme japonais que j'affectionne particulièrement : *wabi-sabi*[44]. Le *wabi-sabi* est l'art de trouver la beauté dans l'imperfection. Il y a dans le *wabi-sabi* un inattendu que l'on apprend à voir, à aimer. Cet inattendu est une grande leçon : toute imperfection porte en elle une singulière perfection. C'est cet inattendu de l'imperfection que les algorithmes inexorablement érodent dans leur quête avide de la perfection granulaire. À trop vouloir parcelliser les individus, les algorithmes deviennent aveugles aux richesses que, par exemple, la mutualisation recèle. La mutualisation est imparfaite mais elle porte en elle la chaleur de la solidarité humaine et du (savoir) vivre ensemble. Si nous ne sommes

---

43. En outre, cette segmentation à outrance est illusoire : ce n'est pas en excluant le risque qu'on le supprime !

44. Voir l'entrée rédigée par Augustin Berque p. 523, dans *Vocabulaire de la spatialité japonaise* édité par le CNRS.

pas vigilants les algorithmes pour utiles qu'ils soient finiront par nous mettre en concurrence généralisée les uns avec les autres (je te note, tu me notes, ma réputation est meilleure que la tienne, je reçois plus car je suis plus prisé que toi, etc.) au nom d'une plus que douteuse méritocratie des données numériques mises en place par des plateformes sur lesquelles nous n'avons aucun contrôle. Un individu n'est pas une entreprise, encore moins un signal que l'on voudrait extraire de son bruit. C'est sans doute un rêve de la Silicon Valley et un idéal orwellien qu'il le devienne. Et pour cela tous les moyens sont bons. L'Internet des objets connectés n'est finalement que le visage masqué d'un autre Internet, celui des sujets connectés, des assujettis connectés. L'objet cache le sujet, et il est évidemment moins vendeur et plus suspect de revendiquer un Internet des sujets connectés : à quels royaumes ces sujets pourraient-ils bien appartenir, et à quels suzerains devraient-ils faire allégeance ? C'est pourquoi je ne peux souscrire à cette solidarité communau-taire de façade dont Facebook et les autres nous abreuvent. J'abhorre ces vitrines rutilantes et aguichantes de magasins numériques qui ne sont *in fine* que de vastes entrepôts de données dont l'objectif ultime est de faire de chacun de nous une économie individualisée, millimétrée sous toutes ses coutures et donc gouvernable *ad nauseam*. Nous devons, comme le jardinier de Cape Town, conserver nos lignes d'horizon afin de mieux les croiser. Car, n'en déplaise aux suzerains du royaume des nombres, nous demeurons ces oiseaux innumérables dont Glissant disait :

« Voyez ces balans d'oiseaux, ces essaims. Vous concevez la spirale qu'ils dénouent et sur laquelle le vent coule. Mais vous ne saurez pas les dénombrer vraiment pendant leur lancer tout en crête et ravine, ils montent et ils descendent, ils repartent d'un seul cran, leur imprévisible est cela même qui les relie, et qui tournoie en deçà de toute science. »

Que dire de plus que le poète n'ait déjà dit ?

OBJETS

SE CONTENTER DU CANIF

« Le canif est utile. Il sert à couper la viande, à décacheter les lettres, à déculotter le fourneau de la pipe, à marquer une page dans un livre, à tailler un bâton pour l'enfant soudain admiratif. »
Pierre Veilletet.

Le canif serait-il redevenu à la mode ? Il a de nouveaux aficionados. Philippe Delerm et Pierre Veilletet [45] musardent, Opinel ou Laguiole en poche. Le canif, c'est l'assurance de ne jamais être pris au dépourvu. Mon ami Camille Poirel en savait quelque chose. En 1907, il avait douze ans. Il était commis dans une ferme lorraine. Imaginez un petit bonhomme frêle, les pieds enfoncés dans la glaise, arc-bouté sur une lourde charrue tirée par un cheval de trait résigné. De temps à autre, son maître observait son travail. Un jour, le maître demanda à Camille s'il avait un canif dans sa poche. « Pour quoi faire ? » répondit le gamin. « Pour libérer le cheval de son harnachement s'il venait à verser dans le fossé », répondit doctement le maître. Et puis, ajouta-t-il, « pour le casse-croûte c'est toujours utile » !

Le vrai canif est dépouillé, rudimentaire. Il ne fanfaronne pas. Une lame articulée et un manche de bois, poli par le temps et des mains calleuses, suffisent. Parfois, dans un excès

---

45. La première version de ce texte a été écrite du vivant de Pierre Veilletet dont je lis et relis son *Mots et Merveilles* toujours avec le même bonheur.

de zèle, il se fait tire-bouchon. Canif, il est né, canif il reste. Il n'a pas l'ambition de son cousin helvète, le couteau suisse Victorinox. On ne dit d'ailleurs pas canif suisse. Le Victorinox est bon à tout. Il en est rouge de fierté. Il est comme une assurance tous risques, un couteau toutes options en somme. Rien ne peut lui résister. L'armée suisse n'est-elle pas son premier client ? Qu'il faille scier, entailler, limer, observer à la loupe, visser, curer des dents récalcitrantes ou épiler, pas moyen de le prendre en défaut. Il est fiable, inoxydable. Un véritable arsenal sous la forme d'un mille-feuille de métal. Une petite croix blanche rappelle son auguste extraction.

Ce couteau contient à lui seul la Suisse qui l'a vu naître. Bon et rouge sang ne saurait mentir. Un petit pays peuplé d'horlogers minutieux ne pouvait se contenter de la simplicité rustique du canif. Le canif est un gagne-petit. Il ne peut que peu. Son cousin helvète peut tout et, il y a longtemps qu'il ne se contente plus de seulement trancher. Il donne l'heure, la date, la température, l'altitude. Son nom est devenu la métaphore de cette assurance de ne jamais être pris en défaut. Il conjure la peur de « rater quelque chose », peur qui est à la base du design de toutes ces applications addictives qui envahissent nos smartphones [46]. Il s'appelle désormais « Cybertool ». Il équipe McGyver (que ferait McGyver avec un simple Opinel, bonne question !) et les astronautes de la NASA. Il raconte ses prouesses sur Internet. Depuis peu, il est l'objet d'une mutation étonnante. Il se glisse dans le portefeuille du banquier (suisse). Il n'est plus Swiss Knife. Il est Swiss Card. Rouge et plate. Carte Bleue, Carte Rouge en portefeuille, smartphone en main, l'homme moderne ne craint ni rien

---

46. Le fameux FOMO, « fear of missing out ». Les applications qui nous sont proposées sur le Web sont conçues pour nous donner le sentiment qu'elles minimisent le risque que nous rations une opportunité, la prise d'une photo, un contact, l'envoi d'un message. Elles font de nos smartphones des couteaux suisses qui nous garantissent d'être sur la balle en permanence.

ni personne. On lui annonce déjà qu'à défaut de pouvoir déployer des lames son smartphone, ce couteau suisse téléphonique, intégrera ses cartes, qu'elles soient bleues, rouges, or ou platine !

Vous l'aurez compris, quand bien même je suis admiratif de la prouesse technologique helvétique, je reste méfiant. Le couteau suisse est à mes mains l'emblème de l'objet connectable. Il est trop ambitieux, c'est sa marque de fabrique, pour ne pas être (un jour proche) connecté [47]. C'est un objet bavard pour reprendre l'expression de Bruce Sterling dans son livre au titre éponyme. L'humilité (numérique) du canif me suffit. Il est objet qui s'interdit de faire de nous ses sujets. Il chante la valeur d'usage qui refuse de se fondre dans la valeur d'échange à tout crin. Déconnecté mais toujours utile, il est aussi un solide rempart à ce divertissement numérique permanent qui irrite l'artisan et philosophe Matthew Crawford [48] tant il balkanise notre attention. Lorsque je prends mon canif en main, je (re)deviens attentif. Je remonte le temps. Je soupèse ces cent dix ans qui séparent le frêle commis de ferme qu'était mon ami Camille de l'homme connecté et bardé de machines savantes que je suis devenu. Il y a une connivence entre mon canif et celui de Camille, celle qui nous rappelle que tout n'est pas destiné à rougir de perfection, qu'il faut apprendre à trouver dans l'imperfection (de nos canifs) ce qu'une quête pathologique de la perfection ne peut ou ne veut voir.

Le canif est *wabi-sabi*. Il invite, à l'instar de ce célèbre Koan du zen, à trouver ce qu'il nous manque dans ce que

---

47. Je ne serai pas surpris qu'avec le déferlement de l'Internet des objets nous voyions apparaître un couteau suisse connecté qui commandera par Internet notre sandwich favori au moment précis où il détectera qu'une petite faim nous tenaille, sandwich qui nous sera parachuté par un drone ! À moins que notre smartphone qui est déjà un couteau suisse au figuré ne souhaite aussi le devenir au propre !

48. Matthew Crawford, « Contact : Pourquoi nous avons perdu le monde et comment le retrouver », La Découverte, 2016

nous avons, et dans ce que nous sommes, murmure le philosophe (suisse) Alexandre Jollien [49]. En mode patient et déconnecté.

Alors, couteau suisse ou canif ?

Je vous laisse le soin de trancher !

---

49. http://www.alexandre-jollien.ch/wp-content/uploads/2012/08/Article-MDR_Etre-de-manque_16.02.2011.pdf

PLUMES ET CLAVIERS : MÊME COMBAT !

« J'écris en présence de toutes les langues du monde. »
Édouard GLISSANT.

Kes tu fé ?

Vous avez sans doute reçu ce genre de SMS. Vous avez certainement envoyé ce genre de message « *peau de chagrin* ». Les adolescents sont particulièrement accrocs à ce genre de contraction. Du coup, nombre d'observateurs s'interrogent sur le sort de l'orthographe et de la grammaire. Beaucoup s'alarment que des générations entières ne sachent plus correctement manier la langue de Molière. Je dois avouer que j'ai plus d'une fois sursauté à la lecture des SMS codés de mes enfants. Mais, finalement, cette inquiétude est-elle bien nouvelle ? Là comme ailleurs, le recul est rafraîchissant.

Dans un délicieux livre intitulé *Qui étaient nos ancêtres ?* Jean-Louis Beaucarnot nous rappelle fort à propos ces temps où nos ancêtres maniaient la plume d'oie, le parchemin, le papier chiffon puis le papier bois. Les contraintes étaient multiples : encres coûteuses aux recettes jalousement gardées qui séchaient trop vite, plumes d'oie ou de corbeau onéreuses, fragiles et difficiles à manier, papier dispendieux, rugueux qui malmenait la pointe de la plume… Qu'ont fait nos ancêtres pour économiser plumes, encre et papier ? Ils ont apporté la même réponse que celle que nous pratiquons aujourd'hui en réponse à l'étroitesse ergonomique de nos claviers. Ils ont recouru

« à plusieurs techniques d'abréviation : la contraction, qui fait écrire psse pour paroisse ou sgr pour seigneur ; l'apocope, qui ne conserve que la première syllabe d'un mot, comme sep. pour sépulture, enfin les notes tironiennes… qui sont les véritables ancêtres de nos signes de sténo… »

Avons-nous perdu la langue de Molière pour autant ?

Aujourd'hui, les claviers étriqués de nos smartphones nous handicapent au moins autant que les plumes d'oie de nos ancêtres. Mais peut-on vraiment parler de handicap alors que nous disposons par exemple d'un remarquable Institut de Twittérature comparée dont je vous livre ici quelques lignes issues du *Manifeste* rédigé par ses fondateurs français et québécois ? :

« La twittérature est à la rature, ce que le gazouillis est au chant du coq. Les uns vantent l'alexandrin, d'autres jouent du marteau-piqueur.
La twittérature ne contraint pas le twittérateur, mais elle se joue de la contrainte. Une seule contrainte, être fier de ses propres tweets. »

Les twittérateurs peuvent être en effet fiers de leurs tweets au point d'inspirer des dessinateurs [50], tel Scott Weston, qui transcrivent ces tweets sous forme de dessins humoristiques ou de caricatures. C'est à une autre échelle le principe suivi par l'artiste américain R. Luke DuBois [51] dont les œuvres sont issues de la transformation, pour ne pas dire du détournement, de millions de données numériques. Son matériau de base n'est pas la gouache, c'est tout simplement l'information que nos activités quotidiennes laissent sur la toile, au sens propre et, *in fine*, au sens figuré.

Clavier et plume, chacun à leur façon, contribuent à créoliser la langue, l'écriture et l'art par cet inattendu des

---

50. http://www.theatlantic.com/technology/archive/2015/02/the-art-of-twitter-art/385365/ et https://unbound.co.uk/books/drawn-your-tweet?mc_cid=65c083118b&mc_eid=e1bb72eb06
51. http://www.ted.com/speakers/r_luke_dubois

usages que provoque la contrainte. Contraints, nous réagissons, nous inventons, nous surprenons. Nous nous surprenons. Nous ne nous laissons pas faire. Nous devenons inattendus. À la page 230 de son très beau livre intitulé *La Cohée du Lamentin*, Édouard Glissant avait pressenti des initiatives, telles celles de l'Institut de Twittérature ou de R. Luke DuBois. Il consacre cette page à l'ordinateur et à l'écriture en se demandant comment la technique entre dans les créolisations. Il écrit :

> « que la machine vous incline à telle ou telle concision, à telle ou telle expansion, à trouver les mots imprévus que vous carrez dans son diagramme, elle est comme l'inconscient de l'écriture, vous lui concédez ce pouvoir que vous dirigez en fin de compte, […], et alors vous vous demandez si, accordés à tant d'engins, il ne nous faudra pas enfin nous plaire à ces jeux désormais paisibles, qui confondent le maître et l'esclave. »

J'ai de la sympathie pour ce Kes tu fé. Il dit finalement que nous pouvons tous être des marrons numériques, ces marrons qui ne font pas que prendre la fuite, mais qui en détournant les environnements, les objets, les relations, en les inversant ouvrent des pistes inattendues. Je mesure toute la force et toute la sagesse du descendant d'esclaves Édouard Glissant lorsqu'il ose envisager les jeux désormais paisibles qui confondent le maître et l'esclave. Je ne suis pas sûr que ces jeux soient toujours sereins. Mais qu'importe, ils sont les établis sur lesquels se forgent nos traductions au sens propre et au sens figuré, ces alliages de mots qui, à l'instar du Kes tu fé, en se transportant d'un point A (que fais-tu ?) vers un point B, puis vers un point C… inventent une multitude de sérendipités.

LUNETTES ET TABLETTES

« Transposé dans l'univers à deux dimensions des liseuses et
tablettes, le livre en relief s'étiole. Mais qu'on se saisisse de l'écran
comme d'un monde en relief, quel livre inventons-nous, à peine
décelable encore ? »

François BON.

« Le livre est comme la cuiller, le marteau, la roue ou le ciseau.
Une fois que vous les avez inventés, vous ne pouvez pas faire
mieux. »

Umberto ECO.

Pline l'Ancien et Suétone racontent que l'empereur Néron
regardait les jeux du cirque au travers d'une grosse émeraude.
Caprice de tyran ou simple défaut de vision luxueusement
masqué, nul ne saura jamais le fin mot de cette coquette-
rie impériale. L'histoire ne précise d'ailleurs pas si Néron
exigeait aussi une pierre précieuse pour lire.

Quoi qu'il en soit, il y a belle lurette que mauvaise vue
et lecture ne font pas bon ménage. Pourtant, vous aurez
certainement remarqué qu'un libraire ne vend jamais de
lunettes, et que l'on ne peut pas acheter de livres chez son
opticien. Afflelou n'est sans doute pas encore assez fou !
À la rigueur, vous pourrez boire un bon café, une tasse
de thé ou un bol de chocolat chaud chez le libraire, voire
vous prélasser dans un confortable fauteuil en feuilletant
les premières pages du livre que vous hésitez encore
à acheter. Je dis bien à la rigueur car malheureusement
rares sont encore les libraires qui acceptent de mélanger

dans un élan gidien les nourritures spirituelles et les
nourritures terrestres.

Enfin, si vous insistez, vous trouverez en Finistère non
loin de Guimaëc, sur la plage de Poul Rodou, un endroit
délicieux, le fameux café librairie des amis Lan et Caprini.
Je ne suis en revanche pas sûr que Lan et Caprini aient
songé à vendre ou à prêter des lunettes ! Pourtant, l'idée
de rapprocher le livre des lunettes n'est pas si saugrenue
que cela. Au XIXe siècle, en Angleterre, les bibliothèques
de colportage vendaient aussi des lunettes. On pouvait,
moyennant modiques espèces, emprunter les livres auparavant inaccessibles aux bourses modestes et choisir la paire
de lunettes adéquates. Somme toute, Amazon.com n'a pas
inventé grand-chose. L'Internet d'autrefois se résumait à
de robustes dos d'ânes qui venaient à votre rencontre avec
leurs chargements de livres, lunettes et autres bimbeloteries.
Une visite, vous en conviendrez, bien plus sympathique
que celle d'un drone ! On raconte, mais je n'ose y croire, que
les grands éditeurs britanniques de l'époque victorienne
essayèrent d'éliminer ces ânes auxquels ils reprochaient
une concurrence déloyale au motif que les ânes prêtaient
les livres mais ne les vendaient pas ! Cela ne vous rappelle
rien ? Malgré cette tentative d'assassinat des ânes colpor-
teurs, il existe aujourd'hui encore des ânes bibliothécaires.
Ces vaillants soldats du livre et de la lecture ont du souffle.
Ils crapahutent à travers les Andes et portent les livres
(et les lunettes) à des sommets qu'auteurs et éditeurs ne
soupçonnent sans doute pas. Les ânes s'y sentent sans doute
plus en sécurité, hors de portée des foudres des éditeurs !

Quoi qu'il en soit, les lunettes, dont il est difficile de dater
l'origine précise (sans doute le XIVe siècle d'après l'historienne italienne Chiara Frugoni qui cite l'agacement du poète
Pétrarque à l'idée de devoir pincer son nez d'une monture
sans branche [52]), sont un soulagement et un confort pour
les lecteurs qui, sans elles, auraient dû faire le deuil de leur

---

52. L'histoire des objets est fascinante tant l'anecdote y joue un rôle
fondateur.

passe-temps favori. L'historien américain, David S. Landes, rappelle que l'invention des lunettes a allongé la carrière des scribes, des enlumineurs, des tisserands, des horlogers du Moyen Âge dont le cristallin, la vieillesse venant, avait perdu de sa plasticité. Au milieu du XVe siècle, Florence et Venise produisaient des milliers de paires de lunettes aux verres tantôt convexes tantôt concaves. Ces lunettes réenchantèrent les mains des artisans. Elles amplifièrent leur libération, cette libération si finement analysée par André Leroi-Gourhan. Cette alliance des mains et des lunettes est fascinante. Dans l'anonymat d'un atelier encombré de verres, de bois et d'os, des mains habiles façonnent et polissent des lentilles qui, devenues lunettes, prolongent le génie d'autres mains, peut-être celles de l'enlumineur Leonhard Wagner. Les lunettes ont aussi épargné à Gutenberg et à ses successeurs la nécessité d'imprimer chaque ouvrage selon des tailles de caractères multiples. Le verre optique a facilité le travail de l'imprimeur tout comme la croisée d'ogives de l'architecte gothique qui, échappant à la gravité de la voûte romane, a permis aux vastes vitraux des maîtres verriers d'illuminer les cathédrales. Et, à tout choisir, mieux vaut chausser des lunettes que de porter à bout de bras un livre dont le poids a quintuplé du fait de la dilatation de ses caractères!

Aujourd'hui, les tablettes numériques ouvrent à leur tour de nouveaux possibles. Certes, la tablette n'a pas le raffinement, la sensualité de son lointain cousin Gutenberg. Elle a d'autres atouts. Elle permet par exemple à l'étourdi qui a égaré ses lunettes de ne pas faire le deuil de son passe-temps favori. En une simple commande, la tablette permet de choisir la taille de caractères adéquate pour une lecture confortable. Aux aficionados de la musardise, elle offre le livre en lévitation, la faculté de glisser de mots en définitions, de définitions en images, de livres en livres, d'étagères en lecteurs. Pour séduire ces lecteurs flâneurs, la tablette numérique ne doit surtout pas chercher à rivaliser avec le support imprimé, à le singer. Elle doit lui être orthogonale. Elle le peut car elle est finalement plus proche du rouleau (*volumen*) utilisé dans l'Antiquité que du livre (*codex*). Plus

proche car, avec la tablette, le lecteur renoue avec le mode
de lecture du rouleau dans lequel les pages lues défilent
verticalement ou horizontalement. Un mouvement du pouce
ou de l'index sur l'écran tactile de la tablette suffit à faire
monter ou descendre le texte, ou à le translater de la droite
vers la gauche.

En outre, avec la tablette, ce n'est plus le lecteur qui va
au livre, c'est le livre qui vient au lecteur, sur simple sollici-
tation numérique. L'étudiant ne redoute plus l'emprunt en
bibliothèque du livre qui trop souvent n'est pas disponible.
Le livre voyage numériquement vers lui tout en restant au
même moment disponible à la lecture des autres étudiants.
Foin des files d'attente et des rushs bibliothécaires au moment
des examens. Ce voyage ne connaît pas de limites. Le livre
numérique peut effectuer des périples au long cours, là où
son cousin imprimé ne peut se rendre, en des lieux où la
latitude n'est guère favorable à la bonne conservation du
papier. Il affiche une ubiquité digitale qui fait de lui une
matière malléable, une ressource toujours accessible, jamais
épuisée, pour autant bien sûr que ses ayants droit, l'auteur
et la maison d'édition, lui reconnaissent ce dynamisme et
surtout le favorisent. Car, nombreux sont encore ceux que
François Bon surnomme, non sans humour, les écrivains
imperturbables, ces écrivains qui « aiment plutôt l'idée
d'eux-mêmes en auteurs de livres » que les livres, qui n'ont
pas encore compris que la frontière entre l'écrire et le lire
est devenue poreuse « à tous les souffles du monde [53] »

Finalement, le célèbre clown russe Grock avait raison,
lui qui passait son temps à pousser son piano vers son
tabouret. C'est sans doute (aussi) cela le progrès : lorsque le
piano vient au pianiste, lorsque le livre vole vers le lecteur,
lorsque le lire vient à l'écrire, lorsque l'attitude prend sa
revanche sur la latitude, en somme lorsqu'une innocente
apostrophe se glisse là où on ne l'attendait pas.

---

53. Aimé Césaire, *Cahier d'un retour au pays natal*, Présence africaine.

LA DIVE BOUTEILLE

« Qu'est-ce à dire ? Accepterions-nous vraiment de laisser ainsi se dégrader l'existence jusqu'à un servile exercice de calcul, à une vie casanière de mathématicien ? Qu'on se garde avant tout de vouloir la dépouiller de son caractère ambigu : c'est là, Messieurs, ce qu'exige le bon goût, surtout le goût du respect, ce qui dépasse votre horizon. »

Friedrich Nietzsche.

« … l'accumulation des données appelle leur exploitation (la statistique tend à devenir une science inductive) et réanime le vieux rêve de la pensée continentale, qui est de garantir des plans. »

Édouard Glissant.

« En vérité, vous prendriez peur si jamais, comme vous l'exigez, le monde entier devait devenir totalement et vraiment compréhensible. »

Friedrich Schlegel.

« L'homme n'éprouve plus, il pèse. »

Ch.-F. Ramuz.

Dans son *Dictionnaire chic du vin*, mon ami Léon Mazzella recense plus d'une trentaine d'adjectifs dont on peut faire usage pour décrire la sensation que l'on éprouve lorsque l'on déguste un vin. Capiteux, nerveux, gourmand, soyeux, vineux… vous avez le choix. Il manque toutefois à sa liste un adjectif que je dois à un ami moine bénédictin, et que j'affectionne tout particulièrement : courageux. J'aime l'idée qu'un vin soit courageux, qu'il continue de gravir un palais qui lui est hostile dans l'espoir jamais totalement perdu de le séduire! Du courage, il en faut aussi pour ne pas boire son vin de suite, pour le laisser dormir paisiblement dans sa cave. Certains vont même jusqu'à revendre leurs bouteilles sans les avoir bues pour le plaisir somme toute bien primaire d'une plus-value. C'est vrai, le vin est un investissement fait de temps, savoir-faire, patience et risque, au premier chef pour le vigneron. Après les vendanges, le vin doit reposer de dix-huit à vingt-quatre mois. Il est difficile, pour ne pas dire impossible, de prédire la qualité d'un millésime au vu et au bu d'un jus, issu du pressoir, balbutiant ses premières notes. Il faut attendre, et cette attente ne se limite pas à la cave. Elle débute au grand air dans ces vignes qui, vues du ciel, ressemblent à une partition aux notes encore incertaines. Attendre pour enfin entendre la musique du vin.

Depuis 1978, un homme prétend qu'il n'a pas besoin d'attendre. Le jus lui murmure à l'oreille. Il entend avant quiconque la future mélodie du vin. Il se nomme Robert M. Parker, Jr, et depuis 1978 il tient le haut du pavé. Il est le gourou du vin. Chaque année, il passe trois mois dans les vignobles allant de dégustation en dégustation. Il publie ensuite une note pour chacun des vins qu'il a goûtés. Son palais l'a rendu riche et célèbre. Plus de cinquante mille personnes sont abonnées à sa lettre d'information, *The Wine Advocate*. Ses notes font la pluie et le beau temps. Elles sont aux vignerons ce que les étoiles Michelin sont aux chefs. À la fin des années quatre-vingt, un homme osa pourtant contester la suprématie de Robert Parker. Cette contestation émanait d'un poids lourd de la science économique, Orley Ashenfelter, professeur à Princeton University et éditeur de la prestigieuse *American Economic Review*. Il est également l'éditeur d'une lettre d'information intitulée *Liquid Assets*. Ashenfelter n'y est pas allé par quatre chemins. Selon lui, il est impossible à la seule dégustation de prédire ce que deviendra un millésime. La qualification d'un millésime doit passer par le filtre d'une équation économétrique dont les seuls ingrédients sont les données météorologiques :

Qualité du vin = 12.145 + 0.00117*pluviométrie hivernale (octobre-mars) + 0.0614*température moyenne avril-septembre − 0.00386*pluviométrie pendant les vendanges (août-septembre).

Mère Nature suffirait donc à fournir les données nécessaires au calibrage de l'équation bacchique. Je ne sais ce qu'en pense Bacchus mais, à l'aune des adjectifs de Léon Mazzella, les échanges entre Parker et Ashenfelter furent plutôt acides, âpres et raides : nez contre données, palais contre ordinateur, papilles contre équation. Ashenfelter ne put s'empêcher de dénoncer ce qu'il estimait être un élitisme mal placé de l'industrie du vin :

> « Une question encore plus importante se pose quant aux motivations des acheteurs de vins en primeur. Pourquoi persistent-ils à ignorer que les conditions météorologiques durant la période de mûrissement des raisins sont un facteur fondamental, néanmoins facile à mesurer, de la qualité future des vins. Vont-ils continuer à nier cette évidence alors même que les données s'accumulent qui prouvent combien ce facteur est primordial ? »

Robert Parker qualifia en retour les propos et les méthodes du célèbre professeur d'économie de « Néandertaliens », « d'absurdes et ridicules. » Il ajouta qu'Ashenfelter ressemblait à un critique de cinéma qui jamais n'irait dans les salles obscures mais se permettrait de porter un jugement sur les films au seul vu des noms de leurs acteurs et de leurs metteurs en scène.

Il faudra attendre le millésime bordelais de 1989 pour établir un premier verdict dans la lutte opposant les deux hommes. Ashenfelter estimait que le millésime 1989 serait le millésime du siècle. Parker était en désaccord total. Une année plus tard, Ashenfelter récidivait en annonçant que le millésime 1990 serait encore meilleur. Parker marqua

de nouveau son désaccord. La sentence fut prononcée par
le résultat des ventes aux enchères. Le millésime 1989 se
vendit pour plus du double du prix du millésime 1986 cher
à Parker. Le millésime 1990 trouva acquéreur à prix encore
plus élevé. Pour la première fois, le nez et le palais de Robert
Parker étaient malmenés au point de voir leur hégémonie
bousculée par une bande de données menée par un chef
économètre venu de nulle part.

Un troisième homme s'est récemment invité sur le ring.
Tristan Fletcher, chercheur en intelligence artificielle à
University College (Londres) et cofondateur d'Invinio,
affiche la même foi dans les données qu'Ashenfelter. Il est
convaincu que les machines sont mieux à même de comprendre les vins que le meilleur des sommeliers. Il va plus
loin. Il affirme que les techniques modernes d'apprentissage
automatique sont plus performantes que les techniques traditionnelles de régression économétrique d'Ashenfelter. Ses
premiers résultats publiés dans le *Journal of Wine Economics*
semblent en effet indiquer une plus grande précision dans
la prédiction de la qualité des millésimes que celle obtenue
par les méthodes quantitatives plus conventionnelles. Il
est évident que les choses n'en resteront pas là, et que
d'autres sorciers des données, amoureux du vin ou pas,
vont creuser le sillon plus profondément encore. Robert
Parker [54] n'en aura que plus de nausée. Il faut s'attendre à
une floraison d'algorithmes tentant de prédire la qualité future des millésimes. Un proverbe français dit que
lorsqu'on aime on ne compte pas. Dans le cas d'espèce,
on aime et on compte à la fois. On finit par compter parce
qu'il est utile et potentiellement lucratif de savoir au-delà
du nez et du palais de Parker comment les millésimes se
comporteront dans le futur. En somme, *in vino veritas, in
data veritas* ! La révolte de palais fomentée par Ashenfelter
et ses successeurs illustre à merveille le levier que données et algorithmes ambitionnent de fournir à nos sens
et à nos choix de cave. Ce n'est sans doute pas un hasard

---

54. Robert Parker a d'ailleurs cédé son activité. Faut-il y voir un signe ?

si ces algorithmes œnologiques sont souvent cités pour vanter les bénéfices du fameux big data. C'est la preuve par le vin que les données sont précieuses, que leur traitement l'est tout autant. Les entreprises d'Ashenfelter et de Fletcher sont nées de ces données et de leur analyse qui les ont rendues profitables.

Ce succès est instructif. Son enseignement va au-delà de la guerre picrocholine entre Parker et Ashenfelter. Il doit attirer notre attention sur la réelle valeur que nous dissipons lorsque nous offrons aux firmes de l'Internet toutes nos données numériques en échange de la gratuité de leurs services. Nous recevons certes des prestations en retour de nos données, mais je suis convaincu que la valeur de celles-ci est très inférieure à celle de nos données et, surtout, à celles des revenus que ces données permettront d'engendrer. La collection de nos données a atteint une échelle dont la plupart d'entre nous n'a aucune idée. Ces données, actives (je poste un commentaire, une photo, je visite un site) ou passives (un cookie m'espionne), ne sont plus seulement capturées au fil de nos navigations. Applications et capteurs prolifèrent au sein de nos smartphones, de nos voitures, de nos maisons. Ces aspirateurs numériques font à tout instant un ménage silencieux et assidu de nos données intimes où que nous nous trouvions, dedans ou dehors. Nous avons fini par nous soumettre totalement à cette extraction massive de nos données en échange de services mails, d'agendas en ligne, d'applications de toutes sortes. *No questions asked!* La devise avec laquelle nous payons cette gratuité est une devise forte mais nous la traitons comme si elle était une devise faible. Nous trouvons cette dévaluation normale, cette dévaluation qui nous relègue au rang de millésimes dont on ne sait qui seront les futurs dégustateurs. Pourtant, Ethan Zuckerman, directeur du MIT Center for Civic Media, nous rappelle que [55] :

---

55. http://www.theatlantic.com/technology/archive/2014/08/ advertising-is-the-internets-original-sin/376041/

> « On nous a appris que c'est tout simplement la façon dont Internet fonctionne : si nous acceptons une surveillance de plus en plus rapprochée – tant de la part des entreprises que du gouvernement – les outils et les contenus que nous désirons resteront gratuits. »

Cet échange est inéquitable car personne ne veut vraiment nous dire ce que valent nos données. La magnitude des revenus publicitaires engrangés par les géants de l'Internet donne une idée des montants en jeu, mais ce n'est hélas que la partie émergée de l'iceberg. Il est préférable de nous maintenir dans l'ignorance de peur que nous ne réévaluions à la hausse cette devise que nous ne cessons de dévaluer. Zeynep Tufecki, professeur à l'université de Caroline Chapel Hill, a récemment fait une offre surprenante dans le cadre d'un article publié dans le *New York Times*. Cet article [56] est intitulé « Mark Zuckerberg, let me pay for Facebook ». Facebook encaisse des milliards de dollars de revenus publicitaires. Au second trimestre de 2014, les comptes de Facebook annonçaient les chiffres suivants : 1,32 milliard d'utilisateurs, 2,91 milliards de dollars de chiffre d'affaires, 791 millions de dollars de profit. Ces chiffres correspondent à un profit de vingt centimes par mois par utilisateur. Forte de ces éléments, Tufecki suggéra à Mark Zuckerberg qu'elle était disposée à payer vingt centimes par mois en échange d'une étanchéité totale de ses données. Elle ajouta que ces vingt centimes pourraient éventuellement servir à subventionner l'accès à Internet des pays les plus pauvres. On ne sera pas surpris d'apprendre que sa proposition n'a pas été retenue par Mark Zuckerberg [57]. Pourquoi ? Parce que nos données valent infiniment plus que leur actuelle maigre valeur individuelle publicitaire. L'opacité sur cette valeur pèse comme une omerta. Outre le fait qu'il est inégal,

---

56. http://www.nytimes.com/2015/06/04/opinion/zeynep-tufekci-mark-zuckerberg-let-me-pay-for-facebook.html

57. Ce même Zuckerberg dont Tufecki nous rappelle qu'il n'a pas hésité à acquérir toutes les maisons autour de la sienne ainsi qu'une île afin de protéger sa vie privée !

l'échange de nos données contre gratuité est opaque : nous ne savons pas en dehors des (re)ciblages publicitaires quels usages seront faits de nos données, par qui, pour qui et pour combien de temps. Les données météorologiques peuvent être retraitées par de nombreux acteurs depuis les agents de voyage, les vignerons, les vendeurs de glaces jusqu'aux assureurs et autres investisseurs. Il en va de même de nos données personnelles. Elles intéressent pour des raisons évidentes banquiers, assureurs, employeurs, écoles, gouvernements, etc., et pas seulement dans le but de nous adresser d'aimables messages publicitaires. Les options de monétisation de nos données sont plurielles. Nous n'avons qu'une connaissance incomplète de ces options, et pourtant nous les cédons contre pacotille. Ces options valent de l'or. Hélas, nous n'en sommes plus maîtres. Nous avons troqué l'or de nos données contre l'airain des algorithmes, et on comprend dès lors mieux ces pirates qui, à leur façon, en copiant et partageant toutes sortes de fichiers, tentent de reconquérir les riches cargaisons des lourds galions des maîtres de forges numériques.

On peut apprendre beaucoup de choses de l'analyse des données, et pas seulement la qualité future d'un millésime bordelais. C'est une évidence. Mais pas à n'importe quel prix. Il n'est pas raisonnable de faire totale obédience au despotisme actuel de la gratuité et du calcul. Despotisme est le mot juste car notre adhésion au *in data veritas* se fait au forceps de la gratuité sans pour autant que nous puissions demander quelle vérité on cherche, au nom de quoi et au nom de qui cette vérité veut s'exprimer. À la lecture d'une récente recherche[58] de l'université Harvard, Edith Ramirez, présidente de la Federal Trade Commission américaine, se pose des questions similaires. Dans cette recherche conduite par Latanya Sweeney, on découvre par exemple que :

« les annonces publicitaires émanant de services archivant les casiers judiciaires ont une probabilité plus élevée

---

58. http://dataprivacylab.org/projects/onlineads/index.html

(de l'ordre de 25 %) d'apparaître en ligne lorsque l'on tape dans le moteur de recherche des patronymes distinctement noirs plutôt que des patronymes blancs. »

Ce biais est intolérable mais il est, hélas, loin d'être unique. Robert Epstein et Ronald E. Peterson de l'American Institute for Behavioral Resarch and Technology ont publié en 2014 les résultats d'une recherche intitulée *The search engine manipulation effect (SEME) and its possible impact on the outcomes of elections* [59]. Leurs conclusions font froid dans le dos :

> « Afin de documenter la puissance et la robustesse des manipulations des moteurs de recherche (power and robustness of the search engine manipulation effect [SEME]), nous présentons les résultats issus de cinq expérimentations conduites dans deux pays différents. Ainsi, nous démontrons que (i) des résultats de recherche biaisés peuvent influencer les préférences de votes d'électeurs indécis dans plus de 20 % des cas, (ii) cette influence est plus importante pour certains groupes démographiques, et (iii) ces manipulations peuvent être masquées à un point que les individus ne s'en rendent même plus compte. »

Certes, les campagnes électorales ont toujours été marquées par des luttes d'influence, par des non-dits, des mensonges. Mais, ces jeux sournois étaient en quelque sorte conduits à ciel (presque) ouvert. La domination quasi sans partage d'un moteur de recherche est bien plus dirimante car les usagers n'en comprennent pas les arcanes. Je crains que ces biais intolérables ne soient rien en comparaison des discriminations qui s'annoncent en matière d'accès aux soins de santé, d'assurance, de banque, d'emploi pour ne citer que des usages fortement prévisibles. Andrei Sambra, chercheur au prestigieux laboratoire CSAIL du MIT met les points sur les i. Ce n'est plus de « big data » dont il va nous falloir parler mais de « huge data », et cela change la donne :

---

59. http://www.pnas.org/content/112/33/E4512.abstract

« Si vous pensez que les données de masse sont massives, alors il vous faut rapidement réviser votre opinion. L'Internet des Objets, lorsqu'il sera à plein régime, déclenchera un véritable tsunami de données. Tout ce que nous ferons, à commencer par les objets que nous toucherons, les données de notre santé, les publicités qui attirent notre regard, tout sera stocké quelque part. Bientôt les algorithmes décideront de l'octroi ou non de votre prêt, de votre embauche, pour sans doute un jour décider de la vie et de la mort. Vous pensez que ce n'est pas pour demain, et que de toute façon cela ne vous concernera pas. Pensez-y à deux fois [60]… »

Beaucoup de ces données émaneront en outre de personnes vivant dans des pays qui ne bénéficient pas des mêmes protections légales que nous, en particulier dans le domaine de la vie privée. Le problème est bel et bien grave et planétaire.

L'Internet était (jusqu'ici) synonyme de (plus) grande transparence, de raccourcissement des distances, d'accès plus ouvert à toutes sortes d'opportunités. Il y a un risque évident que ce à quoi nous avons cru n'était que l'appartement témoin. L'Internet est sous stéroïdes de données. Son architecture s'articule de plus en plus autour de massifs hangars de données flottant dans les nuages. Plus rien (ou si peu) ne réside dans nos machines. Ces nuages nous sont présentés sous leur meilleur jour comme autant de greniers virtuels personnels dans lesquels nous pouvons stocker nos données et y accéder aisément. Il nous faut comprendre que ces greniers ne sont pas nos greniers. Les éléments qui y séjournent ne sont pas ou plus notre propriété. La propriété a été subrepticement remplacée par des accords de licence la plupart du temps illisibles. Nous sommes devenus des adeptes du culte du cargo espérant que toujours plus de bienfaits tomberont « gratuitement » des nuages. Eric Schmidt, l'ancien P-DG de Google, résume avec un cynisme décomplexé la situation :

---

60. http://hi-project.org/2015/12/solid-introduction-mit-csails-andrei-sambra/

« Nous savons où vous vous trouvez – avec votre permission.
Nous savons où vous vous êtes rendus – avec votre permission.
Nous savons plus ou moins ce que vous pensez [61]. »

L'aveu, certes arrogant, n'en est pas moins effrayant. Ce qui l'est encore plus, c'est l'aplomb avec lequel le dirigeant d'une des plus grandes entreprises mondiales déclare publiquement sa domination et s'en réjouit. Les mots d'Étienne de La Boétie, jeune philosophe du XVIe siècle et ami cher de Michel de Montaigne, résonnent étrangement :

« Tel est le penchant naturel du peuple ignorant qui, d'ordinaire, est plus nombreux dans les villes : il est soupçonneux envers celui qui l'aime et confiant envers celui qui le trompe. Ne croyez pas qu'il y ait nul oiseau qui se prenne mieux à la pipée, ni aucun poisson qui, pour la friandise du ver, morde plus tôt à l'hameçon que tous ces peuples qui se laissent promptement allécher à la servitude, pour la moindre douceur qu'on leur fait goûter. »

Étienne de La Boétie écrivit cet avertissement en 1549 dans un livre intitulé *Discours de la servitude volontaire* (publié en 1576), un titre qui n'a pas pris une ride.

Iniquité et opacité règnent sur l'Internet : les citoyens ne soupçonnent pas l'envergure et la profondeur des données qui sont ratissées à chaque instant. Ils n'ont aucune idée des usages qui sont faits de ces données alors même que ces usages concernent leur vie future au premier chef. Nous nous fourvoyons lorsque nous nous réjouissons de pouvoir naviguer gratuitement sur le vaste océan numérique, nous oublions que nous sommes des appâts sans pour autant savoir à quelle partie de pêche nous participons. Dans une pièce de théâtre qu'il a écrite avec Alioune Ifra Ndiaye, Jean-Louis Sagot-Duvauroux fait dire à l'un de ses personnages [62] :

---

61. https://www.youtube.com/watch?v=uB-2n6KSYWk. Il faut noter que la dernière partie de la citation est « sans permission » !
62. *Bougouniéré invite à dîner*, spectacle de Blonba, mise en scène Patrick Le Mauff, 2005.

« Quand tu jettes ta ligne dans le marigot, le poisson que tu veux prendre, tu ne lui demandes pas de financer l'asticot. »

Dans ce marigot qu'est d'une certaine façon l'Internet actuel, c'est bien l'asticot qui finance la partie de pêche ! La gratuité est devenue horriblement coûteuse, et ce n'est pas un hasard si, chaque année, Google publie un rapport d'impact économique afin de démontrer qu'il n'en est rien, que la gratuité est entre de bonnes mains. En 2014, selon les calculs de Google, ces mains auraient rapporté à l'économie américaine la bagatelle de 131 milliards de dollars. Pour justifier ses calculs, Google invoque un article de son chef économiste, Hal Varian, publié en 2009 dans *The American Economic Review*. La revue jouissant d'un immense prestige académique, il nous faut accepter les résultats d'un calcul dont Google s'empresse d'ajouter qu'il est conservateur ! Il est fascinant d'observer une telle confusion entre juge et partie : la gratuité des données est rentable pour tous puisque celui qui l'administre déclare haut et fort que ses calculs internes, effectués par des experts incontestables, le prouvent [63]. La lecture de ce rapport est édifiante tant ses auteurs identifient l'Internet à Google et Google à l'Internet, tant il est émaillé de portraits d'Américains aux sourires étincelants. Google se donne décidément bien de la peine pour nous convaincre que nos données sont équitablement, pour ne pas dire grassement, rémunérées. Comment toutefois croire à une telle preuve consanguine des données par les données ? Je crois entendre la voix de Thucydide [64], l'historien de la guerre du Péloponnèse, qui parlant des hommes politiques de son temps, écrit « en paroles ils n'avaient pour but suprême que l'intérêt public ; en fait ils luttaient par tous les moyens pour obtenir la suprématie ».

---

63. Ce rapport est un avatar de ce que mon ami et ancien collègue à HEC, Romain Laufer, appelle le recours à la réthorique, au discours de légitimité.

64. Thucydide, *La Guerre du Péloponnèse*, livre III, LXXXII, 4-8.

Au train algorithmique où vont les choses, et pour revenir à notre vin de départ, je ne serais pas étonné que Google nous annonce un jour que le vin que nous nous apprêtons à déguster est ample, charpenté, dense, que nous devrions ensuite goûter tel autre cépage mais qu'en revanche nous ne devrions boire qu'un verre faute de quoi notre compagnie d'assurances en serait avertie. Pourquoi ? Tout simplement parce que les équipes de Google feront un usage de plus en plus intensif et de plus en plus lucratif de ce généreux don numérique que nous renouvelons à chaque instant. De quoi alors pourrions-nous nous plaindre ? Qu'importe le flacon pourvu qu'on ait l'ivresse (des données) !

DE L'ART D'ÉPLUCHER UNE BANANE

> « J'aime inverser les perspectives. »
> Jean-Michel Cornu de Lenclos.

Saviez-vous que les singes épluchent leurs bananes en commençant par le bas, et non pas par le haut ? En fait, c'est plutôt l'inverse puisque les bananes poussent en quelque sorte à l'envers sur leurs régimes, du haut vers le bas ! Quoi qu'il en soit, si on émet l'hypothèse que les singes sont experts ès bananes, hypothèse plus que raisonnable, comment se fait-il que nous, humains si intelligents, soyons demeurés dans l'erreur aussi longtemps à propos d'un geste pourtant fort simple ? Cette anecdote n'est pas une plaisanterie, encore moins une histoire destinée à prouver que la sagesse commune est loin d'être sage. La raison de mon intérêt pour l'art de manger la banane vient plutôt de ce que cet art illustre un principe que je trouve à la fois remarquable et utile. J'intitule ce principe, le principe d'inversion ou encore principe d'envers. Pourquoi toujours faire les choses dans le même sens ? Poser cette question est le début d'un véritable processus créatif : que se passe-t-il si je le fais à l'envers ? L'envers n'est pas chose banale au point que, dans l'industrie textile, l'envers est une étoffe n'ayant ni envers ni endroit, d'une qualité telle que l'envers est aussi beau que l'endroit. L'envers est également synonyme de pagaille. Ceux qui mettent tout à l'envers sont fauteurs de désordre, mais c'est bien de ce désordre que peut jaillir la nouveauté.

Ian Ayres et Barry Nalebuff, tous deux professeurs à l'université Yale, ont fait un usage intensif de ce principe d'envers dans leur livre *Why Not ?* Par exemple, pourquoi les enquêteurs téléphoniques n'utilisent-ils pas un numéro d'appel spécial qui rémunérerait le temps que nous consacrons à répondre à leurs questions ? Pourquoi ne pas payer les sondés au lieu de les questionner gratuitement ? Cela aurait sans doute au moins deux mérites : moins de sondages inutiles et une propension à répondre plus élevée. Ayres et Nalebuff citent aussi le cas des ventes aux enchères. Dans la plupart des enchères, celui qui l'emporte est le dernier à avoir enchéri. Il existe pourtant un autre type d'enchères dites enchères hollandaises dans lesquelles le gagnant est celui qui enchérit le premier. Dans ce type d'enchères, le commissaire-priseur annonce un prix élevé pour le bien à vendre. Il diminue ensuite ce prix jusqu'au moment où un acquéreur se manifeste et emporte l'enchère. L'enchère est donc inverse. Le prix descend au lieu de monter, et le gagnant est le premier et non pas le dernier en lice.

L'application de ce principe d'inversion facilite l'émergence de nouvelles idées, de nouvelles opportunités et de nouvelles entreprises. Lorsque j'étais banquier d'affaires j'ai un jour réalisé qu'il était plus simple de considérer mes clients comme des vendeurs plutôt que comme des acheteurs. C'est une évidence finalement pas si évidente lorsqu'on pense à l'armée de vendeurs que comptent les *trading floors* des banques d'affaires. Ainsi, il était plus facile d'acheter des produits dérivés à mes clients que de leur en vendre. C'est en partie ce qui explique le formidable succès des fameux produits structurés qui combinent dans un seul et même produit financier actifs achetés et actifs vendus. Les uns compensent les autres. Je me souviendrai longtemps de cette maxime populaire sur le *floor* : « *the product has to be optically good looking !* » Il s'agit d'une optique financière bien particulière dans laquelle le fameux principe optique du retour inverse de la lumière est baptisé principe de parité. Cette reformulation est par exemple l'un des outils de la finance islamique pour contourner la prohibition du prêt à intérêt. Ainsi s'il n'est pas possible à un emprunteur, en raison d'un interdit religieux, de s'endetter auprès de sa banque pour acquérir un actif, il suffit à la banque d'acheter l'actif en question. L'actif est ensuite contractuellement mis à disposition du client avec un engagement de le racheter à une date convenue. Le prix de rachat comprend l'intérêt qui aurait dû être payé mais ne peut l'être. Le principe d'inversion est bien à l'œuvre. Le client n'est pas propriétaire de l'actif. La banque l'est.

Aujourd'hui, le capital digital permet une exploitation intense et créative du principe d'inversion. De lecteur, un blogueur devient auteur et éditeur. Avec Airbnb, les propriétaires de logement apprennent à devenir hôteliers. Les clients des taxis songent à devenir chauffeurs avec Uber ou Lyft. Apple recrée les boutiques qu'Amazon et Dell voulaient nous faire quitter. Les chaînes d'hôtels ne sont pas en reste. En 2014, la chaîne Scandic a lancé un concept baptisé Scandic to Go. Le client ne va plus à l'hôtel. C'est la chambre entièrement équipée qui vient à lui sur un camion, là où il se trouve (sous réserve bien sûr de la prévalidation de l'endroit).

L'inversion numérique va jusqu'à toucher le saint des saints, la monnaie. Dans cette inversion, la monnaie devient Bitcoin[65], en langage savant « cryptomonnaie ». Plus simplement, nous devenons la banque ! Pour le comprendre, il suffit de contempler le billet de cinq euros qui se trouve dans ma poche. Que me dit-il ? Tu peux avoir confiance en moi ; à tout moment, bien que n'étant qu'un modeste bout de papier, tu pourras m'échanger contre l'objet de tes désirs. Tu peux même patienter dans l'assouvissement de cette envie car des anges gardiens vigilants (les banques centrales) veillent sur ma valeur. Et, quand bien même je ne serais pas dans ta poche mais sur ton compte en banque, ta confiance ne devrait pas s'en trouver altérée. D'autres anges gardiens (les banques commerciales) veillent à ce que

---

65. Pour une analyse détaillée du Bitcoin (http://www.michaelnielsen.org/ddi/how-the-bitcoin-protocol-actually-works/).

tes cinq euros ne te soient pas dérobés ou que des esprits malintentionnés ne puissent faire des dépenses illimitées avec des sommes limitées. Grâce aux banques, la confiance règne, pas de débit dûment authentifié sans crédit dûment par elle authentifié et *vice versa* ! Bref, nous pouvons dormir sur nos deux oreilles car les banques assurent le rôle comptable de tiers de confiance. Mais, voilà, cette belle histoire de gardiens chevronnés de la confiance que seraient les banques et donc la monnaie, c'était avant qu'un génial inconnu qui désire le rester, portant le pseudonyme Satoshi Nakamoto, n'invente une monnaie, le bitcoin, qui n'a plus besoin des banques (dont on sait combien elles peuvent être toxiques) pour que nous ayons confiance. Nous devenons collectivement cette confiance, et par voie de conséquence la banque. Un réseau immense d'ordinateurs permet cet office. Ce réseau généralise le remarquable principe du livre de compte en partie double, tenu par une autorité compétente et reconnue, qui en consignant les débits et les crédits garantit que tout débit (crédit) a sa contrepartie en crédit (débit). Ce nouveau réseau, qui agit comme un livre de compte généralisé, décentralisé, et donc non falsifiable porte le nom, hélas, peu reluisant de *blockchain*. Évidemment, le principe d'inversion selon lequel nous, le réseau, devenons la banque inspire moult méfiance dès lors que l'argent est en jeu. Mais, à bien y réfléchir, il en a toujours été ainsi. Pour que naisse et prospère une monnaie, quelle qu'elle soit, il faut qu'une masse critique d'individus soit atteinte qui garantit que chaque transaction pourra être effectuée dans ladite monnaie. Sans cette reconnaissance, la monnaie reste un vœu pieux. Comme l'écrit Joshua Gans [66] :

> « Toute devise peut être envisagée comme une plateforme à laquelle les individus doivent adhérer par croyance en sa valeur. Ils adhèrent en l'acceptant. Les transactions ne peuvent avoir

---

66. http://www.digitopoly.org/2013/12/24/time-for-a-little-bitcoin-discussion/

lieu qu'entre personnes qui reconnaissent la devise, c'est-à-dire entre personnes membres de la même plateforme. Les devises, de ce fait, engendrent des effets de réseau : plus les gens les acceptent, plus elles ont de valeur aux yeux des membres. »

Il faut donc que les individus décident d'y mettre du leur, de coopérer pour que le succès de la monnaie soit au rendez-vous [67]. La création du Bitcoin s'inspire de l'extraction de l'or qui pourra ensuite être échangé contre de la monnaie. Pour extraire de l'or, il faut disposer d'outils adéquats. Pour créer des bitcoins, il en va de même. Il faut que des ordinateurs se livrent à des calculs complexes. Une fois ces calculs effectués, les bitcoins « extraits » peuvent être achetés contre des dollars ou des euros. Ils rejoignent alors le porte-monnaie virtuel de leur titulaire. Si le titulaire effectue une transaction, son porte-monnaie est débité à hauteur des bitcoins nécessaires, ni plus, ni moins, et celui de la contrepartie crédité du même montant. Cette transaction est validée au sein de la *blockchain* par ce vaste réseau d'ordinateurs connectés les uns aux autres qui tiennent et dupliquent les livres de compte. Tout se passe sans intermédiaire, sans tiers de confiance à rémunérer. Le réseau largement décentralisé est l'instrument de cette confiance. Si la technique employée est sophistiquée, son principe est simple : créer une monnaie qui suscite l'adhésion, adhésion qui, une fois généralisée, garantira que tout bien ou tout service pourra être réglé en bitcoins. J'accepterai d'être payé en bitcoin pour autant que je sois sûr de pouvoir solder ma prochaine transaction également en bitcoin, que l'on me garantisse que je ne recevrai pas de bitcoins non valables et que mes transactions soient dûment validées et

---

67. On doit à John Nash, prix Nobel d'économie et « Beautiful Mind », un théorème qui explique par exemple pourquoi la non-coopération peut perdurer. Si chaque individu pense que les autres ne coopéreront pas, alors le résultat est bien entendu la non-coopération. Tout le problème est alors de trouver les moyens par lesquels inciter les individus à coopérer.

authentifiées[68]. Pour initier cette adhésion, les propriétaires des ordinateurs ayant permis l'extraction des bitcoins et la validation des transactions sont récompensés en bitcoins.

Cette invention de la *blockchain* (chaîne de confiance) est fascinante car elle généralise le principe d'inversion. Si nous pouvons être collectivement la banque, mieux encore la monnaie, alors nous pouvons être collectivement Airbnb ou Uber ou BlaBlaCar. Nous n'avons pas besoin de ce capitalisme cupide des plateformes globales. Nous sommes la plateforme pour autant que nous acceptions de coopérer et que, ce faisant, nous rejetions cet Internet faustien des plateformes globales, ces plateformes qui dévorent nos données, s'approprient la quasi-totalité de la valeur ajoutée que nous y apportons en contrepartie, et c'est bien là le comble, de produits ou services que nous produisons ou possédons et que nous pourrions administrer nous-mêmes! L'airain des plateformes exproprie l'or de nos données. Tim Berners-Lee, l'un des inventeurs du Web et président du World Wide Web Consortium, ne se reconnaît pas dans ce Web des plateformes suzeraines au point de proposer une nouvelle architecture du Web à laquelle son laboratoire du MIT travaille d'ores et déjà:

> « À l'heure actuelle nous avons le pire des deux mondes: les individus ne peuvent non seulement plus contrôler leurs données, mais en outre ils ne peuvent plus en faire usage tant elles sont encapsulées dans des silos numériques (par exemple, Google, Apple, Amazon, Uber, etc.) Notre objectif est de développer une nouvelle architecture du Web dans laquelle les individus ont la propriété de leurs données, ce qui inclut la liberté de basculer vers de nouvelles applications présentant de meilleures fonctionnalités, de meilleures conditions tarifaires et de meilleures conditions d'usage. »

---

68. Beaucoup s'inquiètent de la volatilité du taux de change du bitcoin en euro. Il ne faut pas oublier que dans nos achats quotidiens nous ne nous demandons pas quel est le taux de change de l'euro en US dollar. Nous n'avons pas besoin de ce taux puisque nous réglons en euros notre baguette de pain libellée en euros. Il en serait de même si le bitcoin prenait la place de l'euro.

Les plateformes cherchent par leur taille à nous maintenir dans une tension (de Nash) non coopérative adoucie par l'illusion d'un partage. Nous ressemblons aux prisonniers du célèbre dilemme qui, faute de pouvoir coopérer, finissent par écoper de peines de prison plus lourdes que celles auxquelles ils auraient été condamnés s'ils avaient pu se concerter. Le principe d'inversion trouve ici son illustration la plus vigoureuse : et si de prisonniers, nous devenions des hommes libres (de nos données) ? [69]

Les singes sont malins. Contrairement au gourou de Harvard, Michael Porter, ils savent que la valeur ne coule pas toujours de l'amont vers l'aval ou du haut vers le bas. L'attitude défait la latitude, et c'est un exercice fécond et salutaire de regarder les choses à l'envers. Et, point n'est besoin de revendiquer une quelconque disruption ou autre destruction créatrice pour exprimer le primat de l'attitude sur la latitude. Le papa de Dilbert, le dessinateur américain Scott Adams, illustre à merveille la richesse qu'une inversion de perspective, si mineure soit-elle, peut engendrer. Dilbert est un personnage satirique, créé en 1989 par Scott Adams, dont les péripéties illustrent l'aspect kafkaïen de la vie de bureau. Dilbert est lu quotidiennement dans plus de deux mille journaux à travers le monde. Un jour, Scott Adams décida d'introduire une petite modification à ses dessins quotidiens en y faisant figurer sa toute nouvelle adresse mail personnelle (scottadams@aol.com). Ce changement mineur provoqua une inversion étonnante : les lecteurs utilisèrent l'adresse mail d'Adams pour lui soumettre leurs propres histoires de bureau. Adams les trouva d'une qualité telle qu'il décida de les dessiner et de les publier. De son propre

---

69. Le principe d'inversion pourrait bien « disrupter » les disrupteurs qui, *in fine*, fondent leur disruption sur une forme aguicheuse du dilemme du prisonnier. Des tentatives en ce sens sont déjà en cours. Des chauffeurs de taxis américains ont récemment lancé Arcade City (https://www.youtube.com/watch?v=qiHZM6M-THM) sur le principe de la *blockchain*. Contrairement à Uber qui contrôle toute leur activité (y compris la fixation du prix des courses), ils sont les seuls maîtres à bord.

aveu, une grande partie de sa production est issue de ses
lecteurs dont il dit, non sans humour, qu'ils sont trop paresseux pour les dessiner eux-mêmes. On imagine aisément
l'impatience avec laquelle les lecteurs d'Adams attendent
l'éventuelle publication de leurs aventures de bureau. Une
simple adresse mail aura suffi pour faire de lecteurs passifs
des coauteurs actifs d'un des plus célèbres dessinateurs au
monde, pour illustrer si besoin était que la réalité dépasse
souvent la fiction.

Les singes applaudiraient sans nul doute à cette inversion dans l'art de laquelle ils sont passés maîtres. Alors, la
prochaine fois que vous éplucherez une banane, essayez
la technique des singes, et pendant que vous la mangerez
tâchez de trouver une idée d'inversion qui rendrait les
singes fiers de vous [70] !

---

70. Je viens de lire un livre intitulé *Dictionnaire des mots manquants*
publié par les Éditions Thierry Marchaisse. Quelle magnifique
idée d'inversion que celle qui recense les silences des diction-
naires, qui dresse « une cartographie des absences. »

GENS

INSPIRATION CALIFORNIENNE, TRANSPIRATION CHINOISE ET ROBOTS APATRIDES

> « Au vu des dernières avancées de la robotique et de l'industrie automatisée, il est difficile de ne pas se demander quand les tâches de ces hordes de nouveaux luddites seront obsolètes. »
>
> Jaron LANIER.

Saisissez votre iPad, votre iPhone ou le chargeur de votre MacBook, et lisez les quelques lignes de texte qui y figurent : « *Designed by Apple in California, Assembled in China.* »

On ne peut être plus clair : « Inspiré par Apple en Californie, Transpiré en Chine. » Ou si vous préférez « Cerveaux californiens, Muscles chinois ».

L'inspiration porte fièrement son nom, Apple et son lieu, la Californie. La transpiration est anonyme. Qui en effet se soucie du nom ou des lieux exacts des ateliers de misère dans lesquels sont fabriqués les objets de nos convoitises ? C'est devenu une évidence, la valeur n'est plus dans la transpiration. Devenue quasi exclusivement financière et intangible, elle lévite au royaume des idées, royaume dont le but ultime est de concevoir (inspiration) et prescrire biens et services (susciter l'aspiration) sans passer par la case « usine » (transpiration).

Pour paraphraser Winston Churchill, « *An Apple a day keeps the sweat away !* [71] »

---

71. On prête à Churchill cette boutade selon laquelle une pomme par jour éloigne le médecin surtout si l'on vise bien.

Nous tenons la sueur à distance dans l'espoir de prix toujours plus bas. Cette spirale apparemment bénéfique pour le consommateur est finalement un jeu de dupes dans lequel la douloureuse et véritable contrepartie est la perte massive d'emplois, de savoir-faire et la constitution de monopoles. De ce jeu, seuls les actionnaires et leurs mandataires sortent (pour le moment) gagnants. Au nom de la sacro-sainte création de richesse, l'argent volage a méthodiquement cisaillé tous les liens qui unissaient directement l'homme aux biens et services qu'il manufacturait. Nombre de biens ont disparu de nos usines, et l'homme en col bleu ne travaille plus sur le même lieu que l'homme en (grand) col blanc. Dans un souci toujours plus grand d'efficacité économique, les liens d'antan sont détissés, les tâches sont fragmentées et dispersées aux quatre vents les moins-disants.

Cette destruction dite créatrice est pourtant bien illusoire et bien myope. Aujourd'hui la sueur chinoise est elle-même devenue trop coûteuse. C'est dire l'arrogance de cette comptabilité versatile qui prétend valider la mutation de l'airain en or! D'après le Boston Consulting Group, chaque dollar produit aux USA coûte désormais 96 cents en Chine, et l'écart se réduit à grande vitesse. La production tend donc à se relocaliser, à revenir sur les terres qu'elle avait désertées. Quand bien même elle lui aura fourni un emploi, sa transpiration ne sauvera pas le travailleur chinois qui est à son tour remplacé [72].

Est-ce encourageant pour autant? Les emplois perdus vont-ils être regagnés? Certes, mais pas par ceux qui les occupaient précédemment.

---

72. Un récent article de la *MIT Technology Review* (vol. 119, n° 3), intitulé « The People's Robots », ne laisse planer aucun doute à ce sujet: « Le but est de surpasser l'Allemagne, le Japon et les États-Unis en termes de sophistication industrielle en 2049, date du 100ᵉ anniversaire de la République populaire de Chine. Pour atteindre cet objectif, le gouvernement chinois a besoin que les industriels chinois investissent massivement dans des millions de robots. »

Ils seront désormais tenus par des robots apatrides contrôlés par ceux que j'ai appelé les maîtres de forges numériques [73].

C'est paradoxalement une bonne et une mauvaise nouvelle comme nous allons le voir.

---

73. Les maîtres de forges numériques sont ceux qui possèdent ce que Jaron Lanier appelle les Siren Servers ou qui en sont très proches.

LES MAÎTRES DE FORGES NUMÉRIQUES

« Les individus sont-ils toujours primordiaux à vos yeux. Tout tourne-t-il toujours autour des individus ? Êtes-vous certains que désormais vous ne voyez pas dans les individus de simples composants, et dans le serveur central le seul endroit à partir duquel vous définissez l'efficience et vous testez l'efficacité ? »

Jaron LANIER.

« Qui embarque avec le diable doit naviguer avec le diable. »

Proverbe pirate.

Mon ami Reuven Brenner, professeur d'économie à l'université McGill de Montréal, a une façon bien à lui de résumer les conditions sous lesquelles une économie peut devenir prospère : le talent doit pouvoir s'y unir au capital, et chacune des deux parties à l'union doit être responsable de ses actes et en rendre compte à l'autre. C'est une évidence, sans capital[74] le talent est démuni. Il ne peut mettre en œuvre ses idées, les convertir en vectrices de prospérité. Mais le capital n'est pas tout. Loin de là ! Le maître mot dans la définition de la prospérité selon Brenner est responsabilité. Sans responsabilité mutuelle, le mariage entre talent et capital ne peut finir qu'en divorce[75]. Talent et capital

---

74. Brenner distingue cinq types de capital, comme les cinq doigts de la main (invisible ?).
75. Les exemples abondent qui montrent combien cette discipline est plus souvent qu'à son tour passée par pertes et profits.

doivent impérativement reconnaître et entériner les droits et devoirs réciproques que leur union implique. Faute de cette allégeance mutuelle, il n'est de prospérité durable. La proposition de Brenner est limpide au point qu'elle permet d'illustrer simplement les épisodes qui ont marqué l'histoire récente de la prospérité. Dans les lignes qui suivent, je distingue trois épisodes principaux : l'épisode du capital physique, l'épisode du capital financier, et l'épisode du capital numérique.

Commençons par la fin du XIXe siècle, la période des Carnegie, Rockfeller, Morgan, Vanderbilt, etc. C'est l'âge du capital tout-puissant, du capital d'airain[76] un âge dans lequel capital s'écrit avec un grand C et talent avec un petit t. En effet, quiconque avait du talent n'avait d'autre choix que celui de travailler pour l'un des « *tycoons* » régnants. Ces *tycoons* avaient la mainmise sur la totalité du monde des affaires. Rockefeller alla par exemple jusqu'à contrôler 90 % de l'offre de pétrole mondiale. La puissance de ces magnats du capital était telle que rien ne leur résistait. Ils n'avaient de comptes à rendre à personne, ni au talent (qui devait travailler pour eux), ni au gouvernement (qu'ils n'hésitaient pas à corrompre), ni au reste de la société (qui devait subir les prédations des magnats). Leur emprise était si forte qu'on les surnomma les barons voleurs (*robber barons*). Un article du magazine *Atlantic Monthly* ne laisse planer aucune ambiguïté quant à la perception du grand public de l'époque. Linda F. Baldwin écrit :

> « On entend de tous côtés l'expression "barons voleurs" appliquée aux grands capitalistes. Lorsqu'on a commencé à l'utiliser fréquemment il y a quelques années, je ne pus m'empêcher de penser que cette expression m'était familière. Il me revint soudain à l'esprit l'endroit où je l'avais lue. Je repris mes anciens numéros de *The Atlantic*. Dans le numéro d'août 1870, il était écrit : Les anciens barons voleurs qui sévissaient au Moyen

---

76. *The Gilded Age : A Tale of Today* par référence au titre du roman de Mark Twain et Charles Dudley Warner.

Âge et qui se livraient au pillage épée à la main et lance dans l'autre étaient plus honnêtes que cette nouvelle aristocratie de millionnaires escrocs. »

Ce surnom de baron voleur n'est vraiment pas flatteur. Il tire son origine de l'Allemagne médiévale et fait référence aux aristocrates germaniques qui prélevaient des péages illégaux et prohibitifs sur le Rhin et sur les voies traversant leurs territoires. Les pratiques des magnats américains de la fin du XIXᵉ et du début du XXᵉ siècle étaient prédatrices au point de faire passer les aristocrates germaniques pour de doux amateurs ! Ces barons voleurs amassèrent des fortunes colossales à coup de bas salaires, de corruptions, de pratiques anticoncurrentielles, de contrôle des ressources naturelles, etc. La responsabilité ne faisait pas partie de leur vocabulaire. Rendre des comptes n'aurait fait que ralentir l'accaparement de richesses auquel ils se livraient sans vergogne. Les richesses privées s'accumulaient, et les inégalités de revenus et de patrimoines explosaient. Henry George, un économiste, écrivain et orateur de l'époque, observe dans un des ses livres intitulé *Progress and Poverty* :

> « La terre promise fuit devant nous telle un mirage. Les fruits de l'arbre de la connaissance se transforment en pommes de Sodom et s'effritent dès que nous les touchons… Le progrès ne sera ni tangible ni permanent tant que l'accroissement de richesse que permet le progrès moderne ne servira qu'à ériger des fortunes colossales, à se transformer en luxe, et à rendre toujours plus saillant l'écart entre ceux qui ont et ceux qui n'ont pas. »

C'est un constat amer que celui d'une richesse qui ne parvient pas à percoler dans le reste de l'économie tant les comportements des nantis sont prédateurs. Il faudra les législations antitrust et l'émergence de puissants syndicats pour rétablir la balance. Une organisation économique et sociale nouvelle devra être mise en place pour contrecarrer les pouvoirs exorbitants des barons voleurs. Des grèves massives, souvent violentes, des révoltes sociales non moins

violentes furent nécessaires. Les 1 300 grèves de 1906[77], la loi
du 13 juillet 1906[78] « établissant le repos hebdomadaire en
faveur des employés et ouvriers » et le Front populaire en
France, le New Deal aux États-Unis sont les épisodes saillants
de ces douloureuses conquêtes économiques et sociales.

Effectuons maintenant un bond vers la fin du XXe siècle
et le début du XXIe siècle. Cette période est profondément
marquée par la dérégulation financière, la montée d'un
capitalisme financier global. Les marchés de capitaux sont
libéralisés, les banques sont déréglementées[79], et les marchés
dérivés (contrats à terme, options, swaps, etc.) prennent leur
essor. Le capital est bien plus accessible au talent qu'autrefois.
Il finance en particulier la première vague Internet qui bientôt
se transformera en bulle. Il permet aussi aux banquiers de
financer ce qui deviendra le dramatique épisode des sub-
primes. Le capital circule à très grande vitesse mais il n'en
va pas, hélas, de même de la responsabilité. Ni les nouveaux
barons voleurs, les *banksters* de Wall Street, ni les managers
ne se sentent redevables d'une quelconque obligation. Seul
compte leur enrichissement quels qu'en soient les moyens.
Les *banksters* nous ont ainsi précipité dans un jeu diabolique
de pile et face. Pile ils gagnaient, face nous perdions. Les
managers quant à eux s'octroyèrent des *stock-options* à la
pelle, options censées les motiver à ne s'occuper que de la
maximisation des cours de Bourse des entreprises qu'ils
dirigeaient. Quand bien même ils n'étaient pas experts ès
options, ils comprirent très vite que plus ils prenaient de
risques, plus leurs options avaient une chance de valoir
une fortune. Ils passèrent eux aussi maîtres dans l'art de
ce jeu désastreux du pile je gagne, face tu perds. Les *banksters* et les managers, quoiqu'ils fissent, n'eurent jamais la

---

77. Un ministère du Travail et de la Prévoyance sociale est institué le
25 octobre 1906 par Georges Clemenceau.
78. http://travail-emploi.gouv.fr/IMG/pdf/Loi_du_13_juillet_1906.
pdf
79. C'est la fin aux États-Unis du fameux *Glass Steagall Act* qui avait
instauré la séparation entre banques commerciales et banques
d'investissement.

tête sur le billot. Ils sortirent du jeu plus riches qu'ils n'y étaient entrés. Ils n'avaient finalement rien à perdre, tout à gagner, « *no skin in the game* » pour reprendre le titre du prochain livre de Nassim Taleb. À ce mécompte là, le pire était à craindre, et le pire arriva. Nous tentons péniblement de nous remettre de ces crises scélérates qu'a engendrées ce capital financier débridé.

Le dernier épisode de ce rapide triptyque historique chevauche le précédent. C'est, pour reprendre un acronyme à la mode, l'épisode GAFA (Google, Apple, Facebook, Amazon), une période à partir de laquelle le capital numérique est abondant et peu coûteux. Ce capital prend la forme de réseaux, de serveurs, de logiciels open source… Il est peu coûteux car il peut être aisément dupliqué, selon le fameux principe du copier-coller. La première unité de ce capital est onéreuse à mettre au point, mais une fois qu'elle l'est le coût de production des suivantes se limite au coût de leur reproduction « copier-coller », c'est-à-dire un coût marginal très faible. Cette structure de coût engendre une économie particulière dans laquelle le gagnant finit par rafler la mise (*winner-take-all*). En effet, si le coût marginal de production est nul, alors en toute logique économique le prix de vente doit être nul. C'est une logique tarifaire que bien des jeunes pirates ont compris sans avoir suivi un quelconque cours de microéconomie. Pourquoi payer quelque chose qui visiblement ne coûte rien à (re)produire ? C'est ce raisonnement qui est à l'origine des plateformes pirates de type Napster ou encore Kazaa. À ce tarif marginal-là, l'entrepreneur fait faillite dès les premières unités vendues (ou plutôt piratées) car il lui est impossible de récupérer son investissement initial. En revanche, et c'est tout l'enjeu, si l'entrepreneur parvient à facturer, d'une manière ou d'une autre, un prix plus élevé que le coût marginal de (re)production, il entre dans la spirale « idéale » des rendements d'échelle croissants, celle dans laquelle plus il vend, plus il gagne, dans laquelle il devient ce rentier de la théorie économique qui a raflé la mise. C'est ce qui explique pourquoi le capital numérique est aujourd'hui dans les mains d'un nombre restreint de gagnants que j'appelle les maîtres de forges numériques. Le magazine britannique *The Economist* les baptise « *silicon sultans* ». Ces maîtres de forges contrôlent des entreprises telles que Google (aujourd'hui nommée Alphabet), Microsoft, Amazon, Apple, Facebook, Twitter et quelques autres. Les statistiques de leur empreinte numérique donnent le vertige. Google contrôle aujourd'hui 70 % des recherches Internet aux États-Unis et 90 % à l'échelle de la planète. Apple et Google contrôlent 90 % du marché des systèmes d'exploitation des smartphones (iOS et Android). Ces pourcentages sont pour le moins « rockfelleriens » ! La question de la responsabilité est de nouveau posée. Elle l'est avec une acuité jamais atteinte tant les effets « *gagnant rafle la mise* » sont puissants et difficiles à contrecarrer. La question de la responsabilité en cache une autre bien plus préoccupante à mes yeux. Quelle garantie avons-nous que le marché nous délivre les bonnes technologies ? Dans un monde de rendements croissants, aucune. Le gagnant peut rafler la mise pour des raisons qui n'ont rien à voir avec la qualité de sa technologie. En l'absence d'information parfaite sur le mérite des différents protagonistes en lice, une technologie inférieure peut évincer une technologie supérieure parce qu'elle aura, pour une raison ou une autre, bénéficié plus tôt de l'effet des rendements croissants. Nous nous retrouvons alors en selle de ce que Robin Cowan appelle le « mauvais cheval ». Une fois le verrou en place, il devient impossible à la main invisible, n'en déplaise à ses thuriféraires, de le faire sauter. Sous l'emprise de tels effets amplificateurs, l'histoire pèse lourd quand bien même elle est le fruit du hasard : nous ne pouvons pas revenir sur nos pas, relancer les dés, et espérer une solution qui nous soit plus favorable. L'erreur faite ne s'efface pas. Elle dicte le futur. C'est malheureusement ce qu'oublient les apôtres de la destruction créatrice qui présentent l'entrepreneur héroïque tenant la gomme et le crayon de la prospérité. Nous héritons en fait de maîtres de forges numériques que le hasard et les formidables rendements croissants des technologies digitales mettent plus ou moins définitivement en travers de notre chemin.

Compte tenu de tous ces effets, le capital numérique tend à diverger fortement du reste de l'économie. Cette divergence n'est certes pas nouvelle. Elle a déjà été observée par le passé alors même que le capital était encore bien loin de sa « plénitude » numérique. L'économiste français, Thomas Piketty, s'en est fait l'analyste méticuleux dans un livre important intitulé *Le Capital au XXIᵉ siècle*. Dans cet ouvrage il sonne l'alarme de la divergence. Selon lui, nous sommes revenus à des niveaux d'inégalités patrimoniales (aggravant les inégalités de revenus) qui prévalaient au XIXᵉ siècle, à l'époque des barons voleurs et autres maîtres de forges. Le coupable principal, selon Piketty, est cette divergence marquée entre la rentabilité du capital et la croissance de l'économie. Le capital a crû plus vite que le reste de l'économie rendant les détenteurs de ce capital de plus en plus riches, creusant ainsi de plus en plus le fossé entre ceux qui ont et ceux qui n'ont pas. Une économie ne peut résister longtemps à de telles tensions divergentes. Hélas, le diagnostic est encore plus aigu lorsque le capital revêt une forme numérique. L'analyse de Piketty porte certes sur une longue période, mais sur une période dans laquelle le capital numérique ne battait pas encore son plein. Je redoute de ce fait que son constat ne sous-estime la situation dans laquelle nous sommes. Les rendements croissants du capital numérique, sa concentration dans quelques mains et l'émergence des robots dévoreurs d'emplois risquent d'accentuer les inégalités à un rythme que Piketty n'a pas à ma connaissance envisagé. Nous ne pouvons en effet plus exclure la possibilité d'un âge d'airain numérique dans lequel une minorité de supergagnants (les maîtres de forges numériques) « côtoient » une foule immense de perdants. Cela pourrait bien arriver, plus vite que nous ne le pensons, si nous restons les bras croisés. Nous devons réagir faute de quoi les maîtres de forges numériques bâtiront un monde à leur guise sans avoir de comptes à rendre à qui que ce soit. Ils ont déjà commencé !

En effet, bien qu'ils ne cessent de nous promettre un
âge d'or, bien qu'ils ne cessent de répéter à l'envi qu'ils ne
sont pas le démon, qu'ils ne sont pas d'airain, les maîtres de
forges numériques ont des pratiques que ne renieraient pas
les barons voleurs du XIXe siècle. Ils mobilisent des ressources
considérables dans le but d'éviter le paiement d'impôts au
titre de leurs entreprises et de leur patrimoine personnel. Ils
exploitent toutes les failles disponibles pour ne pas payer
leur dû au reste de la société dont ils exploitent pourtant les
infrastructures et les investissements. Comble de l'ironie,
ils se rachètent une virginité en créant des fondations, des
charités au travers desquelles ils manifestent à grand renfort
de publicité leur générosité et leur bienveillance. Faites ce
que je dis, mais ne dites pas ce que je fais ! Pour couronner
le tout, ils affirment, communiqués de presse tonitruants à
l'appui, que leur immense richesse personnelle sera donnée
à des fondations qui se chargeront de sa gestion charitable.
Cet oxymore « je vole d'abord, je redistribue ensuite selon
mon bon vouloir » (qui n'a pas grand-chose à voir avec Robin
des Bois) n'a pas manqué d'intriguer Lynn Stuart Parramore
au point d'écrire un article au titre sans ambiguïté « Venez
faire connaissance des patrons de fonds spéculatifs et des
milliardaires qui sous couvert de philanthropie pillent les
deniers publics ». Robin des Bois redistribuait aux pauvres
ce qu'il avait volé aux riches. Hélas, comme l'observe Lynn
Stuart Parramore, l'argent redistribué par les fondations et
autres charités est bien moindre que l'argent qui aurait dû
être versé au titre de l'impôt. Les maîtres de forges numériques n'ont que faire de ces critiques. Ils prétendent savoir
mieux que quiconque, en particulier que l'État, comment
efficacement investir l'argent que cela soit en matière de
santé, d'éducation ou de réduction de la pauvreté. C'est
une chanson bien connue que chantait déjà le baron voleur
Carnegie lorsqu'il écrivait :

> « l'homme fortuné devient l'agent et l'homme de confiance
> de ses infortunés frères ; il leur apporte sa sagesse supérieure,

son expérience et son talent d'administrateur, leur prodiguant ainsi plus de bien qu'ils n'auraient pu s'en prodiguer eux-mêmes. »

C'était en 1889 ! Le romancier anglais Anthony Trollope n'était pas dupe de tels propos, propos que tenaient d'ailleurs sans sourciller bien d'autres philanthropes de son époque. En 1862, il écrivit un livre intitulé *North America*, dans lequel il n'hésitait pas à déclarer :

> « J'ai parfois pensé qu'il n'y avait pas plus venimeux, plus assoiffé de sang qu'un philanthrope revendiqué. »

Rien n'a changé ! Je dois avouer que cette duplicité des maîtres de forges, numériques ou pas, me laisse sans voix. En effet, si leur expérience et leur talent sont incontestables, comment se fait-il qu'ils ne les mobilisent pas au service de l'État et de ses institutions au lieu de leur faire les poches ? Devons-nous placer notre foi dans ce nouvel évangile rédempteur qui proclame à qui veut bien l'entendre qu'il n'est pas le démon et que l'État en revanche l'est ? Faut-il que nous accordions notre confiance aux maîtres de forges numériques après l'avoir donnée aux *banksters* de Wall Street et à ceux en charge de les réguler avec les résultats que l'on sait ? La réponse est bien entendu négative. Je ne peux que souscrire aux propos de Martin Wolf, Chief Economics Commentator du *Financial Times* qui écrit dans le numéro de juillet/août 2015 de la prestigieuse revue *Foreign Affairs* :

> « Nous n'avons pas besoin d'une féodalité technologique. Il faut le rappeler, la technologie ne dicte pas les résultats. Seules les institutions économiques et politiques le peuvent. Si les institutions dont nous disposons ne nous donnent pas satisfaction, alors nous devrons les faire évoluer. »

Car, que l'on parle de barons voleurs ou de maîtres de forges, c'est bien de féodalité dont il s'agit, de relations vassalisées. Pourtant, nombreux sont ceux qui désapprouvent Martin Wolf. Ils n'ignorent certes pas les comportements fort peu citoyens des maîtres de forges numériques (comment le pourraient-ils ?). Ils s'empressent toutefois de faire remarquer que c'est le prix à payer pour bénéficier des formidables accomplissements de ces héros des temps modernes que seraient les maîtres de forges. À première vue, la liste de ces actes héroïques est impressionnante. 200 000 miles de voies de chemin de fer reliant l'est à l'ouest des États-Unis furent posées grâce à Leland Stanford et E. H. Harriman. Henry Ford métamorphosa l'industrie automobile en introduisant le travail à la chaîne. Bill Gates permit à l'ordinateur individuel d'entrer dans des centaines de millions de foyers. Larry Page et Sergey Brin ont rendu l'information disponible d'un clic de souris. Mark Zuckerberg a réuni des milliards d'amis dispersés à travers le monde. Bref, nous devons nous estimer heureux, pour ne pas dire chanceux, d'avoir de tels héros parmi nous. Sans leur talent et leur énergie, le monde ne serait pas le même (entendez, il ne serait pas aussi prospère). Ce mythe du héros providentiel et munificent a décidément la peau dure comme le note Amanda Schaffer dans la *MIT Technology Review*. C'est d'autant plus étrange lorsqu'on songe à l'improbable alignement de planètes de toutes sortes que requiert toute réussite. Amanda Schaffer résume avec humour et bon sens l'incongruité de ce mythe du héros tout-puissant :

> « Il n'est pas plus responsable du paysage technologique dans lequel il opère que les Russes ne le sont du rude hiver qui leur permit de vaincre Napoléon. »

« Il » n'est pas n'importe qui. Il s'agit en l'occurrence d'Elon Musk, le P-DG de Telsa Motors. Musk semble en effet se tenir en haute estime (après tout, on n'est jamais mieux servi que par soi-même). Il aime à projeter l'image d'un homme des paris impossibles. Il omet tout simplement de mentionner que rien de ce qu'il entreprend n'aurait été possible sans le soutien public à la recherche scientifique d'institutions telles la NASA ou la National Science Foundation. Steve Jobs, autre dieu de l'Olympe californien, souffrait du même syndrome. Mais, comme le rappelle avec sagacité Mariana Mazzucato, professeur d'économie à l'université de Sussex, dans son livre, *The Entrepreneurial State* :

> « Il n'y a pas une seule technologie clé dans l'iPhone qui n'ait été au préalable financée par la puissance publique. »

Il est vrai qu'Apple a le talent de combiner habilement toutes ces technologies. Mais, ce talent combinatoire, si astucieux soit-il, serait impotent si l'État n'avait pas au préalable décidé de soutenir financièrement l'indispensable recherche en la matière, sans d'ailleurs savoir si elle déboucherait sur des résultats ou pas. Musk, Jobs et les autres sont de remarquables sportifs des affaires qui savent surfer les vagues technologiques soutenues et financées par l'État[80]. Il n'y a bien entendu rien de répréhensible en la matière, bien au contraire. En revanche, il y a un réel problème lorsqu'on nous demande de croire que Jobs, Gates, Musk, Page, etc., sont des génies « *out of the box* » sans qu'aucun crédit ne soit accordé à ladite « *box* », c'est-à-dire à notre effort collectif. Les maîtres de forges sont trop prompts à ne pas s'acquitter de cet impôt sans lequel rien ne serait possible, comme s'ils ne devaient rien à personne. Ils s'approprient allègrement ce qu'ils ne veulent pas financer, et ils nous laissent le soin de nous débrouiller avec le reste. Bref, ils ont une vision bien personnelle de l'impôt : l'impôt, c'est ce qui doit entrer d'une manière ou d'une autre dans leurs poches, et surtout ne pas en sortir !

Soyons sérieux ! Ces héros sans lesquels nous ne sommes rien, sans lesquels la vie ne serait pas aussi prospère, n'existent pas. Le célèbre Isaac Newton était bien plus

---

80. Somme toute rien n'a vraiment changé depuis la fin du XVIIIᵉ siècle et du XIXᵉ. Fernand Braudel observe que ces personnages nouveaux, les industriels, « sont des organisateurs, assez rarement (remarque P. Mathias), les pionniers des grandes innovations ou des inventeurs eux-mêmes. »

modeste que nos soi-disant génies actuels, lui qui en 1676 écrivait dans une lettre à Robert Hooke :

> « Si j'ai pu voir plus loin, c'est parce que je me suis hissé sur les épaules de Géants. »

Les maîtres de forges numériques sont si convaincus de leur supériorité qu'il leur est difficile de reconnaître leurs dettes quelles qu'elles soient, en particulier publiques [81]. Cette domination des maîtres de forges numériques et la mythologie dont ils savent s'entourer doivent être prises au sérieux. Faute de quoi, Jaron Lanier, auteur du remarquable livre *Who Owns the Future ?* pourrait bien avoir raison. Ils finiront par posséder le futur, et je ne connais pas de plus odieuse inégalité que celle qui sépare ceux qui possèdent le futur (ou prétendent le posséder) de ceux qui en sont dépossédés [82].

---

81. Pour ne pas parler de la dette envers Dame Fortune !
82. Loi d'airain que celle du gagnant qui rafle la mise : elle touche également les firmes de capital-risque. Le capital appelle le capital : « Les gens commencent à se demander si le monde n'en vient pas à se diviser totalement entre ceux qui ont et ceux qui n'ont pas, m'a répondu Katie. D'un côté il y ces types fortunés de la tech qui jouent le rôle d'angel investors, de l'autre il y a ces fonds gigantesques. C'est la fin du milieu. » http://www.nytimes.com/2016/08/04/technology/daily-report-venture-capitals-endangered-middle-class.html

LE CAUCHEMAR D'AMILCAR

« Je ne puis méditer qu'en marchant ; sitôt que je m'arrête, je ne pense plus, et ma tête ne va qu'avec mes pieds. »

Jean-Jacques ROUSSEAU.

« On ne ramènera jamais les manifestations de notre âme aux propriétés brutes des appareils nerveux pas plus qu'on ne comprendra de suaves mélodies par les seules propriétés du bois ou des cordes du violon nécessaires pour les exprimer. »

Claude BERNARD.

« Les artistes disent l'inconnu du monde qui vient. »

Michel LE BRIS [83].

Le 6 avril 1924, le parti fasciste remporte les élections législatives italiennes. Son leader Benito Mussolini accède pour la première fois au pouvoir. Cette élection sonne pour de nombreux Italiens l'heure de l'exil. Comme des milliers d'autres familles, Carlo et Giovanna Zannoni décident de fuir l'horreur d'un régime sans vergogne. Ils s'établissent en France, dans une petite ville minière de Lorraine, Moutiers. La Lorraine, riche de son charbon et de son minerai de fer, attire alors des travailleurs de l'Europe entière. Carlo est embauché à la mine de fer de Moutiers où il restera jusqu'à sa retraite. En 1945, son fils, Amilcar [84], le rejoint au fond

---

83. https://vimeo.com/52125497
84. http://www.ina.fr/video/SXC01000253

de la mine. Il y travaillera quatorze années durant pour finalement découvrir, au contact des déchets de fer, la passion de sa vie, la sculpture. Il quitte la mine pour se consacrer pleinement à son art. À sa mort, une partie de son œuvre a fait l'objet d'une donation à la ville de Moutiers [85]. Une de ses sculptures en particulier me fascine. Elle est intitulée *L'Homme grignoté par la machine*. C'est une pièce étonnante qui figure un homme debout dont les mains cherchent à masquer la machinerie complexe qui le dévore. Rouages et pignons ont remplacé la chair de sa jambe droite. La partie gauche de sa poitrine est béante. Cœur et poumon ont laissé la place à un savant maillage d'engrenages. Les parties gauches du visage et du cerveau ont également disparu, se reliant aux tiges, rondelles et autres axes métalliques du reste du corps. La machine grignote lentement mais sûrement l'homme. La sculpture d'Amilcar est une puissante allégorie dans laquelle la disparition de la chair, la métamorphose des organes avouent la défaite de l'homme dans sa bataille contre la machine. Par ce corps rongé et dominé par le métal, le sculpteur entrevoit un homme au futur d'airain.

L'angoisse d'Amilcar Zannoni n'est bien sûr pas nouvelle. L'homme entretient depuis longtemps une relation ambiguë avec la machine [86]. Il invente des machines afin de devenir plus productif tout en sachant que ces machines détruisent ses emplois. Il est hanté par cette sempiternelle question : les nouveaux emplois promis par les machines sont-ils plus nombreux que ceux qui sont rayés de la carte ? De Léonard de Vinci à Schumpeter, des Luddites à Brynjolfsson et McAfee, une même inquiétude s'exprime. Quel avenir l'homme a-t-il dans un monde où les machines font le travail à sa place ? L'anxiété est aujourd'hui plus prégnante que jamais, car ce ne sont plus seulement les mains et les jambes qui sont déclassées. En modelant son hybride homme-machine, Amilcar avait vu juste. Le cerveau est lui aussi la cible des machines,

---

85. http://www.ville-moutiers.fr/donnation-amilcar-zannoni/
86. Lire par exemple *Aux frontières de l'humain, dieux, figures de cire, robots et autres artefacts* de Denis Vidal, Alma Éditions.

des machines dopées à l'intelligence artificielle. La machine n'aura jamais été aussi tangente à l'homme. Quelques économistes préviennent, cette fois-ci (!) ils ne sont pas sûrs que les bénéfices de l'automatisation digitale l'emporteront sur ses coûts. Brynjolfsson et McAfee, professeurs d'économie au MIT, parlent d'un grand découplage :

> « L'abondance économique symbolisée par le PIB et la productivité, reste sur une trajectoire ascendante, en revanche les perspectives de revenus et d'emplois se sont détériorées pour la plupart des travailleurs. »

En 2013, les travailleurs américains gagnaient, après correction de l'inflation, 15 % de moins qu'en 1973. Durant cette même période, leur productivité a doublé, et les prix de l'immobilier, les coûts de la santé et de l'éducation[87] se sont envolés. L'anxiété va grandissant car il semble bien qu'il ne soit plus d'emplois qui ne puissent, un jour ou l'autre, devenir la proie des technologies numériques. Les radiologues sont par exemple menacés par l'imagerie médicale automatisée. Tout travail codable est ainsi à la merci de machines capables d'ingérer et d'analyser de plus en plus de données, de plus en plus rapidement. Afin de comprendre comment nous sommes arrivés à un tel état de tension et d'incertitude, il n'est pas inutile d'examiner comment les machines se sont progressivement emparées de notre transpiration (*dirty jobs*), de notre ennui (*dull jobs*) jusqu'à ambitionner de conquérir notre inspiration.

La première et la seconde révolution industrielles marquent le début de la prolifération des machines. Du XVIIIᵉ au début du XXᵉ siècle, métiers à tisser, machines à vapeur, hauts-fourneaux, moteurs à combustion interne configurent les manufactures. De nouvelles sources d'énergie, charbon, pétrole, électricité, sont mobilisées. Les machines prennent de plus en plus en charge les travaux ingrats (*dirty jobs*).

---

87. Ce qui explique sans doute le fort endettement des étudiants américains.

La production de masse permet à la productivité de décoller. La croissance s'enclenche, et en dépit des révoltes des Luddites, elle transforme une société agraire en une société industrielle. Quand bien même les conditions sociales de cette transformation, toiles de fond des romans d'auteurs tels Dickens et Zola, sont odieuses, les emplois créés sont plus nombreux que ceux qui sont perdus [88]. Si les nouveaux emplois sont en nombre, s'ils sont de moins en moins ingrats et dangereux (*dirty*), ils deviennent en revanche de plus en plus routiniers, ennuyeux (*dull*). Henry Ford, l'un des grands promoteurs de ce travail enchaîné, l'exprime avec une imparable lucidité :

> « Comment se fait-il que chaque fois que je cherche une paire de bras, je la trouve dotée d'un cerveau ? »

Dans le film *Les Temps modernes*, le héros, Charlot, doit lutter pour survivre à des cadences infernales tout en répétant inlassablement le même geste. Il finit par succomber à une dépression nerveuse. Si la transpiration s'atténue, elle laisse en revanche la place à un ennui pathétique et malsain.

Au cours du xxe siècle, les machines sont automatisées à grande échelle afin de prendre en charge ces tâches qui étaient devenues routinières et ennuyeuses. Les progrès procurés par la robotique, une branche de l'ingénierie mécanique, par le génie électrique et l'informatique permettent la conception et la fabrication de machines autonomes. En 1961, le premier robot industriel, l'Unimate, est installé dans une usine américaine. Depuis, les robots peuplent les chaînes de montage. Ils sont plus rapides et plus précis que les humains. Dans l'industrie automobile, les robots peuvent effectuer de cinquante à cent points de soudure par seconde. Il n'est pas rare que des chaînes de montage comptent plus de deux cents robots. Ces robots ont bien des avantages. Ils ne transpirent pas. Ils peuvent travailler de longues heures sans avoir besoin d'une pause café ou d'un quart d'heure de sieste.

---

88. Souvent des emplois qui n'existaient pas auparavant.

L'automatisation a ainsi permis d'accroître la productivité et le PIB par tête. Cette vague productive a soulevé (presque) tous les bateaux pour donner corps à la classe moyenne [89].

Le XXIe siècle a en revanche débuté de façon calamiteuse. Aux crises économiques et financières à répétition s'ajoute une stagnation prolongée au point que certains se demandent si Wassily Leontief n'avait pas raison lorsqu'il écrivait :

> « Le rôle des humains en tant que facteur primordial de production est appelé à diminuer de la même façon que le rôle des chevaux dans l'agriculture a d'abord fléchi pour ensuite laisser la place aux tracteurs. »

Les tâches ingrates, dangereuses et ennuyeuses ayant été conquises par les machines et les robots, l'ambition des chercheurs de tout poil est maintenant de partir à l'assaut de la dernière forteresse, celle du cerveau. Après les muscles, l'intelligence ! C'est un vieux rêve qui hantait déjà Jacques Vaucanson. Né à Grenoble en 1709, Vaucanson caressait l'espoir de mettre au point un homme artificiel. Il construisit des automates fameux qui jouaient de la flûte et du tambourin. Les automates de Vaucanson s'acquittaient si bien de leurs tâches qu'ils furent accueillis par des sentiments mêlés de peur et de scepticisme. Vaucanson ne put poursuivre la production de ses automates. À la demande du roi, il accepta le poste d'inspecteur général des manufactures de soie. Bien qu'il dût renoncer à ces chers automates, il utilisera son savoir-faire en la matière pour perfectionner les métiers à tisser. Le rêve de Vaucanson d'un automate parfait n'est pas mort avec lui pour autant. Il est même bien vivant. Le directeur de l'ingénierie de Google et théoricien de la singularité, Ray Kurzweil, est tellement convaincu que le rêve de Vaucanson peut devenir réalité qu'il n'hésite pas à déclarer :

---

89. De 1946 à 1975, le niveau de vie moyen des Français a triplé. Jean Fourastié a remarquablement documenté cet épisode dans *Productivité et richesse des nations*, Gallimard, coll. « Tel ».

« Je n'ai pas varié dans ma prédiction : l'intelligence artificielle sera à égalité avec l'intelligence humaine en 2029. Elle sera ensuite capable d'appliquer ses pouvoirs de vitesse, de taille, de mémoire à la totalité du savoir humain. Les événements récents me conduisent à la quasi-certitude que nous atteindrons ce but, voire le dépasserons. »

Kurzweil en est certain : grâce aux efficaces leviers que nous fournissent la puissance de calcul et de stockage des ordinateurs, grâce à leur vitesse de traitement des données, grâce à cette loi qu'il baptise « loi des rendements exponentiels », nous serons à brève échéance capables de décomposer finement le cerveau et d'en extraire (*hacker*) la partie algorithmique, c'est-à-dire l'esprit (le *mind* anglo-saxon). Nous ferons même mieux que répliquer le cerveau. Nous allons le rendre encore plus performant. Nous pourrons entièrement simuler le cerveau grâce aux progrès de l'intelligence artificielle. L'esprit sera alors téléchargeable. Point besoin de s'embarrasser de chairs et tissus inutiles. Une fois l'esprit téléchargé sur un serveur, nous serons plus efficaces que le cerveau car les ordinateurs n'oublient rien, et sont en mesure de stocker bien plus de données qu'un cerveau humain. Les ordinateurs ne commettent en outre pas d'erreurs et, *via* le cloud, nous pourrons, en connectant tous les esprits téléchargés, parvenir à l'algorithme ultime. Kurzweil est convaincu que nous aurons alors atteint ce point de singularité dans lequel l'homme ne se distingue plus de la machine. Notre intelligence, individuelle et collective, sera devenue non biologique, et le cauchemar d'Amilcar d'un homme entièrement dévoré par la machine sera devenu certitude. Si l'on adhère à la vue transhumanistique de Kurzweil, ce ne sont plus seulement les emplois qui vont disparaître, mais l'homme tel que nous le connaissons. Selon Marvin Minsky, professeur au MIT et ami de Ray Kurzweil, il n'y a pas de quoi s'inquiéter car après tout le cerveau est une « machine enrobée dans de la viande » (*a meat machine*) et le corps humain « un sacré bordel de matière organique » (*a bloody mess of organic matter*). Conclusion de ce scénario kurzweilien ? La mauvaise nouvelle est que nous n'aurons plus de travail. La bonne nouvelle est que cela sera le cadet de nos soucis puisque nous serons quelqu'un ou quelque chose d'autre !

L'issue de notre promenade historique est saisissante. Au début du XXᵉ siècle, Henry Ford ne souhaitait embaucher qu'un corps dénué de cerveau. Au XXIᵉ siècle, Ray Kurzweil ne veut qu'un esprit débarrassé de toutes ses chairs inutiles. Ces deux visions seraient effrayantes si la perception qu'elles trahissent de la complexité de l'être humain n'était pas tout simplement ridicule. L'intuition nous indique en effet qu'un corps sans cerveau ne fait aucun sens. De la même façon, nous sentons bien qu'un cerveau sans corps n'a aucun sens non plus. Plus généralement, un corps sans organes fait aussi peu sens que des organes sans corps. Cette vision en silo de l'esprit, du cerveau et du corps est ce qu'Antonio Damasio, professeur de neurobiologie à l'université de Californie du Sud, appelle dans un livre éponyme l'erreur de Descartes. René Descartes, philosophe français du XVIIᵉ siècle, est célèbre pour son fameux « *Cogito ergo sum* » (je pense donc je suis). Trois mots latins dont la brièveté en dit long sur la dualité que Descartes posait entre le corps et l'esprit, dualité qu'à leur façon Henry Ford et Ray Kurzweil perpétuent. Le corps n'a que peu de valeur, et bien que l'esprit ne soit pas de matière, c'est bien lui qui, selon Descartes, importe. Les travaux de Damasio, en total désaccord avec ceux de Descartes, illustrent en quoi le corps, le cerveau et l'esprit ne peuvent être traités séparément. Damasio écrit :

> « N'est-il pas curieux de penser que Descartes, qui a véritablement contribué à modifier le cours de la médecine, lui a fait abandonner l'approche holiste, dans laquelle le corps et l'esprit ne faisaient qu'un, approche qui avait prévalu d'Hippocrate à la Renaissance ? Aristote aurait été bien mécontent de Descartes, s'il l'avait su. »

Il ajoute :

« J'affirme simplement que le corps fournit au cerveau davantage que ses moyens d'existence et que la modulation de ses activités. Il fournit un contenu faisant intégralement partie du fonctionnement mental normal. »

Notre corps informe notre cerveau tout autant que notre cerveau informe notre corps. Ainsi, lorsque nous rentrons de nuit à pied à la maison, et que nous nous rendons tout à coup compte que quelqu'un nous suit, notre pouls s'accélère, notre pression sanguine augmente, et notre organisme sécrète de l'adrénaline. Les réactions complexes que le corps enclenche au contact du danger sont appelées émotions en neurobiologie. Survient ensuite l'expression de sentiments lorsque le cerveau capte les modifications affectant notre corps. Nous ressentons alors un sentiment de peur qui est un processus mental. Les sentiments (exprimés au niveau du cerveau) suivent les émotions (exprimées au niveau du corps). Les travaux de Damasio font écho aux écrits du philosophe et médecin français Georges Canguilhem [90] qui s'étonnait que l'on puisse prétendre connaître l'intégralité d'un organe, de ses fonctions et de ses relations aux autres organes. Il écrit dans *Connaissance de la vie* :

« Dans l'organisme, au contraire ; on observe – et ceci est encore trop connu pour que l'on insiste – une vicariance des fonctions, une polyvalence des organes. Sans doute cette vicariance des fonctions, cette polyvalence des organes ne sont pas absolues, mais elles sont, par rapport à celles de la machine, tellement plus considérables que, à vrai dire, la comparaison ne peut pas se soutenir. »

Cette polyvalence a été développée et perfectionnée au cours de millions d'années d'évolution. Damasio suggère

---

90. http://classiques.uqac.ca/collection_methodologie/canguil-hem_georges/normal_et_pathologique/Canguilhem_normal_et_pathologique.pdf

que la Nature a trouvé par hasard une solution extrême-
ment efficace pour assurer la survie du corps (dont elle ne
s'est pas débarrassée au profit du cerveau !). Elle consiste à :

> « représenter le monde extérieur par le biais de modifications
> que celui-ci provoque dans le corps proprement dit ».

La Nature est en effet une remarquable bricoleuse. Elle
prend son temps, commet des erreurs, et surtout ne se fixe
ni but à atteindre, ni agenda à suivre. Ray Kurzweil a en
revanche un comportement totalement inverse de celui de
la Nature. Il se fixe un objectif, il lui donne une date précise
de réalisation, et il fait un unique pari sur l'intelligence
artificielle. La Nature multiplie, quant à elle, les petits paris
sans pour autant se fixer d'objectif. Elle tâtonne avec succès.
Ray Kurzweil et ses acolytes ne (re)connaissent que la force
brute du calcul et de l'ordinateur. L'inconnu n'est pour eux
qu'une entité en attente de son calcul qui ne saurait tarder.
La Nature procède de la sérendipité douce, Kurzweil ne croit
qu'en la force exponentielle du calcul de masse. Ce faisant,
il oublie que tout ce qui se calcule n'a pas nécessairement
d'importance, que tout ce qui compte ne doit pas nécessairement être calculé, et surtout que le calcul est une forme
d'arrogance face à la non-linéarité du monde. Un plus un
font rarement deux. Deux êtres humains, de chair et d'esprit,
écrivent ensemble une histoire de rencontres, d'amours,
d'inventions, de partages, de tâtonnements, infiniment plus
complexe, plus étonnante que celle de la simple addition de
leurs trajectoires individuelles. Que dire alors de milliards
d'êtres humains ! Kurzweil est aveuglé par son obsession
computationnelle. Il ne saurait douter, il ne saurait se tromper. C'est pourtant l'erreur qui, dans la grande tradition
augustinienne, nous tient debout : « *Si enim fallor sum*, je
me trompe donc je suis » à laquelle j'ajouterai, en guise de
clin d'œil, « je transpire donc je suis. » Les robots ne transpirent pas. C'est paradoxalement leur faiblesse. Il n'y a pas
si longtemps, la transpiration rendait nos emplois fragiles :
inspiré en Californie, transpiré en Chine. La transpiration

est pourtant ce qui pourrait fortifier nos emplois dans ce que d'aucuns appelle déjà la course contre les robots. Pourtant, il ne s'agit aucunement d'une course, et si course il devait y avoir nous la perdrions sûrement tant les termes qui nous sont proposés nous sont défavorables. Ray Kurzweil finirait par avoir raison d'avoir tort. Cette course n'est pas inéluctable, elle n'a même pas lieu d'être car, comme le note avec beaucoup de finesse l'écrivain Georges Bernanos :

> « le danger n'est pas dans les machines, sinon nous devrions faire ce rêve absurde de les détruire par la force, à la manière des iconoclastes qui, en brisant les images, se flattaient d'anéantir aussi les croyances. Le danger n'est pas dans la multiplica-tion des machines, mais dans le nombre sans cesse croissant d'hommes habitués, dès leur enfance, à ne désirer que ce que les machines peuvent donner ».

C'est un réel danger que celui du credo unique de la machine. La course aura lieu si nous laissons machines et robots dans les mauvaises mains. Ces mains ont en effet un intérêt bien compris à ce que nous courions à perdre haleine. Elles s'accaparent, au gré de la course, la part du lion des gains de productivité, et avec elles, cette richesse à laquelle des données capturées en masse leur donnent accès. Motivés par les gains phénoménaux associés à cette sinistre course de dupes, les maîtres de forges entraînent les robots afin qu'ils soient toujours plus efficaces dans leurs tâches. Et ce n'est donc pas un hasard si ces entraînements sont construits à partir de nos données. Il faut des milliards de photographies pour améliorer la vision d'un robot. Ces photographies ne viennent pas du ciel. Ou plutôt si ! Elles proviennent de ce nuage (cloud) dans lequel nous stockons nos données. Mieux, nous les étiquetons facilitant ainsi la tâche interprétative des robots. La vie est décidément belle pour les maîtres des robots !

Il ne faut jamais perdre de vue que toute une génération n'a connu d'Internet que sa forme imposée par les maîtres de forges numériques. Cela n'aurait aucune importance si le capitalisme numérique n'était pas fait de gagnants qui raflent la mise, s'il n'était pas une machine à capturer des rentes, des rentes dont la capture doit, la plupart du temps, plus au hasard qu'à autre chose. Il n'y a toutefois aucune raison pour que nous acceptions plus longtemps cet échange inégal. Le capital digital est abondant. Ses coûts marginaux sont faibles. Ce capital étant de plus en plus mobilisé, il est logique que sa rentabilité s'amenuise, à moins bien sûr que les détenteurs de ce capital ne cherchent à consolider leurs rentes au point de les rendre inexpugnables. La course n'est pas une course contre les robots. C'est une course contre les maîtres de forges numériques, contre les nouveaux barons voleurs, contre leur main basse sur le capital numérique. Dans son livre *Antifragile*, Nassim Taleb fait l'éloge de Prométhée et raille Épiméthée. Prométhée est apprécié de Taleb car, en volant le feu et les techniques aux dieux, il se met en position créatrice, en position antifragile. Épiméthée en revanche épouse imprudemment Pandore, et reçoit en cadeau de mariage la fameuse boîte qui, une fois ouverte, répand moult maux sur la terre. J'ai le sentiment que nous sommes plus proches d'Épiméthée que de Prométhée. Nous avons accepté la boîte à cookies des maîtres de forges numériques qui en ont profité pour nous dérober le feu de nos données. Il est grand temps de jeter aux orties la trop tentante boîte à cookies et de regagner le privilège du feu. Je ne pense pas que les robots soient nos ennemis. Bien au contraire. On ne peut regretter que des enfants ne travaillent plus dans les mines, que des hommes soient réparés par l'adjonction de prothèses, que des emplois pénibles, dangereux et ennuyeux soient assurés par des machines et des robots. L'automatisation libère non seulement du temps mais aussi et surtout le triplet corps/cerveau/esprit afin que nous puissions « transpirer » à des choses qui nous sont chères, afin que nous passions d'une transpiration subie à une transpiration choisie. J'en donnerai deux exemples. Le premier est celui de la santé. Richard et Daniel Susskind observent qu'il est impossible aux médecins (et aux pharmaciens) de connaître toutes les interactions possibles entre des médicaments que pourtant ils prescrivent.

Aujourd'hui, de nombreux médecins américains utilisent une application baptisée Epocrates [91] grâce à laquelle ils sont alertés d'éventuelles interactions nocives [92]. On peut espérer que ce temps libéré par la machine sera réinvesti dans une relation médicale plus riche et plus humaine. Le deuxième exemple est celui d'un instrument de musique, en l'occurrence la clarinette. Les luthiers de l'entreprise Buffet Crampon se sont associés à une équipe du CNRS [93] pour concevoir une clarinette « logique » dont la forme serait simplifiée et les sonorités plus homogènes que celles de la clarinette actuelle. Après de longs travaux de modélisation acoustique, les chercheurs sont parvenus à concevoir virtuellement une clarinette. Au moyen d'algorithmes appropriés, le luthier devient non seulement capable de simuler telle ou telle modification suggérée par le musicien mais aussi d'envisager la production de nouveaux instruments. Le robot numérique aide en quelque sorte le luthier à mieux transpirer, à transpirer différemment, à élargir le champ de ses aspirations.

Quand bien même ces deux exemples de relation à la machine et aux algorithmes sont encourageants, nous ne pouvons dans cette relation nous satisfaire de ce que Brynjolfsson et McAfee appelle le « *dirty secret of economics* » :

« le progrès technologique fait croître l'économie et crée de la richesse, en revanche aucune loi économique ne dit que tout le monde pourra en profiter ».

Ce secret n'est que l'aveu, ma foi honnête, de la faillite de la mesure (de la richesse) tant chérie par les économistes, et qui conditionne tout leur savoir. Et pourtant, en dépit de cet aveu défaitiste et cinglant, il nous faudrait agir comme si ce rudimentaire savoir suffisait. Ne soyons pas dupes.

91. http://www.epocrates.com/
92. Jusqu'à trente médicaments simultanément.
93. http://www.lma.cnrs-mrs.fr/sites/www.lma.cnrs-mrs.fr/IMG/pdf/clarinettelogique.pdf et https://lejournal.cnrs.fr/videos/ils-ont-reinvente-la-clarinette

L'addition de données toujours plus abondantes n'a qu'un objectif, la maximisation de la rente des maîtres de forges de tout poil. À n'importe quel prix. Nous ne pouvons nous engager, têtes baissées, données (gratuites) à la main, dans cette voie d'airain « siliconienne ». Le nuageux cerveau agrégé de Kurzweil ne vaut guère mieux que l'homme moyen rêvé autrefois par le statisticien belge Alphonse Quételet. Nous sommes riches, mais nous avons décidément la richesse bien maladroite !

« L'universel, c'est le local moins les murs », écrivit un jour le poète portugais Miguel Torga. Ce sont précisément ces murs qui empêchent de voir que l'universel vaut bien plus que la somme de toutes les parcelles locales emmurées. Le mur abolit la complexité, sa chute permet de la recouvrer. Le philosophe et psychanalyste Michel Benasayag [94] fait preuve d'un humanisme réconfortant et d'une grande lucidité lorsqu'il écrit à propos de ces murs dont on quadrille corps et cerveau :

> « Dès que l'on cède à la tentation de concevoir un cerveau et un homme augmentés, on oublie systématiquement toute réflexion sur ces dimensions complexes qui ordonnent et dirigent la vie, car on travaille presque exclusivement avec des modèles de la réalité cérébrale et biologique qui ne prennent en compte, dans leur mode de « discrétisation » – découpage de la réalité modélisée –, que leurs propres critères biologiques et culturels, non pas les critères de la vie, mais ceux de la machine numérique. »

Le siècle des Lumières rêvait de séparer l'Homme de Raison de l'Homme sensible, de faire taire celui que Georges Gusdorf a baptisé l'Homme romantique [95], un homme que nous avons trop vite oublié. Deux siècles plus tard, dans l'obscurité de la mine, ravinant son corps au rugueux contact de machines avides des entrailles de la terre, Amilcar Zannoni entrevit, avec effroi, l'homme

---

94. Je recommande vivement la lecture de son livre *Cerveau augmenté, homme diminué ?*, La Découverte.
95. Georges Gusdorf, *L'Homme romantique*, Payot, 1984.

du siècle des Lumières numériques, un homme de Raison
« augmenté(e) », à la sensibilité mutilée, au tumulte éteint.
Il en fit une sculpture, un sémaphore de fer qui, depuis, ne
cesse de nous exhorter à entrer dans cette extraordinaire
et intemporelle dissidence, le défi romantique [96], un défi
autrefois lancé par les Romantiques allemands, une révolte
contre la raison prométhéenne, une insurrection des vulnérables face aux infaillibles [97]. Prométhée est le gonfanon
de cette raison infaillible. Son nom ne signifie-t-il pas le
prévoyant, celui qui réfléchit avant d'agir ? Épiméthée,
son frère, est celui « qui réfléchit après coup ». Lors de la
distribution des dons à toutes les créatures de la Terre, il
oublia les hommes pourtant fragilisés par leur nudité. Cette
étourderie qui lui vaudra la punition de Pandore recèle
pourtant un message. En dépit de l'arrogance prométhéenne
qui brouille ce message, je perçois dans l'oubli épiméthéen
de l'homme une humilité qui met l'homme au même rang
que les autres créatures. Si l'homme n'est qu'une créature
parmi un très grand nombre N d'autres créatures, il n'est
guère étonnant qu'Épiméthée ait pu commettre une petite
erreur d'ordre $1/N$. Prométhée ne l'entendait pourtant pas
de cette oreille : par le vol du feu, il fit passer l'homme du
dénominateur au numérateur. L'homme, maître du feu,
devint ce Un, numérateur triomphant d'un dénominateur
refuge fragile des N-1 créatures restantes. Le numérateur
triomphant est ainsi devenu le théâtre d'une addiction
à la richesse prométhéenne, à cette richesse qui dès lors
qu'elle naît des décombres de la destruction créatrice ne
peut être que maladroite, mal assise. Cette assise bancale

---

96. Ce défi cher à l'écrivain du grand dehors Michel Le Bris, cette
insurrection chère aux passeurs du Romantisme allemand Albert
Bégin et Armel Guerne dont je reparlerai en conclusion. J'ai une
affection particulière pour les Romantiques qui ne voyaient pas
dans le Moyen Âge une période sombre (contrairement à une
opinion répandue) que la Renaissance aurait « disruptée ». Il suffit
de flâner en ville pour saisir le remarquable génie du Moyen Âge.

97. Paul Rozenberg, *Le Romantisme anglais. Le défi des vulnérables et
les dissidences du bonheur*, Presses universitaires du Mirail, 2011.

nous la devons aussi à cette fuite en avant de la taille, du gigantisme. L'homme prométhéen qui trône sur le numérateur a l'illusion de pouvoir toujours plus grand, de mesurer cette (sa) grandeur. C'est une illusion qui n'engendre que déséquilibre, fragilité et disproportion. Même sous stéroïdes, on ne reste jamais longtemps sur la pointe des pieds.

De cette mythologie aux multiples facettes, de ce feu dit infaillible, de cette étourderie trop vite condamnée, je ne veux retenir que l'humilité épiméthéenne du dénominateur quand bien même la raison, *a fortiori* augmentée, ne peut tolérer l'étroitesse (certains diront la petitesse) d'une telle position. Cette arrogance de la Raison fit tressaillir les Romantiques allemands, ces épiméthéens vulnérables, qui eurent, contre vents et marées, le courage de faire face aux infaillibles prométhéens, qui eurent l'audace de proclamer, comme l'écrit Georges Gusdorf, que « la raison des Lumières était une raison prématurée ». Le sémaphore décharné d'Amilcar, en lutte avec la machine prédatrice, renoue avec ce défi romantique. Il nous rappelle que nous sommes tous pétris de ces « instincts, émotions, sentiments, terroir de la vérité personnelle, (qui) lestent notre existence et orientent notre destin, irréductible à la pensée claire [98] ».

Merci l'artiste ! Merci d'avoir éclairé, du fond de ton obscure mine, l'inconnu d'un monde dont tes mains fébriles pressentaient l'airain !

---

98. Georges Gusdorf, *L'Homme romantique*, Payot, 1984.

MADOFF, AMAZOFF, UBEROFF, FACEBOFF?

« Face je gagne, pile tu perds. »
Daniel Wilde (Tony Curtis)
à Brett Sinclair (Roger Moore), *The Persuaders*.

Bizarrement, aucun commentateur n'aura prêté attention au nom de l'immeuble dans lequel le tristement célèbre Bernard Madoff exerçait ses talents. L'épicentre de l'escroquerie planétaire était situé au dix-septième étage du Lipstick Building, immeuble de granit rouge dominant la troisième avenue dans Manhattan. Cet immeuble célèbre dans les manuels d'architecture doit son nom à sa couleur et à sa forme audacieuse de tube de rouge à lèvres.

On ne peut rêver nom et lieu plus appropriés pour les manipulations d'un homme qui aura passé son temps à maquiller les comptes et les performances des fonds dont il assurait, dans cet obscur dix-septième étage, la comptabilité. Fascinant étage d'un gratte-ciel cossu de Manhattan qui attirait comme des mouches des clients riches qui souhaitaient sans doute le devenir encore plus et des organisations caritatives dont on est en droit de se demander ce qu'elles venaient faire dans un lieu si peu conforme à leur mandat. Madoff aura manié le rouge à lèvres avec dextérité, et fait courir moult prétendants vers une mariée dont ils découvriront trop tard qu'elle n'était que de pacotille.

J'avoue que la facilité avec laquelle les gens succombent aux pyramides me laisse pantois. Je ne sais d'ailleurs pas ce qui m'impressionne le plus : la crédulité doublée de cupidité des clients des pyramides ou bien l'ingéniosité indéniable de ces nouveaux pharaons bâtisseurs de pyramides éphémères. Quoi qu'il en soit, les pyramides et leurs habiles auteurs sévissent toujours. Elles viennent même se loger dans des endroits inattendus comme par exemple l'édition de livres. Il existait jusqu'ici deux façons en tant qu'auteur de voir son livre édité. La voie traditionnelle, pour ne pas dire royale, est celle de la maison d'édition. Il suffit d'y envoyer son manuscrit et... d'attendre, souvent éternellement, une réponse. La plupart des manuscrits ne sont en effet jamais ouverts, et finissent en classement vertical. C'est pourquoi beaucoup d'auteurs tentent la deuxième option, celle de l'édition à compte d'auteur, cette édition que les Anglo-Saxons avec leur pragmatisme légendaire baptise « *vanity publishing* ». En bref, il s'agit de payer les frais de production et d'édition de son propre manuscrit en espérant que la maison d'édition remplira quand même la mission résiduelle qui est la sienne. Et, comme chacun sait, les promesses n'engagent que ceux qui les reçoivent.

Le livre numérique a permis l'essor d'une troisième option : l'auto-édition. Rien de plus facile que de mettre en ligne un manuscrit en espérant qu'il devienne un livre à succès. La firme Amazon a industrialisé ce mode de publication en proposant aux auteurs à la fois auto-édition et distribution. Ce sont des centaines de milliers d'auteurs, exaspérés souvent à juste titre par le comportement des maisons d'édition traditionnelles, qui ont rejoint le programme d'auto-édition d'Amazon. Il faut dire que l'argument monétaire d'Amazon est frappant : en lieu et place des maigres 5 % à 10 % de droits d'auteurs des maisons traditionnelles, Amazon offre 70 % ! Une véritable aubaine me direz-vous, un vrai camouflet aux maisons d'édition et un beau pied de nez à leur avarice.

J'y vois plutôt une forme de pyramide qui capitalise astucieusement sur l'orgueil et l'avidité d'auteurs qui se pensent injustement bannis des maisons d'éditions traditionnelles. La base de l'édifice est l'argument classique du succès :

chez Madoff 10 % de rentabilité ; chez Amazoff, pour faire simple et court, le revenu et la célébrité. Amazon ne cesse d'exhiber des auteurs qui ont franchi le million de téléchargements. Le clin d'œil est manifeste : ce pourrait être vous, ce doit être vous ! Les auteurs se précipitent en masse, et bien sûr dans le lot il y aura toujours un vainqueur (rarement le même) qu'Amazon s'empressera d'encenser attirant par là même de nouveaux candidats. La vérité est que la plupart des auteurs auto-édités ne vendent que quelques dizaines d'exemplaires achetés par… leurs familles et leurs proches. David Weinberger a une jolie formule à ce propos : « *Sur le web toute personne deviendra célèbre auprès de quinze personnes.* » Un éditeur classique ne survivrait pas avec de telles ventes. En revanche, Amazoff prospère : 30 % du prix de vente prélevé sur des centaines de milliers d'auteurs « amazoffiés », cela finit par représenter un beau chiffre d'affaires. Certes, il n'y a pas de fraude commise en tant que telle. Mais, il faut bien reconnaître que ce chiffre d'affaires durera tant que durera l'orgueil des candidats à l'écriture. Et, c'est bien là qu'Amazoff est plus malin que Madoff. Une crise financière a suffi à tarir le flot d'investisseurs crédules et à anéantir Madoff. En revanche, je ne crois pas que l'orgueil humain puisse jamais se tarir et, à ce compte-là, la pyramide d'Amazoff pourrait bien rivaliser avec celle de Ramsès II !

Gardons-nous toutefois de jeter la pierre de la pyramide sur le seul Amazoff ! Les pharaons numériques sont nombreux ces temps-ci : Uberoff, Faceboff, etc. Tous reposent sur une dynamique plus ou moins pyramidale astucieusement orchestrée. Prenons l'exemple d'Uberoff. Avec Uberoff, tout un chacun peut devenir son propre patron, gagner sa vie en devenant chauffeur de taxi. Uberoff recrute à tours de volant des centaines de milliers de chauffeurs à travers le monde tout comme Madoff attirait à lui les investisseurs. Les pratiques de recrutement de chauffeurs d'Uberoff ne sont en effet pas éloignées de celles des pyramides traditionnelles comme en témoigne un récent article de *Newsweek* à propos de l'application d'affiliation d'Uberoff : « *Cela paie d'avoir des amis ! Recevez $250 pour chacun de vos amis qui commence*

à conduire avec Uber. » A ce bonus de recrutement s'ajoutent
des promesses mirifiques de revenus futurs. Seulement voilà,
en dépit d'une médiatisation à faire pâlir un ours brun,
Uberoff, selon ses propres documents, n'est pas rentable. Pas
encore assez gros, nous dit le P-DG d'Uberoff : le monde n'est
pas encore à nous. Alors qui paie ? Les investisseurs bien sûr
qui versent des torrents d'argent pour que la planète taxis
soit enfin conquise. Et, c'est ce qui est fondamentalement
préoccupant : la pyramide ne pourra vraisemblablement
se stabiliser définitivement que lorsqu'un monopole sera
atteint[99]. Pour le moment, les investisseurs affluent comme
aimantés par les folles valorisations successives d'Uberoff.
« *No questions asked* », comme l'on dit en anglais. Il faut
dire que nous n'en posons pas beaucoup non plus. Nous
sautons sur l'occasion. Nous acceptons les termes d'un
contrat faustien dont encore une fois nous ne soupesons
pas assez les tenants et les aboutissants : « payer moins et
en échange faites confiance à Uberoff », « effet d'aubaine
maintenant en échange de l'inconnu plus tard ». Mais, est-ce
bien cette planète taxis que nous appelons de nos vœux ?
Les chauffeurs Uberoff réalisent-ils que le plan est déjà en
place pour se passer d'eux ?

Faceboff procède d'un schéma pyramidal à cette différence près que le nerf de la guerre est pour le moment
apporté par la publicité. L'argent des annonceurs afflue tant
que ceux-ci sont convaincus que Faceboff est bien l'endroit
où investir cet argent, c'est-à-dire aussi longtemps que
les « faces » continuent à affluer et ne décident pas d'aller
voir ailleurs. Les « faces » sont évidemment attirées par la
gratuité de Faceboff qui ne cesse de leur suggérer de nouveaux amis et de leur offrir de nouveaux services. Alors,
certes il n'y a pas de fraude visible mais je serais tout de
même curieux de savoir ce que tous les petits annonceurs
(qui font la grande rivière Faceboff) pensent de l'efficacité

---

99. Le récent article paru dans *Bloomberg Businessweek*, 29 août –
4 septembre 2016, intitulé « Peak cheap in China » est édifiant
de ce point de vue.

publicitaire de leurs investissements. Là aussi, le facteur stabilisateur de la pyramide est l'atteinte d'un monopole, une situation à laquelle tous les géants du Net tentent de parvenir. Nous sommes attirés comme des mouches par le miel, et il est possible que le fait que nous soyons si nombreux soit réconfortant. Je reste néanmoins coi devant cette addiction pour un contrat dont nous connaissons si peu les termes, et dont nous ne pouvons ignorer qu'ils ne nous sont vraisemblablement pas favorables.

Chaque époque a sans doute les pharaons qu'elle mérite. L'Égypte ancienne avait ses pharaons bâtisseurs. L'époque de la finance folle nous a donné Madoff et quelques autres. L'époque numérique est animée par des pharaons qui se rêvent toujours plus puissants. Point commun : les pyramides que, pour ma part, je baptise contrats ou swaps faustiens : la gratuité en échange de vos données, *no questions asked* ! Ces swaps sont titanesques. Faceboff a aujourd'hui la taille d'un continent. Tous les habitants de ce continent numérique ont « généreusement » accepté de remettre les clés du magasin de données à Facebook.

On admettra toutefois que les pyramides des pharaons égyptiens ont plutôt bien tenu le coup : elles attirent toujours autant la curiosité des touristes et des archéologues. Je m'interroge en revanche sur la durabilité des pyramides de nos pharaons du Net. Nous finirons bien, un jour ou l'autre, par exiger une comptabilité moins pernicieuse. Et, dans le fond, ce n'est peut-être pas une si mauvaise nouvelle. Car, en tant que collectivité humaine, nous sommes face à des entreprises qui, outre le fait qu'elles engendrent de nombreux dommages collatéraux en enfreignant allègrement un grand nombre de lois, s'arrangent, cerise sur le gâteau, pour ne pas payer leur dû, c'est-à-dire leur part de l'impôt. Les maîtres de forges numériques qui nous présentent l'or sans l'airain ont durci la loi des *banksters* [100] qui, ne l'oublions pas, gèrent leurs introductions en Bourse : leurs gains sont magnifiés

---

100. Les banquiers *banksters* : les gains sont miens, les pertes sont les vôtres.

par nos pertes, pertes dont, hélas, nous ne voyons que la partie émergée de l'iceberg.

C'est vrai, vous devez me trouver bien méfiant, voire bien pessimiste. Mais, que voulez-vous, des Léviathans qui vous disent avec le sourire « ayez confiance, nous ne sommes pas le démon »… ça ne passe pas! Pour corser la note, ces Léviathans s'érigent en donneurs de leçons, et (comme si cela suffisait à pardonner leur opportunisme fiscal) vantent leurs généreuses actions caritatives. Vous m'excuserez d'être sur mes gardes. Bien qu'étant entrepreneur moi-même j'ai une sainte horreur des monopoles et de l'hypocrisie qui les accompagne. Je ne peux accepter la signature servile de contrats léonins dont on ne sait de surcroît quel droit est encore en mesure de les régir.

Pour terminer sur une note plus humoristique, faites-vous une faveur : tâchez de vérifier si nos pharaons du Net n'ont pas le même sens de l'humour que Madoff. Allez voir si par hasard ils n'ont pas choisi d'héberger leurs activités dans des buildings aux noms évocateurs. Ne voyez dans cette note finale aucune malice de ma part. J'observe simplement qu'Amazon n'a pas hésité un seul instant à baptiser une de ses plateformes le Turc mécanique (Mechanical Turk). Si les mots finissent par dire la réalité, alors ce pauvre Turc en dit long quant à la vision du monde d'Amazoff…

OÙ SONT NOS TÊTES PASSÉES ?

« Sous couvert de nous libérer du poids des choses, nous perdons le souvenir de ce que ces choses, ces choses seules, en tant que choses, et parce qu'elles étaient choses, pesantes, odorantes, vivant dans le même lieu que nous, gardaient silencieusement pour nous. »

Jean CLAIR.

« *Pluribus intentus, minor est ad singula sensus.* »

Maxime latine.

Quel est le plus important ? Se souvenir de l'information [101] ou bien, telle la Petite Poucette de Michel Serres, se rappeler de l'endroit où on peut la trouver ? Et d'ailleurs, le fait que l'on sache où la trouver implique-t-il que l'on n'éprouve pas (plus) le besoin de la mémoriser ?

Ce sont évidemment des questions qui (dans la lignée du fameux article de Nicholas Carr « Is Google Making Us Stupid ? ») prennent un relief particulier dans un monde connecté dans lequel l'information est à un clic de souris. Ce sont des questions que des chercheurs de Columbia University, de University of Wisconsin-Madison et Harvard University résument dans le titre d'un article récent : « Google Effects on Memory : Cognitive Consequences of Having

---

101. J'entends ici information dans son sens le plus ample. Il peut s'agir d'un livre, d'un poème, d'une histoire, d'un conte, d'une équation mathématique, d'une loi de la physique, etc.

Information at Our Fingertips ». Voici en quelques citations
leur angle d'attaque et leurs conclusions liminaires :

> « Nous entrons en symbiose avec nos ordinateurs, nous trans-
> formant ainsi en systèmes connectés qui ne se souviennent
> pas tant de l'information que de l'endroit où cette information
> peut être trouvée. Cela nous procure l'avantage d'accéder
> à un vaste spectre d'informations – quand bien même les
> inconvénients d'être en permanence connectés sont encore
> débattus. »

Michel Serres ne dirait pas mieux ! Je ne peux néanmoins m'empêcher de me demander si cette logique du
juste à temps généralisée, du flux tendu au détriment du
stock ne crée pas des vulnérabilités dont nous n'avons pas
encore pris toute la mesure. Nos économies éliminent toutes
redondances dans un souci d'efficacité, de rentabilité et
d'optimisation. Ainsi, nos banques qui nous donnent tant
de fil à retordre fonctionnent avec le minimum de capital
propre et, donc, un effet de levier maximal. Résultat des
courses : catastrophique ! Nos entreprises travaillent en flux
tendus, et l'on en vient à subir la productivité plutôt que
de la construire durablement, de la partager sereinement.
Comme le rappelait récemment un ouvrier de l'industrie
automobile lors d'un journal télévisé : « enfant je rêvais de
voiture, je rêvais de les construire ; adulte, à la chaîne, j'y
suis mais je ne vois aucune voiture, que des fragments de
voiture… » Il y a dans les propos de cet ouvrier une sagesse
toute hégélienne. Pierre Rosanvallon note en effet qu'Hegel,
fin connaisseur de la pensée d'Adam Smith, comprend
rapidement qu'avec la division du travail :

> « le travail devient d'autant plus absolument mort, il devient le
> travail d'une machine ; l'habileté de l'ouvrier singulier devient
> d'autant plus infiniment bornée, et la conscience de l'ouvrier
> d'usine est rabaissée au premier degré d'abrutissement. »

À cette dégradation de l'appréhension et de la jouissance
du travail dans toute son envergure s'ajoutent les risques

inéluctables d'une tension toujours plus aiguë des efforts. Il suffit d'un grain de sable, d'un sous-traitant défaillant, d'un tremblement de terre, etc., pour que tout le système déraille tellement sa tension est grande : la fragilité a pris le pas sur une redondance jugée trop coûteuse.

L'obsession est au contrôle et à l'optimisation en essayant de faire toujours plus avec toujours moins. Fascinant lorsque l'on pense que ces calculs de rentabilité et de performance sont souvent erronés, quand ils ne sont pas manipulés. Étonnant lorsqu'on a la curiosité de se plonger dans le monde de la biologie cellulaire pour y constater que ces questions y sont (en revanche) examinées avec la plus grande attention. J'en veux pour preuve les remarquables travaux du scientifique japonais Hiroaki Kitano :

> « En bref, le compromis indique que les systèmes de haute performance sont plus fragiles que les systèmes qui n'atteignent pas une performance optimale. Il est intéressant d'observer que *Bacillus subtilis* and *Escherichia coli* (Stelling *et al.*, 2002 ; Fischer and Sauer, 2005) n'ont pas un métabolisme optimal. Si le compromis dit vrai, la performance métabolique doit être maintenue à un niveau sous-optimal afin de préserver un certain niveau de résistance aux perturbations environnementales. »

De ce compromis, il faut que nous soyons pleinement conscients. Comme le rappelle Hiroaki Kitano :

> « Le compromis entre robustesse et performance signifie que, lorsque l'on compare deux individus, l'un est plus robuste que l'autre mais en retour il est moins performant ; ainsi, aucun individu ne peut être à la fois plus robuste et plus performant que les autres. »

Google (employé ici comme métaphore) donne à nos cerveaux une agilité informationnelle remarquable. Mais ne soyons ni dupes ni candides. Cette agilité n'est, contrairement au moteur de recherche de Google, pas gratuite. Nous n'avons pas encore pris la juste mesure du coût de cette agilité/gratuité qui nous grise tant. Tout système optimisé est certes performant (par définition de l'optimisation) mais il perd en robustesse, c'est-à-dire, pour reprendre la définition de Kitano en capacité à maintenir ses fonctions face à des perturbations internes ou externes. Il devient (fr)agile, c'est-à-dire agile et fragile.

Dans son beau livre intitulé *La Part de l'ange*, l'académicien français et historien de l'art, Jean Clair, s'inquiète de cette fragilité, de cette apesanteur numérique, de cette immatérialité des idées, si contraires selon lui à l'authenticité d'un savoir jusqu'ici issu de la matérialité des choses. Il précise : « les arts de la mémoire se sont développés sur la remémoration d'objets matériels jalonnant un parcours mental… » À la lecture de ces quelques mots, je comprends que c'est bien sûr l'œil de l'historien d'art qui témoigne, cet historien qui a patiemment forgé son savoir dans la rencontre et le dialogue avec des œuvres dont la *gravitas*, au propre (pesanteur des objets) comme au figuré (vigueur des objets), est essentielle. Pesanteur et vigueur aident à graver un parcours qui donne corps à la mémoire du savoir. L'écriture de ce livre n'échappe pas à ce diptyque pesanteur-vigueur. En écrivant j'ai (re)découvert la vigueur inscrite dans la pesanteur de ma bibliothèque, ou plutôt les vigueurs insoupçonnées de tous ces livres dont j'ai (dés)ordonné les voisinages au fil du temps et des étagères. Je me suis longuement abreuvé de ces pesanteurs (la mémoire manuelle de mes livres) et de ces vigueurs (la mémoire des voisinages de mes livres), et je comprends Jean Clair quand il dit que cette matérialité jalonne un parcours mental. Ce stock de livres qu'est ma bibliothèque est irrigué de flux et reflux dont j'ai le bonheur de (re)déchiffrer les sens au fur et à mesure que ma plume les (re)convoque. C'est une sensation forte de découvrir qu'il y a là, tapies entre les étagères et les livres, des énergies qui me façonnent tout autant que je les façonne. Mais je serais de bien mauvaise foi si j'omettais de souligner combien cette sensation, certes jamais épuisée, se vigorifie au contact de la Toile. Plus j'avançais dans l'écriture de ce livre, plus je constatais que l'usage de ces deux bibliothèques, le recours à la pesanteur chère à Jean Clair et le recours à l'apesanteur chère à Michel Serres, ne souffrait d'aucune verticité. Ma plume se tournait autant vers l'une que vers l'autre. Je redécouvrais finalement le sens de la métaphore de la fourmi, de l'araignée, de l'abeille qu'utilisait Francis Bacon [102] pour illustrer les vœux qu'il formulait au XVIᵉ siècle pour le savoir scientifique :

> « Ceux qui ont traité les sciences furent ou des empiriques ou des dogmatiques. Les empiriques, à la manière des fourmis, se contentent d'amasser et de faire usage ; les rationnels, à la manière des araignées, tissent des toiles à partir de leur propre substance ; mais la méthode de l'abeille tient le milieu ; elle recueille sa matière des fleurs des jardins et des champs, mais la transforme et la digère par une faculté qui lui est propre. Le vrai travail de la philosophie est à cette image. Il ne cherche pas son seul ou principal appui dans les forces de l'esprit ; et la matière que lui offre l'histoire naturelle et les expériences mécaniques, il ne la dépose pas telle quelle dans la mémoire, mais modifiée et transformée dans l'entendement. Aussi, d'une alliance plus étroite et plus respectée entre ces deux facultés, expérimentale et rationnelle (alliance qui reste à former), il faut bien espérer [103]. »

Au fond, ce débat entre pesanteur et apesanteur est illusoire. Au risque de caricaturer, il oppose savoir géométrique (l'araignée) et savoir arithmétique (la fourmi). Le savant géométrique est à l'image de l'égoïste araignée qui tire de son propre corps la soie nécessaire à son *magnus opus*, sa toile. Il capitalise le savoir tout comme le financier capitalise l'épargne qui ne fait appel qu'à elle-même

---

102. Francis Bacon, *Novum organum*, livre I, 95 : la fourmi, l'araignée, l'abeille.
103. Cette métaphore est reprise par Miguel Benitez dans un passionnant article intitulé « La fourmi, l'abeille et l'araignée : la compilation aux temps modernes », *Lettres de Versailles*, Faculdade de Letras de Universidade do Porto, Núcleo de Estudos Literários, 2005, p. 79-94 (http://ler.letras.up.pt/uploads/ficheiros/5813.pdf).

et à la force de l'intérêt composé pour croître. Le savant arithmétique, telle l'altruiste fourmi, additionne, de-ci de-là, les contributions des autres savants afin d'en dégager l'intelligence [104]. Cette confrontation des modes de savoir est stérile. Le savoir géométrique et le savoir arithmétique, si tant est qu'ils existent à l'état pur, ne sont évidemment ni identiques ni substituables. Ils sont complémentaires, et de cette complémentarité l'abeille de Francis Bacon porte témoignage.

La coexistence des fourmis, des araignées et des abeilles est la preuve vivante que Mère Nature, que nous devrions plus souvent observer, ne cherche pas à optimiser en permanence [105]. Elle évite la tension pour la tension. Elle s'adapte en inventant, invente en s'adaptant et, tout en ne cessant de tâtonner, elle préserve ses redondances. La pesanteur de ma bibliothèque ne me pèse pas. La tension fuyante de l'Internet ne m'effraie pas. J'ai la bonne fortune de disposer des deux. À l'instar de Mère Nature, mon écriture tâtonne. Une main arrimée à mes chers livres, l'autre tendue vers mon clavier connecté, je deviens « antifragile » !

---

104. Il est significatif que les spécialistes d'intelligence artificielle s'appuient sur les fourmis pour développer ce qu'ils appellent des modèles d'intelligence en essaim (*swarm intelligence* en anglais).

105. L'abeille n'a disrupté ni la fourmi ni l'araignée !

IDÉES

TOUT OU RIEN

« Gloire à la santé des peuples qui refusent d'être otages de la pandémie des murs. »

James Noël.

J'ai un jour entendu à la radio que les étudiants suisses s'étaient mis en grève au motif qu'ils souhaitaient plus de bourses et moins de prêts bancaires. Qui en effet ne souhaiterait pas être boursier plutôt que débiteur ? Qui refuserait un prêt non remboursable à taux zéro ? Car, c'est bien de cela dont il s'agit : une bourse n'est pas autre chose qu'une somme d'argent qui ne coûte rien à son récipiendaire, et qui jamais ne sera amortie. J'ai de la sympathie pour cet activisme étudiant qui rappelle combien apprendre est un investissement dans tous les sens du terme. Je suis en revanche frappé qu'une fois de plus la société dans laquelle nous vivons et œuvrons demeure une société du tout ou rien. Ou bien le taux d'intérêt est nul, ou bien il est strictement positif. Cela en dit long sur une société qui jongle obstinément entre opulence et rareté, dans laquelle, ironise Jacques Duboin, « il n'y a plus place aujourd'hui que pour deux grands partis : celui des partisans de l'abondance ; celui des bénéficiaires de la rareté ».

Et pourtant l'issue est entre chien et loup, entre aurore et crépuscule, entre or et airain, dans ces intervalles qui nous permettent de combler les vides entre le tout et le rien. Grâce à notre imagination, nous pouvons inventer les échappées, les évasions de cette prison stérile qu'est le rien et tracer les chemins vers ce point de mire toujours fuyant qu'est le tout. Je suis étonné qu'à cette jeunesse estudiantine on n'ait pas offert une tierce voie à des bourses trop rapidement épuisées, à des prêts qui plombent une vie qui ne s'est pas encore élancée. Les financiers qui ne sont pourtant pas avares de montages alambiqués, qui voient en ces étudiants de futurs chalands me surprennent tant ils font un usage excessif et malvenu de la rareté financière. Pourquoi ne proposent-ils pas aux étudiants des prêts dont les échéanciers de remboursement dépendraient de leurs conditions futures d'emploi ? : pas d'emploi, pas de remboursement ; un emploi, des remboursements en fonction du salaire perçu. Les creux et les pleins du prêt épouseraient au juste moment ceux de la fortune de l'étudiant. Je n'ignore pas les détails juridiques, fiscaux et autres diableries qu'une telle géométrie financière variable implique [106]. La lettre ne doit pas pour autant défaire l'esprit. Usons, abusons de nos cerveaux pour combler ces vides trop nombreux entre le tout et le rien. Car un vide n'est finalement que l'envers d'un plein qui n'a pas encore été pensé comme tel.

J'en veux pour preuve mes escapades répétées chez les bouquinistes. Lors d'une récente visite à l'un d'entre eux, je fis l'acquisition d'un ouvrage intitulé *Manuel de sciences commerciales à l'usage des athénées et des collèges* (la science toujours et partout!). Ce manuel, écrit en 1910 par un certain professeur Merten de l'université de Gand, contient deux artefacts remarquables. Le premier est fort surprenant. Il s'agit du texte suivant inscrit dès la deuxième page de l'ouvrage : « Tout exemplaire non revêtu de la signature de l'auteur sera réputé contrefait. » Sous cette auguste sentence se trouve le paraphe de l'auteur, tel un autographe non sollicité. L'absence de ladite signature aurait signifié que je me portais acquéreur d'un livre hors la loi. Quoique, à la réflexion, ne connaissant pas la signature de l'éminent

---

106. http://en.wikipedia.org/wiki/MyRichUncle

auteur, il m'eût été bien difficile de déterminer si celle-ci était la sienne ou pas ! La précaution de cet autographe non sollicité et non vérifiable me signalait toutefois que le piratage des livres n'est pas chose nouvelle. L'avant-Internet avait ses contrefacteurs que les ayants droit tentaient déjà de combattre. Le second artefact, plus classique, fait aussi référence à la propriété intellectuelle. Nous connaissons tous la formule usuelle « tous droits réservés ». Celle de mon manuel est plus personnelle et plus vigoureuse. Elle est signée de l'éditeur :

> « Tout droit de reproduction est expressément réservé, confor-mément à la loi. Je suis décidé à poursuivre ceux qui, au mépris de mon droit de propriété, reproduiraient une théorie ou une démonstration quelconques tirées de cet ouvrage, tant des éditions précédentes, que de l'édition actuelle. »

On ne peut être plus explicite, plus intimidant, plus décidé à faire valoir son bon droit au point d'en faire une affaire personnelle. Hélas, quel que soit le ton sur lequel ce bon droit est exprimé, l'auteur, l'éditeur, le livre, le lecteur demeurent prisonniers du tout ou rien. Ou bien le livre est dans le domaine public et donc librement disponible (tout), ou bien il ne l'est pas (rien). La nuance n'est encore une fois pas de mise. Pourquoi diable toujours devoir choisir entre porte close et porte grande ouverte ? Pourquoi ne pas laisser la porte entrouverte ? En écrivant par exemple : « Seuls certains droits sont réservés. » Ces droits seraient alors dûment listés. Les autres resteraient à la disposition du public. Les photocopies d'ouvrages et les copies numériques, par exemple, pourraient être autorisées à titre gracieux dans les prisons et les hôpitaux. Je n'ignore pas que le professeur Lawrence Lessig et quelques autres animateurs de ce qu'on appelle les Creative Commons ont initié ce combat destiné à combler ce vide inerte entre le tout et le rien. C'est bien l'objet des licences Creative Commons que de permettre une atténuation du drastique « tous droits réservés ». Mais le simple fait qu'il faille passer par un combat en dit long

sur la fermeté de l'emprise du tout ou rien. Ce combat,
je ne le connais que trop bien. C'est celui qui m'a électrisé il
y a dix-sept ans. J'écris électrisé en référence à cette phrase
de Jean-Louis Sagot-Duvauroux que j'aime particulièrement :

> « nous pouvons sans dommage faire cohabiter les sphères
> du gratuit et du payant, (que) les frottements qui grincent à
> la frontière de ces deux univers antagoniques peuvent aussi
> les électriser l'un et l'autre, multipliant leur rayonnement ».

Il y a dix-sept ans les ayants droit que sont les maisons
d'édition grinçaient des dents à l'idée que l'on puisse
accéder à la lecture numérique d'un très grand nombre
de livres *via* un abonnement forfaitaire. Il aura fallu beaucoup d'obstination, de pédagogie et d'exaltation pour les
convaincre qu'à la frontière du physique et du numérique,
de la propriété et de la location, du gratuit et du payant
pouvait s'écrire une histoire différente. En dix-sept ans,
nous aurons monétisé l'équivalent de plusieurs siècles
de lecture [107] en inventant une mutualisation de la lecture
dont l'économie est inscrite entre la borne du tout (payer
le prix de chaque livre lu) et celle du rien (la gratuité totale
qui ne permet d'accéder en théorie qu'au seul domaine
public). Dans ce *no man's land* où rien ne paraît pouvoir
pousser, la terre est pourtant fertile. Hélas, les jardiniers
exaltés n'y sont pas toujours bien reçus. John McMillan
ne dit pas autre chose lorsqu'il écrit dans son livre intitulé
Reinventing The Bazaar :

> « La propriété intellectuelle déclenche des débats houleux :
> certains disent que c'est une contradiction dans les termes,
> d'autres disent que les règles actuelles sont immuables. Aucune
> de ces deux opinions n'est correcte. La propriété intellec-
> tuelle vise des buts qui sont mutuellement incompatibles
> – récompenser l'inventeur *versus* autoriser un usage sans

---

107. Je convertis simplement le volume de pages lues dans nos
bibliothèques numériques en le nombre de siècles qui aurait été
nécessaire à un seul lecteur immortel pour lire ce même volume.

borne de ses idées – il n'y a pas de degré idéal et universel de propriété intellectuelle. Le degré de propriété intellectuelle dépend des circonstances. »

Cette emprise du tout ou rien est un véritable fléau. Elle est une insulte à nos intelligences individuelle et collective. Le droit d'auteur et la propriété intellectuelle sont des inventions sociales que nous pouvons et devons faire évoluer afin qu'ils n'entravent pas la marche créative de la société. Certains revendiquent une abolition pure et simple du droit d'auteur et de la propriété intellectuelle. Je ne crois pas que cela soit une bonne idée. Un monde de droit d'auteur et de propriété intellectuelle stricts, sans nuance, n'est pas un monde juste ; un monde sans droit d'auteur et sans propriété intellectuelle ne l'est pas non plus. Ce n'est pas parce que les idées fluent et refluent à vitesse numérique que tout barrage est devenu sans objet. C'est manquer de nuance que de ne voir en ces barrages que des herses totalement étanches que l'on voudrait rendre totalement poreuses. Ces barrages peuvent remplir d'autres fonctions comme par exemple tenir lieu de péages alimentant des fonds publics destinés à soutenir des projets innovants. On créerait ainsi une solidarité entre un présent opulent, renonçant à la rente exclusive d'une rareté artificiellement entretenue et un futur prometteur mais fragile de ses balbutiements.

Pourquoi ne pas aussi reconsidérer ce « *no right reserved* » qui galvaude nos données personnelles en échange duquel nous n'avons reçu qu'une bien piètre gratuité ? Plus nos données sont tamisées, plus nous devenons des pépites précieuses aux mains des orpailleurs numériques. Plus nous laissons le tout ou rien perdurer, plus lucrative est la rente des orpailleurs siliconiens. Le joug du tout ou rien, de l'or ou de l'airain, est insupportable surtout quand il se pare des atours aguicheurs de la gratuité. Ce joug que les rentiers veulent imposer aux soutiers n'est pas une fatalité. La prochaine fois que vous vous sentirez tiraillés entre le tout ou rien, entre l'or et l'airain, faites-vous une faveur. Analysez bien la situation, à coup sûr il y a une opportunité.

Celle de votre prochaine entreprise, de votre prochaine créolisation (ou de votre prochain marronnage [108]).

---

108. J'aurais pu écrire votre prochain piratage. Marronnage me paraît plus pertinent, et surtout plus fécond. Le marronnage accompagne la créolisation.

SUR QUI (VRAIMENT) COMPTER ?

> « L'être ne vit pas de grades, mais d'égards. Les grades sont pour l'individu et distinguent l'individu... Un État bien fait serait celui où il serait tenu compte tout aussi bien de l'être que de l'individu ; une vie sociale bien faite serait celle où les sanctions seraient compensées par les égards. »
>
> Charles Ferdinand RAMUZ.

> « Le serveur en sait plus long sur vous que vous n'en savez sur lui. »
>
> Jaron LANIER.

> « Un monde dominé par la force est un monde abominable, mais le monde dominé par le Nombre est ignoble. »
>
> Georges BERNANOS.

« Les institutions financières comptent-elles ? » Quelle question ingénue, me direz-vous. Elle a pourtant été posée en 2001 par un éminent professeur de finance de l'université de Pennsylvanie, Franklin Allen. La question traduite en français prête à un amusant quiproquo. Elle peut tout d'abord se lire « avons-nous besoin des institutions financières ? » On peut aussi y comprendre « les institutions financières savent-elles vraiment compter ? » Quiproquo ou pas, il est impossible en ces temps difficiles d'ignorer la menace que font peser sur chacun d'entre nous ces Léviathans que sont devenues les banques, et d'oublier ce que leurs sauvetages à répétition coûtent aux contribuables que nous sommes. Chacun vient de découvrir au détriment de son porte-monnaie que les Léviathans n'en sont pas à un chantage près : les laisser

tomber, c'est tout simplement déclencher Armageddon.
Nous devons boire coupe sur coupe d'un vin exécrable,
chacune jusqu'à la lie. Sommes-nous pour autant devenus
plus prudents, plus vigilants, plus exigeants ? Hélas, non.

Il est d'autres banques auxquelles nous avons confié un
bien précieux, nos données personnelles, en échange d'un
trivial cadeau de bienvenue, la gratuité de leurs services.
Ce ne sont pas vraiment des banques (du moins pas encore,
patience cela ne saurait tarder !) et, pourtant, leur cassette
a atteint une taille qu'Harpagon lui-même n'oserait envisager. Ces petites entreprises de l'Internet, si avenantes et
si inoffensives à leurs débuts, ont enflé en se repaissant de
ces données personnelles auxquelles notre addiction à la
gratuité leur donne un accès si facile. On rase gratis, mais
ce sont bien de nos données dont nous sommes rasés. Cette
addiction à la gratuité, qui n'est qu'une forme de cupidité
numérique, ne construit pas un espace économique et social
« naturel ». Elle est le versant visible d'un versant opaque qui,
pour reprendre l'expression de Philippe Askenazy, surarme
les détenteurs du capital numérique et consolide leur rente.
Car cette cupidité a pour conséquence que nos données ont
rejoint les coffres-forts virtuels de banques non moins virtuelles desquels nous ne pourrons jamais les retirer, que nous
soyons confiants ou pas. Nous ne détenons plus les titres de
créance de nos propres données. Nous vivons une époque
formidable dans laquelle il est désormais difficile de retirer
nos dépôts des banques et impossible de récupérer avec
certitude nos données personnelles. À la rente financière,
nous avons ajouté la rente numérique. Je dois avouer que
je suis estomaqué. Jamais autant de données personnelles
n'auront été « détournées » aussi facilement et aussi rapidement par quelques entreprises aux objectifs formidablement
opaques. Ce hold-up planétaire est d'autant plus sidérant
que contrairement aux banques financières sur lesquelles
on tente de faire peser un joug réglementaire (avec le succès que l'on sait) les géants du Net ne font l'objet d'aucune
réglementation comparable. Ils ont ville ouverte. Nous
avons laissé les grenouilles du Net enfler hors de proportion.

Nous devons faire allégeance à leur surveillance, accepter de vivre sous les faisceaux de miradors virtuels toujours plus nombreux et plus invisibles (tout en craignant pour notre portefeuille). En revanche, rares sont les garanties qui nous assurent que les miradors sont eux-mêmes assujettis à des contrôles vigilants, diligents et permanents. Résultat des courses, nous subissons simultanément une malbouffe numérique et une malnutrition numérique.

La malbouffe numérique, issue de l'avalanche de nos propres données, est une évidence : il suffit de jeter un œil sur les spams qui encombrent nos boîtes mails, sur les publicités en ligne qui tentent de nous aguicher à tout instant. Nos meilleurs ingénieurs, ces cuisiniers sophistiqués du Net, ne trouvent pas mieux aujourd'hui que de plancher sur des algorithmes pointus et coûteux destinés à recibler en temps réel et en fonction de nos navigations tous ces messages publicitaires qui sont la base même des revenus de la plupart des géants de l'Internet. Mais, il y a pire, pour ne pas dire plus absurde. À force de pilonner nos boîtes mail, les géants du Net sont obligés de développer des algorithmes antispam. Les arroseurs numériques sont arrosés, et du coup ils se mettent à fabriquer des parapluies numériques. La mauvaise monnaie finit toujours par chasser la bonne ! C'est une société bien triste que celle qui consacre une bonne partie de ses ressources à de telles futilités. Mais, ces futilités ne sont que le rodage d'une machine redoutable, machine qui glorifie la gouvernance algorithmique par la mesure de toute chose, qui compte et recompte, qui débite les solutions au lieu de s'attaquer aux causes. C'est dans le fond un rêve identique que poursuit depuis des siècles la finance dont l'algorithme majeur est le marché, algorithme qu'il faut nourrir massivement et rapidement du prix de toute chose, qu'il faut muscler par l'adjonction d'algorithmes ancillaires permettant des transactions à la quasi-vitesse de la lumière. C'est, nous dit-on, le marché et les instruments financiers climatiques qui nous permettront de résoudre les problèmes liés au réchauffement de la planète. Ivar Ekeland, dans son excellent ouvrage intitulé *Le Syndrome de la grenouille,* ironise

à ce sujet en titrant l'un de ses chapitres « Le marché nous
sauvera ». Cette folie marchande de la finance et cette folie
financière du marché nous ont coûté et nous coûtent encore
fort cher. Je crains qu'il n'en advienne de même avec Internet.
Mais voilà, contrairement à la finance, nous ne sommes pas
encore véritablement passés à la caisse ! C'est une évidence,
quand c'est gratuit, on ne passe pas par la caisse !

La malnutrition numérique est pire encore. Une partie
significative de l'humanité est non seulement privée d'eau,
d'électricité mais aussi d'Internet. Mais cette malnutrition
n'affecte pas seulement les pays pauvres. Elle creuse, y
compris dans les pays riches, de formidables inégalités entre
ceux qui contrôlent serveurs et algorithmes, les repus numériques, et ceux qui les subissent, les malnutris numériques.
Jaron Lanier et quelques autres repentis ont d'ores et déjà
tiré la sonnette d'alarme quant à ce fléau d'inégalités qu'est
devenu l'Internet sous sa forme actuelle. Et, ces inégalités
explosent au moment même où pourrait sonner le glas du
politique. Car, si tout est soluble dans le calcul, le politique
n'a plus à intervenir. Les solutions optimales sont engendrées
sans besoin aucun de sa médiation ou de son arbitrage.
En d'autres termes, ce qui devient quantifiable, devient
mesurable et par voie de conséquence objet d'optimisation.
Je ne peux m'empêcher en écrivant ces lignes d'établir un
parallèle avec le livre à succès de Thomas Piketty, *Le Capital
au XXIᵉ siècle*. Il est un passage du livre, malheureusement
trop peu commenté, dans lequel Piketty s'interroge sur ce
glissement sémantique qui a pour conséquence que nous
parlons aujourd'hui non plus d'économie politique mais
de science économique. Il fut un temps dont l'économiste
Jean-Charles Léonard Simonde de Sismondi fut l'un des plus
remarquables représentants où les économistes se passion-
naient non seulement pour la genèse de la richesse (« cette
masse de toutes les choses nécessaires et commodes à la vie »,
selon Adam Smith) mais aussi et surtout pour la distribution de celle-ci. La richesse est fille du souci d'efficacité des
moyens avec lesquels elle est produite. La (re)distribution
est fille du souci d'équité qui n'oublie jamais qu'un gâteau

doit un jour ou l'autre être réparti entre tous les convives. Les économistes de la trempe de Sismondi sentaient cette tension entre efficacité et équité. Ils l'exploraient avec enthousiasme tant ils étaient conscients qu'une société inégalitaire peut rapidement devenir une société inefficace, qu'une société efficace n'offre aucune garantie d'équité et qu'enfin une société équitable n'est pas nécessairement inefficace. Sismondi l'explique avec une grande lucidité :

> « Cependant la science qu'on nomme communément économie politique, quoique le nom de chrématistique soit sa vraie désignation, s'est proposé pour but l'étude de la richesse prise abstraitement, l'étude de sa nature, des causes de son accroissement ou de sa destruction. Nous réservons le nom d'économie politique à l'étude de l'organisation sociale de l'homme dans son rapport avec les choses, de l'homme qui consomme la richesse et de l'homme qui la produit ; ce n'est pas seulement une distinction de mots, nous ne nous contentons pas de donner au nom d'économie politique un sens plus étendu, et qui comprenne en soi la chrématistique, nous regardons la dernière comme poursuivant une ombre sans réalité ; et nous croyons que, de déceptions en déceptions, elle nous conduit au but précisément opposé à celui qu'elle se propose. »

Il ravive ainsi la distinction qu'opérait déjà Aristote dans son livre *La Politique* entre la richesse chrématistique et l'économie :

> « On peut se demander si l'art d'acquérir la richesse [*khrêmatistikê*] est identique à l'art économique [*oikonomikê*], ou s'il en est une partie ou l'auxiliaire. [...] On voit clairement que l'économique n'est pas identique à la chrématistique. Il revient à ce dernier de procurer [*porisasthai*], à l'autre d'utiliser [*khrêsasthai*]. Quel autre art que l'économie s'occupera de l'utilisation des biens dans la maison ? »

[Aristote, La Politique, I, 8-9, 1256a 3-5.]

Le divorce entre chrématistique et économie politique n'a fait hélas que s'exacerber au point que la chrématistique

a pris pour nom science économique [109]. Cette émancipation de la science économique, science de la richesse pour
reprendre l'expression de Pierre Rosanvallon, s'est forgée
à coups de données, de calculs, de courbes, bref d'emballement du grand algorithme du marché. Comme le rappelle
Piketty, ce n'est sans doute pas un hasard si les bans de
cette émancipation ont été publiés au début des années
cinquante par Simon Kuznets, professeur à Harvard et
auteur des premiers comptes nationaux américains. Il est
aussi l'auteur des premières séries historiques sur les inégalités de revenus. Les données sont la baguette magique
avec laquelle Kuznets écrit, pour reprendre l'expression de
Piketty, le conte de fées de la science économique. Puisque
l'économie devient mesurable et pilotable, nul besoin de
se soucier de la répartition de la richesse. Elle prendra
soin d'elle-même : l'important est de maximiser (toujours
l'optimisation !) la taille du gâteau (le fameux PIB) dont un
nombre toujours plus grand de parts se diffusera (déver-
sera, disent les économistes) dans toute la société au gré de
la sagesse algorithmique du marché. L'économie n'a plus
besoin d'être politique, elle est désormais scientifique [110].
Les chiffres, en l'occurrence les prix, détiennent la clé. Il
suffit d'un peu de patience pour que cette clé ouvre la porte

---

109. Dans son ouvrage *Libéralisme et justice sociale,* Jean-Pierre Dupuy
     dénonce la vulgate de la profession de foi des économistes
     selon laquelle « la richesse des nations est un grand gâteau, et
     la tâche des économistes est de le concevoir et de le faire aussi
     gros que possible : c'est cela l'efficacité, par rapport à laquelle
     les partenaires sociaux ne peuvent qu'être d'accord ». Il ajoute :
     « quant au partage du gâteau, c'est une affaire éminemment
     conflictuelle, donc indéterminée, qu'il vaut mieux laisser aux
     politiques ».

110. Pour être exact, je remarque dans un ouvrage daté de 1884 et
     intitulé *Essai de Science sociale ou Éléments d'économie politique* que
     l'auteur P. Guilleminot est bien embarrassé quant à l'objet de son
     étude. Il prend la précaution de signifier au lecteur que la science
     économique s'est appelée tour à tour : Économie politique –
     Économie sociale – Physiologie sociale – Physiocratie – Économie
     industrielle. Il peine ensuite à justifier ce statut de science qui,
     avec Kuznets, ne laissera hélas plus l'ombre d'un doute.

de la prospérité pour tous. Le conte de fées n'a pas tenu
ses promesses, il a viré au cauchemar. Des portes se sont
bien ouvertes mais sur des crises à répétition. La dernière
en date est d'une violence rare et elle n'a pas encore craché
tout son venin.

   La leçon est rude. Elle enseigne à qui veut l'entendre
que l'éradication du politique n'est pas la solution. Trancher
la main visible est trop simpliste, quand bien même nous
aurions quelques raisons d'en être tentés au vu de la malbouffe et de la malnutrition politiques dont nous sommes
victimes. La malbouffe politique est une évidence. Nos
démocraties représentatives ont perdu de leur légitimité. Il
n'est qu'à observer le vote (ou l'absence) de vote des jeunes et
des classes populaires. Le spectacle envahissant que donnent
les hommes politiques n'est guère réjouissant. Les citoyens
ont de plus en plus de difficultés à accepter des décisions
expertes qui viennent d'un en-haut, d'un ailleurs qui les a
perdus de vue, et dans lequel ils ne se reconnaissent plus.
Cette malbouffe politique provoquée par un en-haut reclus
dans ses palais se double d'une malnutrition politique. La
parole de l'en-bas n'est pas écoutée. La démocratie participative demeure sous le joug de la démocratie représentative si vacillante soit-elle. L'urbaniste Jean Haëntjens cite
l'exemple édifiant d'un quartier de Rotterdam, le Hofplein,
dont les habitants réclamaient à leurs élus une passerelle
les reliant au centre-ville. Face à la sourde oreille des politiques qui ne jugeaient pas prioritaire ce quartier déshérité,
les habitants prirent le taureau par les cornes, et lancèrent
une opération de financement communautaire sur Internet.
1 300 riverains répondirent à l'appel. Grâce à leurs fonds
et au soutien d'un cabinet d'architectes, une passerelle
en bois de 108 mètres de long enjambant une voie rapide
et une ligne de chemin de fer vit le jour et désenclava un
quartier qui en avait grand besoin. Cette anecdote urbaine
n'illustre pas seulement la coupable négligence d'écoute des
élus. Elle dit haut et fort qu'il n'est plus besoin d'attendre
que les solutions viennent de l'en-haut. Le numérique
donne à l'en-bas un pouvoir d'action qui lui était jusqu'ici

inaccessible. L'en-bas est capable désormais de mobiliser les énergies et les données locales et, ce faisant, il se dote des premières bribes de démocratie participative. Jun, petit village andalou, pratique cette démocratie locale depuis 2011. Le magazine *We Demain* relate l'initiative de José Antonio Rodriguez, maire de Jun, qui a encouragé ses administrés à ouvrir des comptes Twitter afin d'échanger avec l'équipe municipale. La moitié des habitants est aujourd'hui titulaire d'un compte qui leur permet de signaler à qui de droit un lampadaire défaillant, un défaut de collecte d'ordures, d'échanger directement avec leur maire et leurs conseillers municipaux. Ce mouvement est réjouissant car il contribue à redorer ce blason politique que les élus, les élites ont tant terni. Il est enthousiasmant car le politique n'est du coup pas déserté, il est réinvesti par les citoyens qui tentent avec les moyens (numériques) du bord de trouver une forme de barycentre entre une démocratie représentative bien malade et une démocratie participative encore balbutiante. Il faut dire que les villes sont un endroit propice pour se livrer à ce subtil et courageux exercice de géométrie politique. Elles concentrent dans les pays développés environ quatre-vingts pour-cent de la population et bouillonnent de données : bruit, transports, pollution, température, qualité de l'air, énergie, trafic, stationnement, éducation, santé, démographie, etc. Toutes ces données, jusqu'ici inaccessibles, offrent aux citadins la possibilité de prendre le pouls de leur ville, de mieux la comprendre, et, ce faisant, de participer de façon plus active et plus avisée à sa gestion. Le citadin est consommateur de ces données. Muni de son smartphone et d'applications adaptées, il est aussi un émetteur en temps réel de données dont la mise à disposition est utile à d'autres citadins qui, en retour, en partagent d'autres. Les respirations de la ville sont captées en temps réel. Elles sont ensuite retraitées plus ou moins finement pour, par exemple, prédire les embouteillages, réduire la consommation d'énergie ou encore alerter d'un danger.

Cette captation et ce retraitement des données collectives aiguisent les appétits des géants du Net qui aimeraient les voir rejoindre leurs fameux coffres-forts virtuels. Leur appétit est d'autant plus vif qu'ils (ne) voient en la ville (qu') un algorithme géant capable, proprement programmé, de se piloter seul, tout comme ils considèrent l'automobile comme un logiciel qui n'a pas besoin de conducteur humain. À ce compte (numérique) là, la ville n'a plus besoin de maire ou d'édiles. Elle est optimisée en permanence par la vigilance de l'algorithme qui produit ses solutions optimales au fil des problèmes. Jean Haëntjens cite l'universitaire américain, professeur à Stanford, Fred Turner, qui n'hésite pas à écrire : « les politiques sont le problème ; la technologie est la solution ». On se rassurera en se disant que Turner n'a pas écrit « la politique est le problème ». L'intention est néanmoins manifeste et, de la même façon qu'il eût fallu que nous nous inquiétassions du glissement toxique de l'économie politique vers la science économique, il est impératif de ne pas laisser un en-haut algorithmique contrôlé par des entreprises insaisissables prendre le dessus sur un en-haut politique vacillant. Ce serait tomber de Charybde en Scylla. Face à ce déluge de données et de promesses associées, je ne peux m'empêcher de me demander qui veut compter (qui compte) à ma place et dans quel but. Les données sont une richesse immense et fertile mais il faut que nous soyons conscients du fait que cette richesse est d'ores et déjà fort inégalement répartie. On a voulu nous faire croire, au nom de l'efficacité des algorithmes, que la vie était soluble dans les bases de données, qu'il n'était d'autre solution que celle du déversement massif de ces bases vers une poignée de suzerains numériques. Selon ce credo, ce don est le prélude d'une abondance de bienfaits dispensés par ces mêmes suzerains. Nous devons simplement prendre notre mal en patience et surtout prier, comme les marchés et les écono- mistes nous ont appris à le faire, pour que cette efficacité porteuse d'abondance soit aussi équitable. J'écris « prier » à dessein car, en présence de rendements croissants, d'effets de gagnants qui raflent la mise, il n'est même pas sûr que l'efficacité soit atteignable : la main invisible devient d'une maladresse totale, et le temps n'arrange rien à l'affaire. Bien au contraire! Si la main pointe dans une mauvaise direction, il y a peu de chance que cette direction puisse être révisée d'elle-même par la suite [111]. Les récents commentaires d'économistes éminents ne me rassurent guère (si tant est qu'ils puissent un jour le faire). L'équité demeure toujours la dernière roue de la charrette. Dans son passionnant livre intitulé *Inégalités*, Anthony Atkinson, professeur à la London School of Economics, consacre un chapitre entier au duel supposé entre efficacité et équité. Il faut tout le poids de son humanisme et de son travail de recherche pour tenter de faire entendre raison aux parangons de l'efficacité qui voient en l'équité un obstacle : non, « l'idée a priori d'un conflit inévitable entre équité et efficacité n'est pas confirmée ». J. Bradford DeLong, professeur à l'université de Californie à Berkeley, rappelle à son tour dans un article récent du *Project Syndicate* que : « La priorité numéro un pour les économistes – autrement dit pour l'humanité – est d'identifier les moyens par lesquels développer une croissance économique équitable. »

En dépit de ces exhortations répétées, notre score d'équité, si tant est que l'on puisse le formuler ainsi, reste lamentable alors même que les défis ne cessent de s'accumuler (pauvreté, vieillissement démographique, changement climatique, automatisation, mondialisation…). Ce score est honteux tant les richesses abondent, tant elles s'accumulent. Comme l'écrivait Jean Jaurès, « la richesse s'accroît sans se répandre, ou du moins sans se répandre en proportion de son accroissement ». Nous vivons pourtant un âge inédit caractérisé par un coût marginal de plus en plus faible et par des données de plus en plus fines. La combinaison de ce bas coût marginal et de cette (sur)abondance numérique est une première dans l'histoire de la prospérité humaine. La prospérité n'est en revanche pas chose nouvelle. Au XVIIᵉ siècle, par exemple, les Provinces-Unies connurent une

---

111. L'article de Geoffrey Heal, « The Economics of Increasing Returns » (Columbia Business School, avril 1998) est édifiant de ce point de vue. Hélas, nous n'avons guère progressé depuis.

période de richesse inouïe. Leur puissance maritime et leur aptitude au négoce en firent la puissance la plus prospère de son temps. La Compagnie unie des Indes orientales (VOC), véhicule de cette domination, mobilisait des milliers de marins et de navires qui revenaient des Indes et d'Asie les cales lourdes d'épices, de vaisselles, d'étoffes, de cannelle, de bois de santal, de sucre, de corail qui étaient ensuite négociés par les marchands d'Amsterdam. L'abondance était telle que l'historien Simon Schama n'hésite pas à parler d'un embarras des richesses. Pourtant, cette économie flamboyante était loin de fonctionner à coût marginal nul. Chaque traversée, chaque navire, chaque équipage, chaque comptoir de négoce impliquaient des coûts importants et répétitifs. Notre prospérité est différente : elle est de plus en plus enracinée dans une structure de coût dans laquelle le coût de production devient le coût de reproduction. C'est un levier de richesse à la fois incroyablement efficace (imaginons la fortune hollandaise si chaque galion n'avait été que le copier-coller du premier) et dangereusement iné-quitable. Efficace, car il n'a jamais été aussi facile de lancer son entreprise à la mer, de partir au long cours numérique. Inéquitable car la rançon de ce coût marginal nul est que le gagnant rafle la mise, pour longtemps et bien au-delà de sa productivité marginale. Ceux qui ne sont pas sur le podium quand ils n'ont pas disparu encourent alors le risque d'être vassalisés par le gagnant. C'est en partie ce qui explique pourquoi nous faisons face à un embarras des richesses (numériques) infiniment embarrassant qui vient s'ajouter à l'embarras d'une pauvreté accentuée par les traumatismes d'une crise qui n'en finit pas. Les Provinces-Unies domptèrent leur embarras. Simon Schama montre avec brio comment elles surent canaliser les flots de leurs richesses en instituant les mécanismes de solidarité et de tolérance que la morale calviniste les pressait sans doute de mettre en œuvre. La leçon est édifiante.

Point n'est besoin néanmoins d'être calviniste pour comprendre que la richesse n'est embarrassante que s'il n'en est pas fait bon usage, que si elle n'est que chrématistique.

Des exemples quotidiens nous sont donnés par des citoyens, des entreprises, des communes, des coopératives qui en se réappropriant les données de leurs lieux de vie et de travail, en proposant des traitements innovants de ces données, reprennent le destin de leurs territoires à bras-le-corps, coopèrent au lieu de se concurrencer à tout crin. Ils montrent par là même que les promesses du coût marginal nul peuvent êtres tenues et non raflées. Ils sont les artisans d'une démocratie participative dont on peut espérer qu'elle donnera un second souffle à cette démocratie représentative si mal en point. Il nous faut donc compter, c'est une des clés de l'abondance numérique. Tâchons alors de bien compter. Comptons sur nous, comptons ensemble, comptons localement, et surtout ne laissons pas n'importe qui compter à notre place et encore moins nous conter des fadaises. L'en-haut politique doit impérativement apprendre à maîtriser cette comptabilité numérique et à en assurer la diffusion la plus vaste possible. Si nos données sont un trésor collectif, il doit être traité comme tel. Il doit être protégé des instincts flibustiers des Léviathans du Net qui n'ont ni vocation ni légitimité à être les uniques trésoriers et commerçants de nos données. Montesquieu pensait que le doux commerce assurait la paix et accroissait le bien-être général. On sait combien cette vue est utopique. Le commerce est simplement l'affaire de commerçants dont les objectifs n'ont aucune raison d'être alignés sur ceux du reste de la société. Il en va de même du commerce de nos données. Il n'est aucunement doux. Il s'agit d'un commerce mondialisé que les suzerains actuels du Net veulent de plus en plus lucratif comme en témoigne l'obsession quasi maladive qui est portée à ces licornes, à ces entreprises milliardaires qui ne songent qu'aux rentes inouïes que pourrait leur procurer le monopole de toutes nos données et de leur exploitation. L'en-haut, qu'il soit politique ou algorithmique, ne peut jamais être à la (bonne) hauteur démocratique de nos attentes. C'est pourquoi il faut dire non à l'actuel choix tragique qui nous est proposé entre rentiers politiciens vieillissants et girondes licornes technologiques non moins rentières.

Un président américain, Thomas Jefferson, dit un jour avec une perspicacité hélas prémonitoire : « Je crois que les institutions bancaires sont plus dangereuses pour nos libertés que des armées prêtes au combat. » Aujourd'hui, il ajouterait sans nul doute les géants du Net à sa liste des institutions dangereuses. À charge pour nous donc de veiller, individuellement et collectivement, à ce que ce que les rentiers du Net ne comptent pas trop, dans tous les sens du terme. Car, les rentiers ne sont jamais que l'envers des soutiers [112].

---

112. Dans les mots de Clint Eastwood, « Tu vois, mon ami, dans la vie il y a deux sortes de personnes : celles qui tiennent le revolver chargé et celles qui creusent. Tu creuses », in *Le Bon, la Brute et le Truand*.

OBLIQUITÉ NUMÉRIQUE

« La rue, que je croyais capable de surprenants détours, la rue
avec ses inquiétudes et ses regards, était mon véritable élément :
j'y prenais comme nulle part ailleurs le vent de l'éventuel. »
André Breton.

Les objectifs que l'on atteint sont rarement ceux que l'on
s'était fixés au départ. Et, c'est tant mieux ! L'économiste
anglais John Kay, éditorialiste au *Financial Times* [113], appelle
cette déviation salutaire obliquité.

Pour autant, l'air du temps me paraît tout sauf oblique.
On demande aux entreprises et à leurs dirigeants de concen-
trer tous leurs efforts sur un seul objectif : satisfaire leurs
actionnaires, c'est-à-dire maximiser la richesse de ceux-ci.
Les métriques managériales qui sanctionnent cet objectif ont
pour nom « Economic Value Added », « Cash Flow Return
on Investment », etc. De même, on mesure la prospérité
des nations à l'aune de ce produit intérieur brut dont on
connaît pourtant les tares congénitales. Certains voudraient
lui substituer une autre métrique le Bonheur intérieur brut.
Faut-il pour autant obéir à ces métriques dont on sent intuitivement l'arrogance et dont Paul Valéry nous rappelait que
ceux qui y sont assujettis emploieront tous les expédients
pour les atteindre ? Sont-elles, en particulier, de bons guides
d'action dans cette économie numérique hyperconnectée
qui semble devoir sceller notre prospérité future ?

---

113. www.johnkay.com

Le même John Kay use d'une jolie métaphore pour montrer qu'en matière d'obliquité le diable se loge toujours dans les détails : celle du Département américain des parcs nationaux. Une des missions prioritaires de ce département est de préserver les forêts et d'éviter qu'elles ne soient dévastées par des incendies. Il fut un temps où cette mission prenait une forme très simple : la tolérance zéro. Tout feu devait être éteint coûte que coûte. Aucun départ de feu n'était toléré. À l'usage, cette politique de fermeté se solda par des statistiques plutôt embarrassantes : au lieu d'une diminution des feux, les responsables américains observèrent une recrudescence des feux et donc un échec de leur mission officiellement déclarée. Comment expliquer un tel paradoxe où la stricte observance est si mal récompensée ? Il faut laisser le terrain parler. Les forêts sont des environnements touffus dans lesquels broussailles et grands arbres cohabitent. Ces broussailles sont facteur de danger. Elles peuvent devenir le combustible de feux de grande ampleur. Il est alors judicieux, outre le débroussaillage manuel, de laisser de petits feux compléter le travail. Ainsi, au lieu d'imposer à ses rangers une drastique politique de tolérance zéro, le département des parcs nationaux aurait été plus avisé de les laisser juger sur le terrain de la situation. À un principe strict d'optimisation (celui de minimiser à zéro le nombre d'incendies) dans la conduite de sa mission, le département des parcs nationaux aurait été mieux inspiré de substituer une approche holistique d'adaptation (par rangers interposés) aux situations du moment. C'est d'ailleurs cette approche qui prévaut aujourd'hui.

Cette approche « adaptative » est particulièrement pertinente dans les situations dans lesquelles de petites variations de départ entraînent des bouleversements ultérieurs de grande ampleur. L'exemple que l'on cite toujours est celui du battement d'ailes d'un papillon en Afrique qui déclenche quelques semaines plus tard une violente tempête tropicale dans la zone caraïbe. Les systèmes complexes comme les forêts, les feux, la météo sont typiquement non linéaires. Le battement d'ailes du papillon illustre combien ces systèmes sont sensibles à d'infimes variations des paramètres qui les constituent. Un rien suffit pour modifier du tout au tout les résultats que l'on escomptait. Il en va de même de cette économie numérique dont les idées, l'inspiration sont les moteurs principaux, et dont la complexité s'accroît au rythme effréné des connexions qu'elle établit entre chaque point du globe. Cette ramification, produit de la globalisation et de la connectivité numérique, donne l'illusion d'un vaste archipel aux îlots enfin désenclavés. Elle engendre en fait un espace global dans lequel la taille (le fameux argument de *scalability* des financiers de la Silicon Valley) appelle la taille.

Pour faire simple et au risque de caricaturer, les sociétés modernes sont passées d'une économie physique de la transpiration (qui indignait Marx et Engels, plus difficile à globaliser) à une économie de l'inspiration et de la connexion (plus facile à globaliser) dont l'économie numérique est l'une des composantes principales. Cela fait-il une réelle différence? Oui! D'abord parce que le monde des idées est différent de celui des actifs durs (quand bien même les actifs durs sont eux-mêmes le produit d'idées). Les idées n'ont pas les mêmes propriétés que les actifs traditionnels : le fait que j'utilise la formule de Pythagore ne vous empêche pas d'y avoir recours au même moment. En revanche, si je conduis ma voiture, personne ne peut pas la conduire au même moment! Qui plus est, les idées peuvent éventuellement procurer un pouvoir légal de monopole : un brevet, un droit d'auteur permettent à son détenteur de définir les conditions d'utilisation par d'autres de son idée et de leur facturer des redevances pour cette utilisation.

Ensuite, parce que l'économie des idées est caractérisée par une structure de coûts de production très particulière. Un bien classique (« de transpiration ») doit être fabriqué unité après unité pour être vendu. Chaque unité exige la mobilisation d'un certain nombre de coûts fixes et variables. En revanche, un bien « d'inspiration » requiert un fort coût initial (pour la première unité) et ensuite des coûts marginaux de production très faibles. Prenons l'exemple du logiciel Windows de Microsoft. Microsoft fait payer « très cher » tout achat du logiciel alors que le coût de fabrication de cette copie supplémentaire est faible. Dès lors, on sent qu'il faut « revisiter » les enseignements de la microéconomie traditionnelle qui, dans un contexte de marchés concurrentiels, posent que le prix de vente doit être égal au coût marginal de production. Si le coût marginal est nul, alors le prix doit être nul. À ce tarif-là, l'entrepreneur fait faillite dès les premières unités vendues car il lui est impossible de récupérer son investissement initial. En revanche, si l'entrepreneur parvient à facturer, d'une manière ou d'une autre, significativement plus que ce coût marginal, il est en mesure de capter une rente et d'entrer dans la zone « idéale » des rendements croissants où 2 + 2 finissent par faire 8. S'il parvient à ses fins, il peut même envisager de rafler la totalité de la mise : le fameux effet du « gagnant qui rafle la mise (*winner take all*) ».

La question est alors évidente. Comment ne pas trépasser prématurément sous le poids du coût initial ? Pour répondre à cette question, l'économiste américain Brian Arthur du Santa Fe Institute compare le monde de l'économiste britannique Alfred Marshall (1842-1924) à celui des rendements croissants. Le monde de Marshall est un monde industriel (de transpiration), à capacités contraintes (une usine ne peut produire plus que sa capacité) et à rendements décroissants. Dans ce monde, un jour ou l'autre, les profits s'établissent à leur niveau « normal ». Dans ses *Principles of Economics*, Marshall développe les outils d'analyse qui sont ceux de l'optimisation : prix, coût moyen, dérivée de la fonction de coûts, etc.

Le monde des rendements croissants est tout autre. Il s'agit d'un monde où les choses bougent très vite : celles qui augmentent ont tendance à augmenter de plus en plus vite, celles qui baissent, baissent encore plus vite. L'exemple type est celui des effets de réseau à la eBay. Les vendeurs sont sur le site d'enchères d'eBay parce qu'ils savent que les acheteurs y sont. Les acheteurs y viennent parce qu'ils savent qu'ils y trouveront les vendeurs. Le gagnant, eBay en l'occurrence, rafle la mise. On peut dire la même chose de Twitter, d'Instagram ou encore de Facebook. Les conséquences d'un tel monde sont bien connues : concurrence imparfaite (il faut pouvoir facturer plus que le coût marginal), incertitude (un petit changement, une erreur peuvent tout bouleverser), impossibilité de prévoir (que prévoir dans un monde pétri d'incertitude et de non-linéarité). L'émancipation numérique permet de mailler chaque point du globe et peut déclencher ce facteur d'échelle qui donne naissance à ces fameuses licornes dont la Silicon Valley rêve jour et nuit.

Comment les individus, les institutions, les entreprises et les gouvernements doivent-ils se comporter dans un monde si différent de celui que tentait de modéliser Alfred Marshall, dans un monde si complexe à comprendre ? Doivent-ils optimiser coûte que coûte, se battre pour atteindre les métriques qu'on leur impose, graver ces règles et ces normes dans le marbre. Ou bien doivent-ils adopter un comportement holistique du type de celui des rangers du feu américains ? Et bien, il est judicieux dans notre monde (qui est un mélange du monde marshallien et du monde arthurien) de développer un sens fort d'adaptation. Le monde des rendements croissants est vraiment un monde « oblique » qui ne peut que nous jouer des tours, des tours liés à sa complexité et à nos maladresses face à cette complexité. Pour « affronter » cette dernière, les métriques, quel que soit leur *sex appeal*, sont des recettes qui garantissent les échecs les plus cuisants. Face à l'inconnu, des règles simples doivent prévaloir. Un exemple frappant est celui de la gestion de l'épargne. De volumineux traités lui ont été consacrés qui sont à l'origine de théories sophistiquées. Certaines de ces théories ont valu le prix Nobel d'économie à leurs auteurs, par exemple la théorie du portefeuille d'Harry Markowitz. Selon cette théorie, on doit prendre en compte les corrélations entre les mouvements des différents actifs financiers afin d'établir l'allocation optimale de son épargne. Mais, surprise, lorsqu'on demande au professeur Markowitz la façon dont il s'y prend pour gérer sa propre épargne, il répond qu'il se contente d'allouer à chaque actif financier un même pourcentage de son épargne. Si N actifs sont disponibles, chacun représente $1/N$ de l'épargne du professeur Markowitz.

Pourquoi le professeur nobélisé est-il si peu enclin à recourir à la méthode qu'il a pourtant inventée et qui lui a valu la célébrité académique ? Tout simplement parce qu'il veut éviter d'être victime de ses propres erreurs : il sait mieux que quiconque qu'il est impossible de mesurer les corrélations qui sont pourtant à la base de sa théorie. Entre un portefeuille d'épargne portant le label Nobel (c'est-à-dire Nobel-optimisé mais truffé d'erreurs d'estimation) et un portefeuille certes rudimentaire mais qui, *in fine*, prend de petits paris sur tous les actifs disponibles, son choix est fait !

Un autre exemple est celui de la célèbre application photographique Instagram. On ne peut commencer à comprendre le prix apparemment très élevé payé par Facebook pour l'acquisition d'Instagram (environ un milliard de dollars) si l'on en reste aux métriques financières traditionnelles. Facebook, en dépit de son emprise communautaire mondiale, n'est nullement à l'abri (et c'est rassurant [114]) de l'obliquité numérique. Facebook a été créé à un moment où la révolution mobile du smartphone n'avait pas encore été « fomentée ». En revanche, Instagram est un pur produit du phénomène smartphone : son battement d'ailes est à même de provoquer une tempête chez Facebook. À l'heure de son introduction triomphale en Bourse, Facebook ne pouvait se permettre cette épine dans le pied, encore moins prendre le risque que Twitter ou Google lui raflent Instagram. Il y a là un pari simple, certes onéreux, mais finalement très oblique, dont le premier dividende évident est cette manne mondiale de photos qui viennent s'ajouter à l'imposant coffre de données de Facebook.

Cette obliquité (exacerbée par la donne numérique) doit être méditée par les politiques et les régulateurs. Les politiques qui ont, *in fine*, en charge la définition du cadre institutionnel propice à la prospérité des territoires qu'ils gouvernent doivent accepter que l'économie numérique qu'ils ont appelée de leurs vœux requière une flexibilité

---

114. Tout est relatif néanmoins car la taille de Facebook lui confère une puissance vraiment inquiétante.

institutionnelle à laquelle leurs idéologies partisanes ne les ont pas préparés. Le lien de cause à effet cher aux politiques est plus que jamais inopérant. C'est pourquoi ils doivent faire leur la fameuse expression de Louis Pasteur : « la chance ne sourit qu'aux esprits bien préparés ». La sérendipité doit être le maître-mot de leurs programmes quand bien même cette sérendipité semble leur enlever tout contrôle sur les événements.

Les régulateurs doivent quant à eux résister à l'envie de tout réguler, de tout codifier de façon rigide, et surtout de le faire trop tôt et en raison de pressions corporatistes. En matière numérique, la réglementation qui veut par exemple éradiquer le piratage (tolérance zéro aux feux) pratique l'inverse de l'*habeas corpus* cher aux Anglo-Saxons : la présomption de culpabilité est la règle ; à charge aux innocents de démontrer qu'ils le sont vraiment. Ce n'est pas en édictant de telles lois (inspirées la plupart du temps par des intérêts en place) que l'on prépare les espaces nécessaires à l'éclosion et à l'expérimentation d'entreprises numériques vectrices de prospérité future. Cette prospérité est fille de cet inattendu, de cette sérendipité issus de la créolisation entre l'avant, le maintenant et un après par définition toujours incertain. C'est cette créolisation patiente que le régulateur doit encourager et non pas pénaliser. Face aux intérêts mondialisés en place, la loi est devenue dangereusement malhabile, dangereusement faible.

L'empressement avec lequel la loi française du prix unique du livre numérique a été votée en est, par exemple, un témoignage édifiant. Son seul objectif est finalement de protéger la fameuse chaîne du livre (physique) qui va de l'éditeur au lecteur en passant par les maillons obligés que sont les imprimeurs, les distributeurs, les diffuseurs et les libraires, de la dupliquer dans le monde numérique, chaîne qui, du coup, n'aura jamais aussi bien porté son nom. En somme, cette loi qui tente de consolider une chaîne aux maillons, hélas, bien rouillés est remarquable tant elle est à l'opposé de l'obliquité bondissante de l'économie numérique. Déchaîner n'est pas synonyme de détruire.

Déchaîner, c'est desceller, délivrer, libérer, explorer, reconfigurer, (re)mettre le feu à des poudres trop longtemps restées dans les cales d'un *statu quo* paresseux [115]. Car, les soldats du feu et les forestiers le savent, il est des feux qu'il faut (savoir) laisser partir.

Le célèbre détective anglais Sherlock Holmes pratiquait plus souvent qu'à son tour ce genre de pyromanie oblique. Dans le livre intitulé *Valley of Fear*, il rappelle à l'un des protagonistes tout le bénéfice que l'on peut tirer de l'obliquité :

> « La largeur des vues, mon cher Monsieur Mac, est l'une des qualités essentielles de notre profession. Le jeu des idées et l'usage oblique de la connaissance présentent fréquemment un intérêt extraordinaire [116]. »

On imagine aisément l'enthousiasme d'Holmes (et celui de Watson) s'il avait pu exercer ses talents de détective à une époque (numérique) où l'obliquité (numérique) est devenue la passionnante règle du jeu !

---

115. À chaque bibliothèque numérique que nous concevons, j'ai l'impression de sortir au grand dehors des livres injustement consignés dans les sombres cales des navires des maisons d'édition.
116. Sir Arthur Conan Doyle, *Sherlock Holmes. La vallée de la peur*, 1915.

LA MOYENNE EST VRAIMENT MOYENNE

« Nous disposons de deux morceaux de pain. Tu en as mangé deux. Je n'en ai pas mangé. Consommation moyenne par tête : un morceau de pain. »

Nicanor PARRA.

« La classe dite moyenne tient dans l'État la place que tient le ventre dans le corps humain : le milieu. Il y a des hommes qui sont le cerveau du progrès. Il y en a d'autres qui en sont les pieds. »

Victor HUGO.

« J'ai tenté ma chance à tous les comptoirs, j'ai cogné ma tête contre tous les vents, j'ai couru les fleuves les forêts les mers. »

Rodney SAINT ÉLOI.

La moyenne est addictive. Quelles que soient les quantités auxquelles nous nous intéressons (poids, taille, vitesse, etc.), nous les approchons d'abord par leurs valeurs moyennes. Mais, comme nous le rappelle malicieusement l'antipoète (et mathématicien) chilien Nicanor Parra, la moyenne est plus que moyenne. Les Anglo-Saxons ont un jeu de mots efficace pour nous apprendre à nous en méfier : « *the expected value* [117] *is not to be expected* ». La moyenne est la quantité que nous attendons, mais ce n'est jamais elle qui se manifeste ! L'antipoète a mille fois raison. Il faut se méfier de cette moyenne qui est réductrice et trompeuse. Elle gomme

---

117. En français, *expected value* se traduit par « espérance mathématique ». On retrouve donc l'idée de valeur espérée, attendue.

les différences. Réduire une série de nombres à un seul a un coût inévitable. Ce que nous gagnons en commodité, un nombre à manier au lieu de cent ou de mille, nous le perdons en information. Le chiffre 2 est-il la moyenne de 2 et 2, de 1 et 3 ou encore de 0 et 4 ? La taille moyenne des élèves d'une école est fort peu utile au tailleur qui doit assembler l'uniforme de chacun des écoliers. S'il se contentait de la taille moyenne des élèves pour établir son patron, certains des élèves iraient en classe avec un pantalon bien trop court alors que d'autres porteraient des vestes bien trop amples ! Le coût est patent. Il se traduit par des écoliers bien mal vêtus.

Les choses s'aggravent lorsque l'on s'intéresse non plus à des données biométriques mais à des données sociales ou naturelles. Imaginons par exemple un amphithéâtre de cent personnes auxquelles nous demandons de calculer la valeur moyenne de leur patrimoine. Le résultat annoncé est 180 000 euros. Un retardataire se présente. Il s'assoit dans la salle, et il faut donc refaire le calcul. Son nom ? Bill Gates. La valeur moyenne du patrimoine individuel bondit à 300 millions d'euros. Ce nombre ne fait aucun sens. Un seul individu sur 101 bouleverse la donne. Cent individus sont désormais bien en dessous d'un patrimoine moyen de 300 millions d'euros, et un individu, Bill Gates, est bien au-dessus. La moyenne est à nouveau plus que moyenne. L'ingénieur qui bâtit des ponts enjambant des rivières est confronté à des problèmes similaires. Qui dit rivières, dit crues. Si l'ingénieur se fiait dans ses calculs à la valeur moyenne des crues observées par le passé pour établir le tablier de son pont, sa réputation professionnelle serait indubitablement emportée avec son ouvrage à la première grande crue d'une hauteur encore inégalée. Les crues comme les inégalités patrimoniales sont des phénomènes trop complexes pour se laisser dompter par une quelconque moyenne issue d'observations passées et donc nécessairement partielles. Le passé ne peut écrire un contrat de garantie du futur. Les moyennes mentent surtout lorsqu'elles se font diseuses de bonne aventure. L'aventure est rarement celle que la moyenne annonce, et cette erreur est d'autant plus dommageable que des trajectoires humaines sont en jeu.

La moyenne nous dupe car nous l'associons à une stabilité qui rassure sur l'avenir, stabilité pourtant fort traîtresse. Cette quête de stabilité est l'un des facteurs qui justifie l'émergence au xxᵉ siècle d'une société salariale dont une grande part du contingent a fourni l'assise de la classe moyenne. Cette classe moyenne, par ailleurs si difficile à définir, est devenue synonyme de prospérité et de sécurité comme l'explique la présidente du Center for Global Development, Nancy Birdsall, dans un article paru dans la prestigieuse revue *Foreign Affairs* :

> « Après tout, l'histoire montre qu'une classe moyenne large et stable est une fondation solide sur laquelle bâtir un état démocratique efficace. Les classes moyennes permettent non seulement de financer au travers de l'impôt des services vitaux tels les réseaux routiers ou l'éducation mais elles exigent aussi des réglementations, l'exécution des contrats, la mise en place de la loi, c'est-à-dire le développement de biens publics qui assurent à tous un accès équitable à la prospérité économique et sociale. »

L'appartenance à la classe moyenne est un gage de tranquillité et d'aisance. Pour beaucoup de ses membres titulaires d'un emploi salarié, il est rassérénant de pouvoir compter sur un salaire régulier qui s'inscrit dans le sillage de la moyenne des salaires précédents. Le salaire gomme les hauts et les bas. Ce gommage installe une stabilité, une routine dont on ne perçoit hélas pas les dangers. Parmi ces dangers, le changement technologique, la vague numérique ne sont pas les moindres. Qu'advient-il en effet de cette classe moyenne, essentiellement salariale, lorsque la société se numérise à grande vitesse et à grande échelle ? Les digues qui la protégeaient cèdent les unes après les autres. Une bipolarisation s'enclenche dans laquelle la droite et la gauche du spectre social s'en sortent mieux que le centre. Par droite et pour faire simple, il faut entendre les emplois bien rémunérés, souvent qualifiés de cognitifs, qui tirent parti de leur complémentarité avec l'automation. Grâce à celle-ci, ils deviennent encore plus productifs en déléguant les tâches ancillaires et consommatrices de temps aux logiciels et autres automates. Les développeurs Web, pour ne citer qu'eux parmi les emplois cognitifs, disposent aujourd'hui d'outils plus performants, plus rapides qui leur permettent d'échanger avec d'autres développeurs dispersés à travers le monde et de déployer des applications et des programmes inimaginables il y a encore quelques années. Ils sont en très forte demande. Par gauche, il faut comprendre les emplois qui précisément ne sont pas (encore) menacés par les machines et l'automation, ceux qui, dans la majeure partie des cas, ne sont pas des emplois salariés. C'est le cas par exemple des plombiers, des coiffeurs, des charpentiers, dont les métiers sont faits d'inattendus, inattendus des revenus, par définition irréguliers, qui leur évitent de s'installer dans une routine anesthésiante, inattendus des situations qui les protègent de l'automatisation. Il se passera en effet du temps avant qu'un robot n'ait la dextérité du plombier coincé entre le plancher de la cuisine et la partie inférieure de la cuve de l'évier ou celle du charpentier face à une charpente ver-moulue ![118] Ces emplois sont aussi en forte demande. Pour reprendre l'image quelque peu féroce de Marc Andreessen, les emplois du milieu sont de plus en plus dévorés par les logiciels. Il ne s'agit pas seulement d'emplois tertiaires subal-ternes ou d'emplois exclusivement salariés. Les radiologues, profession pourtant non salariée, exigeant de nombreuses années d'études, ont désormais maille à partir avec les progrès de l'imagerie médicale et de l'analyse numérique des radiographies. Les journalistes ne sont pas à l'abri non plus : des programmes de rédaction automatisée alimentent de nombreux quotidiens et agences de presse. Dans un livre remarquablement documenté, Richard Susskind et Daniel Susskind montrent au travers de moult exemples que les remparts apparemment indestructibles qui protégeaient

---

118. Comme le dirait Matthew Crawford, ces métiers varient trop pour être effectués par des mains inexpérimentées.

ce qu'ils appellent « *the professions* » (médecins, notaires,
avocats, professeurs, comptables, architectes…) tombent les
uns derrière les autres. Le « *grand bargain* », cet accord social
qui donne aux professions d'expertise leur statut spécial et
leur monopole d'activités dans de nombreux secteurs, est
battu en brèche.

Bref, il ne fait pas bon habiter la moyenne, qu'elle soit
salariée ou pas. Elle n'est pas ce havre paisible et prospère
si fréquemment vanté. Ce havre n'est qu'un leurre : son
confort n'est pas propice à la vigilance que requièrent les
bruits d'un monde hyperconnecté. À trop s'installer dans la
moyenne, on finit par oublier que l'économie d'aujourd'hui
n'est plus celle des Trente Glorieuses, que la mondialisation
économique et financière est source d'une volatilité conta-
gieuse à laquelle il est difficile d'échapper. Une économie
qui tend à s'uniformiser par la (classe) moyenne, comme
l'observait le philosophe et historien des sciences, Alexandre
Koyré, perd en diversité (sociale et économique), et donc
en capacité à s'adapter au désordre d'où qu'il vienne. Elle
a plus à perdre qu'à gagner de ce désordre. Les sociologues
américains Mark R. Rank et Thomas A. Hirschl vont même
jusqu'à proposer un calculateur de ce risque économique [119]
tant ils sont convaincus que « *for many Americans, the future
risk of poverty is far from trivial* ». Il y a donc fort à parier que la
lamination de la (classe) moyenne, observée en Europe et aux
États-Unis, se poursuive. Elle risque même de s'intensifier
dans un monde digital fortement façonné par des rendements
d'échelle croissants et par des gagnants « rafleurs de mises. »
La droite, qui a plus à gagner qu'à perdre du désordre, capture la plupart des gains tandis que la gauche doit de plus
en plus partager avec une moyenne qui l'est de moins en
moins. Pour paraphraser Nassim Taleb, nous entrons dans
une économie de type barbell, c'est-à-dire une « haltère-
économie » active à ses deux extrémités et désertée en son
milieu. Les machines, les logiciels, les robots dévorent les
emplois qui permettaient d'accéder à cette classe moyenne,

---

119. www.riskcalculator.org

emplois certes variés sur le papier, mais qui finalement avaient plus de points communs que de différences. Et, ce sont précisément ces points communs (dont la routine n'est pas le moindre), facteurs de vulnérabilité, dont les machines se repaissent avec un appétit non démenti. Il y a plus de différences entre un plombier et un coiffeur qu'il n'y en a entre un comptable et un notaire. Le comptable et le notaire sont à la merci de logiciels capables de produire automatiquement des bilans ou des actes notariés car ils partagent cet aspect routinier dans l'exercice de leur métier. La routine rend sourd aux bruits du monde. Elle masque la volatilité. Or, il n'est pire eau que celle qui dort. En ne tenant pas compte de son exposition aux risques qui la traversent de part en part, la classe moyenne routinière a surestimé son statut et sa durabilité. Comme l'observent Joël Mokyr, Chris Vickers and Nicholas L. Ziebarth :

> « les tâches routinières qui varient peu ont une probabilité forte d'être mécanisées, alors que les emplois qui, outre une fine coordination motrice et sensorielle, requièrent un ajustement continu aux flux d'information et au changement de paramètres physiques sont plus difficiles à automatiser ».

Leur observation est instructive. Les emplois qui contiennent une bonne dose d'imprévu, imprévu auquel il faut continûment s'adapter sont aussi ceux qui résistent le mieux aux machines et autres algorithmes. Nous retrouvons le comptable et le notaire dont une grande partie de l'activité est attendue et donc soluble dans un logiciel. Nous retrouvons aussi le plombier et le coiffeur pour lesquels il y a peu de chance qu'un robot puisse installer une baignoire sur mesure ou répondre à une cliente énervée par la couleur ratée de sa coiffure ! En écrivant ces lignes, je me remémore les propos de Jean Giono dans sa magnifique *Lettre aux paysans sur la pauvreté et la paix* :

> « Quand le monde entier serait soumis aux entreprises communes, il faudrait encore un homme seul pour garder

les troupeaux. On ne découvrira jamais la machine à garder les moutons. Il faudrait encore et malgré tout un artisan individuel, pour faire le soulier de cuir du pied bot du malheureux dont le pied ne ressemble pas au gabarit Bata [120]. »

Ce n'est sans doute pas un hasard si cette bipolarisation survient alors que l'échange faustien « gratuité contre données » bat son plein. Les algorithmes et les robots requièrent des milliards de données pour s'améliorer, pour devenir plus performants. La solution la plus simple et la plus rentable pour les maîtres de forge numériques a consisté et consiste encore à offrir moult services gratuits en échange du précieux carburant des données. Dopés par ces dernières, les logiciels dévorent les emplois de cette classe routinière qui les a allègrement nourris et continue de le faire. C'est pourquoi Joël Mokyr, Chris Vickers et Nicholas L. Ziebarth nous expliquent qu'en contrepartie :

> « dans un monde de marchandises bon marché, quand bien même l'inégalité en ternes de patrimoine ou de revenu croîtrait, l'inégalité d'accès aux ressources de base diminuerait fortement [121] ».

En d'autres termes, bien que nombreux soient ceux qui s'appauvrissent en valeur absolue, ils ne devraient pas s'en plaindre puisqu'ils bénéficient en contrepartie de prix faibles (*low cost*), voire de la gratuité. Toutefois, rien ne dit qu'en termes relatifs, ce jeu en vaille vraiment la chandelle. Et puis, faut-il encore le souligner, tout ne se mesure pas à l'aune exclusive des prix. Cet échange surprenant que j'ai maintes fois dénoncé ressort bien plus d'une légitimation *ex post* que d'un choix collectif *ex ante* dûment assumé. Si l'échange avait été clairement proposé en ces termes,

---

120. Giono pensait vraisemblablement à son père cordonnier. Il n'imaginait sans doute pas qu'un jour la numérisation du pied bot pourrait nourrir une imprimante 3D.
121. On retrouve des arguments similaires chez David Ricardo et Jules Michelet.

il est plus que probable que nous ne l'eussions pas accepté. L'usage massif des données a une autre conséquence que certains (optimistes?) appellent l'économie du partage et que d'autres (pessimistes?) appellent l'économie (précaire) à la demande. Le néologisme souvent utilisé pour décrire cette économie numérique à la demande est uberisation. Cette uberisation vise à défaire des pans entiers de l'économie, à assiéger les anciennes forteresses pour passer à une économie légère de plateforme animée par une force de travail totalement flexible. En conséquence, ce n'est pas seulement la moyenne qui est broyée, c'est la nature même du travail qui change. De nouvelles entreprises naissent de ces plateformes d'appariement entre donneurs d'ordre et receveurs d'ordre : Uber, BlaBlaCar, Airbnb sont les plus connues. Il en existe bien d'autres moins célèbres : Lawnlove (jardinage à la demande), KitChit (cuisine à la demande), GoldenShine (nettoyage à la demande), etc.

Cette activité bouillonnante, si éloignée de la moyenne, est passionnante à observer. Pour certains elle est calamiteuse car elle tend à généraliser le travail précaire. L'organisation actuelle de notre société ne se prête en effet pas (encore) à une telle configuration de l'emploi. En premier lieu, on imagine aisément toute la difficulté de devoir faire face à des dépenses fixes et récurrentes (loyer, assurance, nourriture, éducation, formation, santé, retraite, etc.) alors que les revenus sont incertains tant dans leur survenance que dans leur montant, montant d'autant plus faible que la concurrence est rude. C'est ce qui explique la colère des livreurs de Deliveroo lorsqu'on leur annonce qu'ils ne seront plus rémunérés à l'heure mais à la course [122]. On comprend l'intérêt immédiat de la manœuvre pour les actionnaires et les dirigeants qui engrangent les profits en se déchargeant du maximum de risques sur leurs coursiers. Mais ce n'est pas en essoufflant les coursiers de ce profit confiscatoire que l'on construit

---

122. https://www.theguardian.com/money/2016/aug/12/ deliveroo-pay-scheme-a-return-to-victorian-britain-says- labour

une entreprise humaine pérenne. En deuxième lieu, cette pression de l'incertitude généralisée ne fait qu'aggraver un stress au travail déjà trop présent. Ce stress accru peut même contrebalancer l'avantage indéniable (et évidemment vanté par les plateformes) de pouvoir travailler chez soi, à sa convenance, avec un meilleur équilibre entre travail et vie familiale. Enfin et en troisième lieu, on ne peut passer sous silence la position de force, éventuellement abusive, dans laquelle se trouvent les maîtres des plateformes face à une armée de fantassins facilement interchangeables, et donc, en l'absence d'une forte représentation syndicale, corvéables à merci.

Je partage bien évidemment ces inquiétudes. Il est impératif que ces questions soient examinées avec le plus grand soin et avec la plus grande diversité de regards possible, dont, à mon avis, celui de l'historien des révolutions industrielles est indispensable. Les révolutions ne sont pas toujours aussi révolutionnaires que l'on veut bien le prétendre. Elles prennent la plupart du temps appui sur des phénomènes dont le lent labeur les rend historiquement (presque) inaudibles. Dans le cas de la révolution industrielle du XVIIIᵉ siècle, ce lent labeur est effectué par ce que les historiens anglo-saxons appelle la *cottage industry*, que l'on baptise aussi pré-industrie ou encore proto-industrie [123]. C'est en effet une histoire foisonnante que celle de la proto-industrie [124]. C'est une histoire passionnante parce que la proto-industrie nous plonge au cœur même des révolutions industrielles, celles du XVIIIᵉ et du XIXᵉ siècle dont nous avons encore beaucoup à apprendre. D'une certaine façon, comme le disait Mark Twain : « *History doesn't repeat itself, but it does rhyme.* » La révolution que nous vivons, la quatrième selon le forum de Davos, rime avec celles du XVIIIᵉ et du XIXᵉ siècle. Avant d'être industrielles, ces dernières furent industrieuses pour reprendre l'adjectif de l'historien Jan de Vries. L'historien

---

123. *Cottage industry* que l'on retrouve également très présente lors de la seconde révolution industrielle au XIXᵉ siècle.
124. On doit le terme à l'historien américain Frederik Mendels.

français, François Crouzet, va jusqu'à parler d'une industrie sans industriels, d'une industrie qui se fondait sur des
ateliers ruraux. L'industrie textile est emblématique de
cette proto-industrie, de cette industrie domestique dont
les murs n'étaient pas ceux de la manufacture mais ceux
bien plus modestes de fermes et masures dispersées dans
la campagne. Le notable breton, Julien-Joseph Pinczon du
Sel, observe dans un de ses écrits que la Bretagne était « une
continuelle manufacture de toiles [125] ». Dans son *Mémoire*
rédigé en 1733, l'Intendant des Gallois de la Tour détaille
la géographie de cette production des toiles issues du lin
et du chanvre : les noyales (grandes toiles à voiles) sont
tissées autour de Rennes, les petites toiles à voiles autour
de Vitré et Locronan, les bélinges autour de Clisson, les
toiles cannevaux autour de Fougère, etc. L'artisanat textile
se développe presque partout en Bretagne. Il est pratiqué
par des paysans qui tissent à domicile, essentiellement
pendant l'hiver. C'est une activité souvent annexe car,
comme le rappelle l'historien français Serge Woronoff [126],
« la proto-industrie est fille de la misère ». Le tissage complète les maigres revenus des paysans, et fait écho à l'adage
« Qui n'a pas de lin, n'a pas de pain ». La similitude avec le
phénomène des revenus complémentaires recherchés par
les usagers de Airbnb, BlaBlaCar ou Uber est frappante.
Et c'est une analogie qui ne manquera pas d'intriguer les
critiques d'un monde du travail qu'ils estiment de plus en
plus précarisé. L'analogie est forte si l'on porte une oreille
attentive à l'historien français Patrick Verley :

> « la proto-industrie avait pour cellule de base la famille et elle
> a consisté en une utilisation productive des temps morts de la
> production agricole ».

---

125. Considérations sur le commerce de Bretagne, de Pinczon du Sel
     des Monts, 1756.
126. Eugen Weber, professeur d'histoire à UCLA, écrit : « ces petites
     entreprises locales, qui servaient à augmenter les revenus des
     familles incapables de vivre seulement de l'agriculture, avaient
     été appelées les filles de la misère ».

On peut en effet ajouter au constat de l'historien l'usage des espaces morts puisque les tâches étaient effectuées au sein du foyer domestique dont la vocation première n'était pas d'accueillir un métier à tisser ou une forge. Je ne peux donc que sourire face à tous ces prophètes qui proclament haut et fort qu'Airbnb et les autres sont disruptifs au motif qu'ils auraient inventé des monétisations inédites des espaces et des temps morts. Il y a au moins deux siècles, des armées industrieuses de paysans et d'artisans ont ouvert la voie à une « monétisation » à grande échelle de leur temps libre et des espaces de leurs foyers améliorant ainsi leurs conditions de vie. En Bretagne, des milliers d'ateliers domestiques travaillent pour des donneurs d'ordre qui leur fournissent à la fois matière première [127] et débouchés. C'est une plateforme avant l'heure ! Ces débouchés sont au long cours. Les toiles sont exportées vers l'Angleterre, la Flandre, l'Espagne, les colonies d'Amérique, les Indes. La Bretagne n'est pas la seule région dans laquelle les ateliers ruraux bourdonnent d'activité, et sont capables d'exporter leurs produits à travers le monde. Dans les montagnes du Jura se développe, à partir de 1780, une industrie rurale qui produisit successivement des clous, des horloges et des lunettes. L'historien français, Jean-Marc Olivier [128], est l'auteur de travaux remarquablement documentés sur cette région, en particulier la vallée du Morez, dont il observe que l'industrialisation résulta non pas tant de la misère que du souhait affirmé de pérenniser une société rurale montagnarde. La métallurgie qui s'y développa est la résultante d'une industrialisation qu'il baptise de l'adjectif douce. L'adjectif a son importance. Jean-Marc Olivier insiste sur un fait capital :

---

127. Dans le cas du lin, il n'est pas rare que le paysan cultive lui-même le lin qui trouve en Bretagne un climat propice.
128. http://www.theses.fr/1998LY020074 – Le titre de sa thèse est éloquent : *Société rurale et industrialisation douce : Morez (Jura) (1780-1914)*.

« … il faut souligner que ces industries rurales ont engendré le même niveau de richesse par tête que les manufactures anglaises et allemandes. En revanche, cette forme d'industrialisation douce y est parvenue par des voies différentes et bien moins traumatisantes. L'industrialisation douce a protégé et préservé les fermes des paysans… »

Il ajoute que, dans le pays de Morez, ce mode d'industrialisation ne rompit pas les équilibres anciens. Il compléta l'économie domestique pastorale sans renoncement à la montagne. Les structures familiales ne furent pas fracassées, et le rapport au patrimoine ne fut pas bouleversé. C'est une industrialisation similaire que l'on retrouve dans la coutellerie à Thiers, dans la parfumerie à Grasse ou encore dans la chapellerie à Septfonds. Cette cottage industrie n'est pas vécue comme précaire. Elle est au contraire revendiquée et pleinement assumée. À ce titre, l'expérience morézienne est passionnante à méditer. Elle illustre ces savoirs authentiques d'artisans passionnés, savoirs industrieux qui ont précédé et surtout nourri le grand savoir industriel.

Il arriva toutefois un moment où la grande usine, la solution manufacturière comme la baptise Fernand Braudel, prit le pas sur les ateliers ruraux avec les conséquences économiques, politiques, sociales et urbaines que l'on sait. Comme l'écrit l'historien américain, David S. Landes :

« Il a fallu la machine et l'énergie pour rendre l'usine performante. L'énergie a permis de déployer des machines de plus en plus puissantes, et d'afficher des coûts de revient bien plus faibles que ceux des cottages… Ainsi naquit ce que Karl Marx a appelé « l'industrie moderne », fruit du mariage entre les machines et l'énergie, mais aussi du mariage entre la puissance (force et énergie) et le pouvoir (politique). »

Joel Mokyr ajoute :

« La plupart des entreprises ne passèrent pas brutalement d'un système domestique à un système manufacturier. Elles poursuivirent la sous-traitance de certaines activités aux travailleurs

domestiques jusqu'au moment où la mécanisation et la complexité technologique furent suffisamment avancées pour
réunir tous les travailleurs sous un même toit. »

Ce capital nécessaire à l'établissement des usines et
l'installation des machines ne pouvait, de toute évidence,
pas être mobilisé par des paysans qui n'en avaient pas les
moyens. Son coût exigeait en outre une supervision de la
productivité des travailleurs qui ne pouvait être effective
qu'à partir du moment où tous œuvraient sous le même toit.
Il fallait s'assurer que le capital était correctement utilisé
pour en assurer la rentabilité la plus élevée possible. David
S. Landes rappelle :

> « Il n'est guère étonnant que les industriels frustrés aient pensé
> à réunir les fileurs et les tisserands dans de larges ateliers où
> il était facile de les contrôler et de s'assurer qu'ils arrivaient à
> l'heure et effectuaient bien leur journée de labeur. »

Compte tenu de la croissance de la production, il aurait
fallu que les cottages couvrissent des territoires de plus
en plus vastes. Les coûts de transaction se seraient accrus,
alourdissant par là même les coûts marginaux de production.

Aujourd'hui, et c'est en cela que cette quatrième révolution industrielle a une dimension étonnamment industrieuse,
le capital digital est peu coûteux, facilement accessible.
Le coût marginal de production est nul ou quasi nul. La
diversité d'activités que permet le passage d'une économie
majoritairement physique à une économie numérisée est
impressionnante. Cette combinaison inédite ouvre des
perspectives surprenantes au point que je suis convaincu
que le mouvement qui a historiquement conduit des cottages vers la grande usine et la grande entreprise, des campagnes vers les grandes villes va s'inverser. Des *cottage
industries*, issues du numérique et du retraitement judicieux
d'informations jusqu'alors indisponibles, sont désormais
possibles qui permettent à chacun de faire valoir un talent,
des inventions, une passion authentique, un savoir-faire,

de les exprimer dans la région de son choix, de les faire
fructifier en les partageant, de fédérer autour d'eux une
demande enthousiaste, et d'éventuellement les exporter
dans le monde entier. On m'objectera que tout le monde
ne souhaite pas devenir entrepreneur, que tout le monde
ne dispose pas de ce que Pierre Bourdieu appelle le capital
culturel et le capital social pour le devenir. J'en conviens
bien volontiers. Mais, nous avons tous à gagner d'un tissu
économique constellé d'activités diversifiées. La force de ces
cottages dispersés résidera dans leur capacité à se fédérer,
à apprendre les uns des autres, à mutualiser leurs moyens
afin de mettre en mouvement la fameuse loi de Metcalfe
selon laquelle la valeur d'un réseau est proportionnelle
au carré du nombre de ses membres. Où que mon regard
se porte de la Ruche qui dit oui (https://laruchequiditoui.
fr) à HourlyNerd (https://hourlynerd.com) en passant
par LuxeValet (www.luxevalet.com), la Khan Academy
(www.khanacademy.org), SERMO (www.sermo.com/fr),
PatientsLikeMe (www.patientslikeme.com), je vois une
information en mouvement, une information qui, en s'émancipant de l'uniformité de la moyenne, cherche à redessiner
notre rapport à la consommation, à l'éducation, à la santé,
à la production. Je vois des cartes à la recherche de leurs
territoires, des torrents à la recherche de leurs estuaires.

Seth Lloyd affirme que « l'information est la devise
(*currency*) de la nature [129] ». Je suis fasciné par cet incroyable
génie, jusqu'ici reclus dans sa lampe à huile, qu'est l'information. C'est une myriade de vœux que l'information,
une fois libérée de l'obscurité de la lampe, permet d'exau-
cer. Jean-Louis Dessales, Cédric Gaucherel et Pierre-Henri
Gouyon écrivent que « derrière les apparences, le monde
est un système fait de codes et messages : des messages
qui traversent le temps, comme si le monde parlait à son
propre futur ». C'est une expérience lumineuse que je vis
chaque jour au sein de Cyberlibris et de ces bibliothèques

---

129. https://blogs.scientificamerican.com/cocktail-party-physics/
physics-week-in-review-january-11-2014/

porteuses de messages. Je ne me lasse pas de humer cette information, de tenter de la décoder, de me demander quelle nouvelle forme, quel chemin encore incertain elle pourrait prendre, selon quel nouveau gradient elle pourrait s'envoler. L'information est une devise forte. Nous ne devons pas la brader, et c'est pourquoi nous devons en refuser l'échange systématique contre une gratuité illusoire. Nous devons conserver notre pouvoir de battre monnaie, notre monnaie, cette monnaie informationnelle qui, en irriguant les veines de l'Internet, engendre un maillage des énergies, des savoirs, des possibles. Les géants du Net, qui connaissent, pour des raisons évidentes, la puissance des effets de réseau n'ont qu'un objectif, celui de nous maintenir confinés dans leurs estuaires privatisés. Leur cynisme en la matière est tel qu'en clôturant leurs chasses gardées respectives, ils renoncent à une arithmétique pourtant évidente [130] : le carré de a plus le carré de b est inférieur au carré de $(a + b)$ [131]. Il ne tient qu'à nous de changer d'attitude pour échapper à la tyrannie des clôtures, à cette « surpopulation des murs » que le poète haïtien James Noël nous invite à escalader dans son remuant recueil intitulé *La migration des murs*. Car, comme en témoignent par exemple ces initiatives, ces ateliers numériques : Mon voisin cuisine (https://monvoisincuisine. com), Yoopies (https://yoopies.be), Communecter (https:// www.communecter.org) et bien d'autres encore, la loi de Metcalfe est un bien public disponible à toute personne qui sait identifier et comprendre un besoin humain ou matériel, jusqu'ici incomplètement insatisfait parce qu'il était (devenu [132]) difficile d'en déchiffrer et d'en faire circuler les informations.

---

130. À la fin de son livre, Jaron Lanier imagine une réunion des maîtres de forges numériques à l'issue de laquelle ceux-ci décideraient de rendre leurs forges poreuses car « *the square of the number of Apple users plus the square of the number of Amazon users is far less than the square of the combined user base* ».

131. a et b sont positifs.

132. J'ajoute « devenu » car une société dans laquelle le bien tend à primer sur le lien a du mal à retisser le lien (distendu).

Tout est vraiment information, et cette information rend possible la confiance, cette confiance indispensable lorsque l'on traite avec des inconnus, qui fait toute la différence. Les marques étaient jusqu'à présent l'un des véhicules de cette confiance. Nous acceptons de traiter avec des entreprises inconnues parce que ces entreprises ont un enjeu permanent, celui de leurs marques, qui sont censées nous donner confiance en leurs produits et services. La granularité de l'information [133] permise par le numérique fournit désormais, à tout un chacun, cette même matière première qui façonne réputation, confiance et prospérité. J'ai confiance en cet apiculteur car les témoignages numériques abondent qui me confirment la qualité de son miel. Je dispose en outre d'une information de proximité quant aux conditions dans lesquelles ce miel est produit. Mon savoir progresse par la même occasion. C'est bien d'une information de vraie proximité dont il s'agit. Si les produits et les services sont relocalisés (le phénomène des locavores), l'information l'est aussi. Il est d'ailleurs ironique de constater que l'information dont nous avons fait usage jusqu'ici *via* les géants du Net était bien souvent une information lointaine. Aujourd'hui, l'information devient de plus en plus locale, et elle se révèle d'une richesse étonnante. Une des raisons souvent invoquées (à juste titre) par les économistes pour expliquer les ratés d'une économie est l'information inégalement répartie avec la conséquence que la mauvaise monnaie finit toujours par chasser la bonne. De ce point de vue, il est clair que l'usine (dans laquelle il est « physiquement » possible de contrôler l'information sur le travail effectué) a chassé le cottage (bien plus difficile à surveiller). L'inverse est désormais non seulement possible mais aussi souhaitable. Ce retour envisageable aux cottages ne signifie pas que nous allons tous travailler depuis la maison, que plus aucun d'entre nous ne sera salarié. Il nous ouvre simplement des choix que les artisans, les forgerons et les tisserands regroupés

---

133. Tout est finalement affaire de 0 et de 1, voire de 0 et 1 simultanés dans le rêve quantique.

dans les vastes usines du XIXe siècle n'ont jamais eus. Cet alignement propice de planètes n'est cependant pas suffisant. L'éclosion de cottages ne peut réussir que sous certaines conditions que Dani Rodrik, professeur d'économie à l'université Harvard énonce clairement [134] :

> « Une société dans laquelle la plupart des travailleurs sont des auto-entrepreneurs – commerçants, indépendants, ou artistes –, fixent eux-mêmes les termes de leur activité tout en gagnant bien leur vie n'est possible que lorsque la productivité de l'économie dans son ensemble est déjà élevée. »

Nos économies sont riches car elles ont un jour trouvé les clés de la productivité (au point d'en abuser). À l'instar de l'Amsterdam du XVIIe siècle, elles connaissent même un embarras des richesses quand bien même elles demeurent affamées de richesses encore plus abondantes. Ces richesses doivent favoriser la diversité et l'expérimentation. Je fais mienne cette admonestation de l'économiste français Daniel Cohen :

> « … agir de manière à protéger la société de ces vicissitudes ! Il faut pour ce faire construire un nouvel État-providence qui permette d'échapper à la terreur du chômage et aller vers un monde où perdre son emploi devient un non-événement ! ».

Pour parvenir à cet état de non-terreur, ce n'est pas à l'emploi qu'il faut attacher de nouveaux droits mais bien au salarié, comme le disait justement Robert Castel [135]. Car, à bien y réfléchir, il y a un précédent intéressant, celui qui a dissocié le statut d'entrepreneur de celui d'actionnaire. Le droit des sociétés a en effet fourni à l'entrepreneur

---

134. https://www.project-syndicate.org/commentary/workers-rights-developing-economies-by-dani-rodrik-2015-12
135. « Il faut attacher de nouveaux droits et de nouvelles protections à la personne du travailleur et non plus à l'emploi qu'il occupe. » Cela signifie que ces droits et protections doivent être « portables ».

une échappatoire à l'angoisse de faire faillite et de voir tous
ses biens saisis. Ce droit, c'est celui de la responsabilité
limitée. L'entrepreneur actionnaire ne peut pas perdre plus
que sa mise initiale. Ce rempart qui protège le patrimoine
personnel favorise ainsi une prise de risque qui serait autrement plus hasardeuse, trop lourde de risques dissuasifs. Il
doit en aller de même pour les travailleurs afin que, non
seulement ils échappent au trauma de cette faillite personnelle qu'est le chômage, de ce stress qu'en est la perspective
mais aussi afin qu'ils ne redoutent pas la prise de risque
associée à la participation à ce que j'appelle l'économie de
cottage. Car, si flexibilité du travail il doit y avoir, c'est bien
celle qui permet au travailleur de (re)trouver son rythme, sa
musique, de polir ses talents, de continuer à apprendre et à
se former, d'inventer un travail, son travail et pourquoi pas
son futur cottage, en effaçant cette peur viscérale d'avoir
à abandonner ce qui n'est bien souvent qu'un boulot. En
somme, il nous faut paver le chemin qui, d'une intermittence
trop souvent subie, mène à une intermittence librement
choisie. Nombreux sont ceux qui pensent que ce chemin
doit passer par l'allocation à tout un chacun d'un revenu
inconditionnel (appelé aussi revenu universel) tout au long
de la vie. J'éprouve quelques difficultés à me convaincre que
c'est la bonne solution. Je ne crains pas comme certains que
cette allocation soit une incitation à la fainéantise. Toute
mutualisation comporte en effet sa part d'imperfection,
et il me semble que celle-ci est supportable. Mon doute
vient paradoxalement de ce que cette allocation recueille
une unanimité beaucoup trop large, des ultralibéraux aux
altermondialistes, pour être crédible. Certains voient dans
le revenu universel une solution à la pauvreté, d'autres y
voient au même moment l'instrument d'un épanouissement
au travail, d'autres encore un remède à la menace des robots.
Les objectifs, pour ne pas dire les agendas, poursuivis sont
trop divers pour que cette allocation devienne panacée. J'en
veux pour preuve le désaccord qui déjà fait surface quant au
montant de ce revenu inconditionnel. Les estimations vont
du simple au double (470 euros à 1 000 euros selon un article

du magazine *We Demain*), quand ce n'est pas le triple. Ces divergences traduisent, si besoin était, que l'on ne peut pas traiter de la même manière la pauvreté qui est plus que le non-travail et l'épanouissement au travail que procure précisément la faculté de pouvoir choisir (temporairement) le non-travail. Qui trop embrasse mal étreint! Et ce n'est pas la simplicité administrative qu'apporterait l'allocation d'un revenu de base à chacun qui changera quoi que ce soit à la qualité de cette étreinte. L'allocation bute en outre sur l'épineuse question de son financement. J'ai la faiblesse de penser (sans doute un héritage de mon passé de financier) qu'une solution trouve ses sources de financement lorsqu'elle est solution à un problème correctement formulé. Ce n'est visiblement pas le cas de l'allocation telle qu'elle est présentée aujourd'hui qui, à force de multiplier les objectifs, n'en atteint aucun. Parmi tous les offices poursuivis, un souhait revient plus fréquemment : celui de lutter contre la précarité instaurée par la dissolution du salariat (la *gig economy* des Américains) et d'éviter la fragilisation de la protection sociale fournie par le contrat de travail. L'histoire est une nouvelle fois instructive. Le contrat de travail et le salariat, tels que nous les connaissons en droit français [136], sont d'histoire récente [137]. Le philosophe François Ewald en a éclairci l'étonnante genèse dans ses travaux sur l'État providence :

> « C'est dans les règles de la responsabilité du droit commun appliqué aux accidents, que patrons et ouvriers vont trouver leur identité juridique. Le patron ne sera plus seulement celui qui rémunère, selon les lois du marché, la force de travail qu'un autre lui a temporairement louée. Il va devenir celui dont

---

136. La loi instituant le Code du travail date du 28 décembre 1910. François Vatin mentionne l'emploi de l'expression de contrat de travail par Jean-Gustave Courcelle-Seneuil en 1858 dans son *Traité théorique et pratique d'économie politique*.

137. Lars Svendsen, dans son ouvrage intitulé *Le Travail*, observe que : « le fait que le travail soit un phénomène beaucoup plus ancien que l'argent explique aussi pourquoi la relation entre travail et salaire est contingente ».

il dépend que la sécurité de l'ouvrier soit assurée ; l'ouvrier, celui qui peut exiger de celui qui l'emploie sa sécurité, celui dont la sécurité dépendra d'un autre et non plus seulement de lui-même. S'il fallait désigner le moment où le statut moderne du "salarié" a trouvé sa condition de possibilité, il faudrait le chercher dans cet arrêt de 1841 de la Cour de cassation [138]. »

Ainsi, c'est l'accident du travail (et la jurisprudence qui lui est attachée) qui donne naissance au contrat de travail, ce principe de subordination juridique et technique de l'employé à son employeur. Au XIXᵉ siècle, la grande manufacture et les machines créent en effet de nouvelles conditions de risques, de dangers au travail bien plus nocives que celles des industrieux cottages. En instaurant une collectivisation de ces risques, le salariat et la protection sociale permettront de les rendre plus supportables. Le contrat de travail salarié fournit une remarquable réponse à une situation de risque inique. Il oblige l'employeur à reconnaître et à prendre sa part de risque dans une relation dont il n'a que trop longtemps abusé. Cette relation est historiquement remarquable car elle se déroule dans cette unité de temps (le temps de travail dû à l'employeur), de lieu (la manufacture de l'employeur) et d'action (production de masse effectuée par les machines et les travailleurs) caractéristique de la civilisation industrielle.

Ce triptyque temps-lieu-action est aujourd'hui profondément modifié par la numérisation de l'économie. Je soulignais plus haut mon intime conviction que le mouvement qui a historiquement conduit des cottages vers la grande manufacture va s'inverser. Cette inversion n'est pas anodine car elle modifie à nouveau la donne du risque. Une économie numérique dans laquelle industries et services s'enchevêtrent n'expose pas ses acteurs aux mêmes risques et aux mêmes opportunités qu'une économie faite principalement de cheminées, de machines et d'usines.

---

138. « Formation de la notion d'accident du travail », *Sociologie du travail*, vol. 23, n° 1, Sociologie et justice (janvier-mars 1981), p. 3-13.

La fragmentation numérique de l'unité de temps-lieu-action a pour conséquence que le contrat de travail tel que nous le connaissons n'est plus en mesure de garantir cette sécurité qu'il fournissait en échange d'une subordination juridique et technique. La subordination elle-même disparaît d'autant plus vite qu'elle concerne des emplois à forte composante routinière qui les rend aisément codables. Dans son Rapport judicieusement intitulé *Au-delà de l'emploi*, Alain Supiot observe que « lorsque le contrat de travail n'est plus porteur de sécurité économique à long terme [139], il faut doter les travailleurs d'un statut professionnel qui leur assure une telle sécurité ». Pour ce faire, il propose un mécanisme astucieux et empathique qu'il qualifie de droits de tirages sociaux dont l'objectif est de permettre une véritable liberté de choix dans la formulation des parcours professionnels. Ces droits de tirage sociaux sont

> « provisionnés par des moyens divers (financement public, Sécurité sociale, employeur, de comptes d'épargne, etc.) qui permettent au salarié d'exercer sa liberté de se former, d'entreprendre, de se consacrer à sa vie de famille ou à une activité désintéressée, tout en étant assuré de retrouver ensuite sa place sur le marché du travail ».

Ils sont attachés non pas à l'emploi mais à la personne du travailleur. Ils la suivent sa vie durant. La proposition d'Alain Supiot ne manque pas d'ambition puisqu'elle élargit la notion de travail, au-delà de l'emploi, à toute activité que les individus jugent pertinente pour promouvoir l'intérêt collectif (bénévolat…) ou, plus prosaïquement, pour reprendre leur souffle. Car, plus le temps (numérique) s'accélère, plus il en faut en effet pour reprendre sa respiration. Si ces temps de respiration sont absents, alors les coureurs périssent et, avec eux, les courses étonnantes qu'ils auraient pu inventer et entamer. C'est une évidence, il ne fait pas bon vivre

---

139. Il ne peut plus la garantir puisque la subordination permanente laisse de plus en plus la place à l'intermittence choisie ou non.

dans une économie perpétuellement essoufflée, inutilement inquiète. C'est aussi une autre évidence qu'une économie qui toujours court du même souffle (moyen) finit par sempiternellement répéter la même course (moyenne) dont on finit, un jour ou l'autre, par se lasser (« on est dans la même journée qu'hier et que demain », écrit Georges Navel dans *Travaux*) au point de la laisser aux bons soins des machines et des algorithmes.

Et, du souffle, des souffles devrais-je écrire, il en faut souvent plus qu'on ne l'escompte. Pierre Kropotkine, dans son magnifique livre intitulé, *La Conquête du pain*, raconte le temps que mit James Watt, l'un des concepteurs de la machine à vapeur, à rendre son invention utilisable :

> « Que l'on songe seulement aux décades qui se seraient écoulées encore dans l'ignorance de cette loi qui nous a permis de révolutionner l'industrie moderne, si Watt n'avait pas trouvé à Soho des travailleurs habiles pour construire, en métal, ses devis théoriques, en perfectionner toutes les parties et rendre enfin la vapeur, emprisonnée dans un mécanisme complet, plus docile que le cheval, plus maniable que l'eau ; la faire en un mot l'âme de l'industrie moderne.
> Chaque machine a la même histoire : longue histoire de nuits blanches et de misère, de désillusions et de joies, d'améliorations partielles trouvées par plusieurs générations d'ouvriers inconnus qui venaient ajouter à l'invention primitive ces petits riens sans lesquels l'idée la plus féconde reste stérile. Plus que cela, chaque invention nouvelle est une synthèse – résultat de mille inventions précédentes dans le champ immense de la mécanique et de l'industrie. »

L'anecdote rapportée par Kropotkine illustre à merveille la métaphore des torrents et des estuaires que j'employais plus haut. James Watt n'avait pas ce luxe dont nous bénéficions aujourd'hui de torrents numériques d'informations qui ruissellent dans un ininterrompu dégel. Néanmoins, dans sa marche victorieuse vers l'estuaire industriel, il pouvait compter sur l'industrieux soutien d'un dense et solidaire tissu de cottages, d'artisans (ceux que Richard

Sennett appelle avec admiration les *craftsmen* [140], ceux que Sōetsu Yanagi appelle affectueusement les inconnus, ceux que l'on regroupe aujourd'hui sous le vocable quelque peu flou de *makers*), qui, outre leur contribution à son invention, utiliseront et amélioreront toutes ces machines qui, comble de l'ironie, contribueront à les remplacer. Une gravure de la Bibliothèque publique de New York intitulée, *Le Songe de Watt*, illustre à merveille ces solidarités inventives. Certains, dont mon ancien professeur le sociologue Alain Gras [141], voient dans cette gravure une allégorie des victoires de la technique dont les avatars sont contenus dans un nuage de vapeur qui nimbe la tête d'un Watt endormi. J'y vois quant à moi une métaphore de savoirs coalescents symbolisée par cette modeste théière fumante d'une vapeur disproportionnée par rapport à sa taille. Sans théière, point de vapeur ; sans théière, point de rêve. Sans les frères Michel et Pierre Medailhes qui ne savaient pourtant ni lire ni écrire et les paysannes pyrénéennes qu'ils embauchèrent, l'entrepreneur Pierre Paul Riquet n'aurait jamais achevé le spectaculaire Canal du Midi qui relie l'océan Atlantique à la mer Méditerranée. Il fallut la connaissance vernaculaire de l'hydraulique dispensée par ces « peasant mindful hands », comme les appelle la sociologue Chandra Mukerji, pour réussir là où le pourtant fort savant génie civil avait échoué. De cette porosité des savoirs, de leur coalescence, que Joel Mokyr baptise « *industrial enlightment* », la révolution industrielle prit son envol [142].

Pierre Veltz écrit qu'un « codeur qui développe une application pour une plateforme est très semblable à un artisan à l'ancienne ». Il ajoute qu'« il est plus ou moins habile, plus ou moins virtuose du tour de main ou, si l'on préfère,

---

140. Sennett voit d'ailleurs en Watt un *craftsman* dont il compare l'atelier à celui de Stradivarius.
141. Page 41 de son livre *Fragilité de la puissance. Se libérer de l'emprise technologique*, Fayard, 2003.
142. *The Gifts of Athena. Historical Origins of the Knowledge Economy*, Princeton University Press, 2002, p. 34-35.

du tour d'esprit ». Je travaille quotidiennement avec des codeurs. Je ne peux que souscrire à l'observation de Pierre Veltz. Dans le geste du codeur à l'ouvrage, je retrouve le geste du terrassier finement observé par Georges Navel, le travailleur au long cours :

> « Il faut travailler en souplesse, surveiller ses mouvements. On ne manie bien la pioche que si on lui a prêté de l'attention. Les terrassiers s'en servent avec économie d'effort. Leurs gestes sont intelligents, bien réglés. Manier la pelle sans excès de fatigue, faire chaque jour une tâche égale exige de l'habileté. Quand il doit rejeter de la terre d'une tranchée très profonde, il n'est pas de terrassier qui ne se réjouisse de son lancer de pelle. De la répétition du même effort naît un rythme, une cadence où le corps trouve sa plénitude. Il n'est pas plus facile de bien lancer sa pelle que de lancer un disque. Avant la fatigue, si la terre est bonne, glisse bien, chante sur la pelle, il y a au moins une heure dans la journée où le corps est heureux. »

Le clavier remplace la pelle, mais le geste est là, habile et maîtrisé. Une ligne de code en appelle une autre, tout comme un lancer de pelle en appelle un autre. J'aime ce couple improbable du terrassier et du codeur, qui, mains dans la matière, mains dans les données, façonnent le monde. Est-ce pure nostalgie, fantaisie candide de ma part quand machines et logiciels dévorent les emplois, quand les maîtres de forges numériques pèsent de plus en plus d'une main d'airain sur nos destinées ? Je ne le crois pas, et j'en appelle à nouveau à la sagesse intuitive de Pierre Kropotkine qui, dans *Champs, usines et ateliers*, écrit :

> « Aussi, dès que nous nous détournons de la scolastique de nos manuels pour examiner la vie humaine dans son ensemble, nous ne tardons pas à découvrir que, sans repousser les bienfaits d'une division du travail temporaire, il est grand temps de proclamer ceux de l'intégration du travail [143]. »

---

143. La conclusion du livre de Pierre Kropotkine, *Champs, usines et ateliers*, est un joyau d'intelligence et de sagesse, à lire et à relire.

Je suis convaincu que nous entrons dans un âge industrieux, un âge des gestes partagés, un âge fils d'une richesse
chèrement accumulée et encore trop inégalement répartie, un
âge dans lequel les savoirs peuvent et doivent se mélanger,
se créoliser. Je pense que Pierre Veltz ne dit pas autre chose
lorsqu'il parle d'un âge « hyperindustriel » pour signifier
cette confluence d'énergies multiples, cette hybridation entre
industries et services, entre artisans, artistes et industriels.
Nous entrons aussi dans l'âge de l'ambivalence où la joie
industrieuse est menacée par un capitalisme numérique
prédateur. Mais, menace n'est pas fatalité; latitude n'est
pas attitude. Lorsque je lis Pierre Kropotkine, je ne peux
m'empêcher de penser que ce bougre d'homme avait la
vue longue, le regard généreux. De Chandler, Arizona à
Tokyo en passant par Ivry-sur-Seine, il serait sans nul doute
enthousiasmé d'observer ces ruches industrieuses que
sont, par exemple, les TechShops (http://www.techshop.
ws/). Industriels, universitaires, ingénieurs, artisans, bri-
coleurs, étudiants partagent machines, logiciels, savoirs,
formations [144], trucs, astuces, expérimentations… Et, bien
que les TechShops soient remarquables par la présence de
très grandes entreprises et de leurs machines, telles Ford
ou Leroy-Merlin, leur exemple n'est qu'un parmi d'autres
en cours ou à venir.

L'âge que nous vivons est infiniment plus poreux que
celui de Watt. La numérisation permet à l'information de
s'immiscer partout. Une dynamique bouillonnante de flux
et reflux s'installe entre torrents et estuaires. Pour autant,
j'ai la profonde conviction que la révolution [145] numérique
n'a pas encore vraiment eu lieu. Nous n'en sommes qu'à
l'esquisse. Les maîtres de forges numériques tentent comme
à leur habitude de faire main basse sur les estuaires, de se
répandre telles les villes tentaculaires d'Émile Verhaeren,

---

144. Machines inaccessibles au bricoleur ou à l'inventeur isolé.
145. Révolution désigne en mécanique céleste la période durant
laquelle un astre revient à sa position initiale (par rapport à un
autre astre).

brisant toute solidarité au nom de la sacro-sainte mesure.
Mais il est une leçon à retenir de la révolution industrieuse
du XVIIIᵉ siècle : les estuaires ne se font pas sans le génie des
torrents. La révolution numérique, si tant est qu'on puisse
l'appeler ainsi, ne sera à son apex, les estuaires ne seront par
nous redessinés que lorsque la multitude de nos torrents
se dérochera [146], mue par l'impétuosité de cette information
numérique, « notre » information, notre capital. Ce jour-là,
ladite révolution sera (enfin) individuée, affranchie du joug
des maîtres de forges de tout poil, débarrassée du carcan
de toute moyenne routinière trop aisément codable, forte
des solidarités de l'ouvrage et nourrie des inattendus (plus
difficilement codables) que toute créolisation libère.

---

146. De toute emprise hégémonique.

HORIZONS

« Triste chose. Nous nous perdons dans nos perfectionnements. »
Victor HUGO.

« *Lux seipsam et tenebras manifestat.* »

Baruch SPINOZA.

« Pour se donner il faut s'appartenir. »

Élisée RECLUS.

Nous sommes les acteurs d'un triptyque désolant dont il faudra bien nous extirper. Le premier pan de ce triptyque est l'embarras des richesses. Keynes s'est trompé. Notre embarras n'est pas celui de l'usage d'une liberté dégagée de l'emprise des préoccupations économiques. Notre embarras n'est pas celui des loisirs « que la science et l'intérêt composé auront conquis pour [nous] ». Notre embarras est toujours et encore celui de richesses dont nous sommes affamés jamais rassasiés car nous avons fait le choix de consommer toujours plus. Nous n'avons pas choisi la liberté de la pirogue ouverte sur le ciel. Nous avons fait le choix du ventre du galion dans lequel nous souquons à ciel fermé, rameurs frustrés et avides d'une abondance que nous ne savons toujours pas dompter. Nous avons l'abondance malheureuse, nous avons l'abondance maladroite. Il est illusoire de penser que la mesure de toute chose et la perfection algorithmique solutionneront ce malheur et ces inégalités. Ils les aggraveront par l'extrême concurrence entre individus qu'ils induiront, une concurrence de plus en plus hors de tout choix citoyen. Comme le disait Albert Einstein, « ce qui compte ne peut pas toujours être compté, et ce qui peut être compté ne compte pas forcément », sage maxime à laquelle il faut ajouter que le simple fait de compter suffit souvent à corrompre ce que l'on mesure.

Le deuxième pan de ce triptyque est cet échange faustien qui nous a conduit à échanger une devise forte (nos données) contre une devise faible (la gratuité). Notre obsession de la consommation a muté en addiction à la gratification immédiate. La gratuité est un redoutable adjuvant de cette addiction. Nous en sommes rendus au point tragique où tout doit être instantané, à la vitesse du pouce sur le smartphone. Nous voulons être livrés de suite. Nous ne supportons plus l'attente. L'attente n'est plus gratifiante tant nous ne savons plus jouir que de son envers. Mieux vaut tenir que courir, et d'ailleurs quand bien même nous nous mettrions à courir, nous serions immédiatement récompensés en points santé ! Cette course à l'échalote qui déprécie tant nos données au point que nous les laissons entre des mains pas toujours très propres est d'autant plus regrettable qu'elle est la résultante d'une erreur historique qu'Eben Moglen, avocat et professeur de droit à l'université Columbia, n'a cessé de dénoncer. En 1965, Thomas Merrill et Lawrence J. Roberts du MIT connectèrent deux ordinateurs l'un à l'autre créant ainsi le premier réseau informatique jamais mis en ligne. En 1969, plusieurs ordinateurs sont reliés entre eux et l'Internet voit le jour sous la forme du réseau Arpanet. Les développements se poursuivent. On passe progressivement d'un réseau d'ordinateurs à une architecture client-serveur dans laquelle on allège certaines tâches des ordinateurs (les clients) en les reliant à des serveurs. Afin de réparer les dysfonctionnements éventuels, on décide de collecter la totalité des logs (transactions) des ordinateurs avec les serveurs. L'intention est, comme le rappelle Moglen [147], la suivante :

---

147. https://www.softwarefreedom.org/events/2010/isoc-ny/FreedomInTheCloud-transcript.html

« Les serveurs ont conservé l'historique des événements. C'est une bonne chose à faire. Les serveurs doivent le faire. C'est une très sage décision lorsque l'on crée des systèmes d'exploitation informatique de stocker l'historique des événements. Cela permet de corriger les erreurs (*debugging*), d'améliorer l'efficacité des logiciels, d'observer le comportement des ordinateurs dans le monde réel. C'est une très bonne idée. »

Mais il ajoute :

« Nous avons centralisé de plus en plus le calcul et le stockage, nous avons conservé l'historique des événements – c'est-à-dire l'information qui concerne les flux échangés sur le Net – au sein de serveurs éloignés des êtres humains qui contrôlaient ou pensaient contrôler ces ordinateurs qui dominent de plus en plus leurs vies. C'était aller droit au désastre. »

La suite est connue. Par faute d'attention aux conséquences sociales, politiques et économiques d'un choix technique apparemment anodin (mais rien n'est anodin en présence de rendements croissants) nous avons laissé filer la poule aux œufs d'or. Nous avons fait de la Toile un asile aux murs invisibles, aux allures de parc de loisirs, contrôlé par une oligarchie opaque, et de nos données une camisole permanente. Dans leur quête prédatrice de données, les maîtres de forges numériques (ab)usent d'un art que je ne connais que trop bien pour l'avoir pratiqué en tant que banquier d'affaires. Il s'agit de l'art du *swap*, cet instrument financier dans lequel, par exemple, un investisseur échange tous les trimestres un intérêt fixe contre un intérêt variable [148] que lui verse un autre investisseur. L'investisseur à taux fixe devient investisseur à taux variable. L'investisseur à taux variable devient investisseur à taux fixe. Tout l'art du *swap* consiste en l'évaluation du taux fixe échangé qui rend le *swap* équitable pour les deux parties, c'est-à-dire le taux tel qu'aucune des deux parties n'est ni gagnante ni perdante

---

148. Le *swap* est un instrument utile quand il est correctement mis en œuvre.

à la signature du *swap*. Le futur dira certes si, finalement, l'une des deux parties aura davantage bénéficié du *swap* que l'autre, mais au départ les deux joueurs sont à parité de chance. Dans le *swap* d'échelle planétaire, données contre gratuité, imposé comme seule modalité numérique par les maîtres de forges, nous sommes en revanche perdants dès le départ, dès la signature des conditions (que d'ailleurs nous ne lisons pas). Cette perte est redoutable car elle est indolore. Nous ne connaissons pas la « valeur » de ce que nous laissons filer. C'est ainsi que nous devenons les soutiers aveuglément consentants de plateformes toujours plus avides de ce lucratif *swap*[149]. Alors que je rumine cette image faustienne[150] du *swap*, je réalise que le mot *swap* contient les deux lettres *w* et *a* qui forment le mot *wa*. WA est le titre d'un des livres de ma bibliothèque[151], un mot japonais que je m'étais promis un jour d'approfondir. J'avais, dans ce but, fait l'acquisition d'un ouvrage érudit du CNRS sur le vocabulaire de la spatialité japonaise. Sans doute fallait-il ce jeu de lettres dans lequel le *swap* se débarrasse du *s* et du *p* pour que je portasse attention à ce *wa* qui m'attendait dans ma bibliothèque. WA signifie harmonie. Dans le vocabulaire édité par le CNRS, Sendai Shoichiro écrit à son propos :

> « Ainsi, wa s'avère une problématique de la relation et non de l'essence, de la relation d'hommes à hommes, et des hommes avec la nature. Lutter contre elle et ses cataclysmes serait vain, il est toujours apparu qu'il était préférable de vivre en harmonie avec elle. Quoique critiquée, parfois comme relevant du cliché, ou remise en cause comme un déni des divisions sociales réelles, l'harmonie demeure une valeur centrale du Japon dûment transmise et enseignée. La période contemporaine,

---

149. Nous empilons les *swaps* perdants sans vraiment nous en rendre compte : *low cost* contre pouvoir d'achat (mais nous perdons nos emplois et nous perturbons la planète), gain de productivité contre richesse future (mais les inégalités explosent).

150. Faustien, car nous contribuons à la constitution de monopoles en échange de prix (temporairement) relativement bas (voire nuls) et de nos données.

151. *WA, The Essence of Japanese Design*, Phaidon.

après les guerres, la résurgence de la misère, l'inquiétude née du développement technologique incontrôlé et d'une urbanisation anarchique, n'incitent guère à la recherche de l'harmonie et n'offrent guère de prise à cette préoccupation pourtant millénaire. »

Le WA revêt donc une dimension d'harmonie collective dont Shoishiro observe qu'elle est bien mal en point. En regard du pessimisme de Shoishiro, mon jeu de lettres prend tout son sens : nous avons fini par succomber au *swap* aguicheur, prenant ainsi le *wa* entre les mors d'une tenaille d'airain, mors des soutiers (S) et mors des plateformes en quête de monopole (P). Ce n'est qu'une image bien sûr mais je pense qu'elle traduit bien la dimension tragique de ce deuxième pan du triptyque.

Le troisième pan du triptyque est la corruption et la capture prédatrice de valeur qu'a engendrées l'architecture client-serveur ainsi mise en place. Cette architecture des données contre gratuité, de la gratification immédiate a, nous l'avons vu, pour conséquence des effets puissants de « gagnants qui raflent les mises ». La productivité marginale n'a plus rien à voir avec la genèse et la répartition de la valeur. La valeur est capturée par le gagnant, le rentier, bien au-delà de sa productivité marginale, c'est-à-dire de sa contribution à la manifestation de cette valeur. Celle qui revient aux soutiers, candides donateurs de leurs données et informations, est misérable au regard des gratifications reçues. La valeur capturée par les maîtres de forges numériques leur confère des pouvoirs, y compris politiques, auxquels nous n'avons que trop peu réfléchi. Si cette capture a de tout temps caractérisé les maîtres de forges, jamais toutefois une si petite poignée d'entre eux (chanceux [152]) ne se sera arrogé autant de prérogatives à une telle échelle.

---

152. J'insiste une nouvelle fois sur l'adjectif « chanceux », car plus le jeu implique des joueurs d'expertise semblable, plus le résultat est issu de la chance. L'expertise n'est plus en effet le facteur distinctif. C'est particulièrement vrai dans une économie de plus en plus numérisée.

Ce triptyque, pour inquiétant et tragique qu'il soit, n'est pas une fatalité. Contrairement à nos ancêtres qui devaient suer sang et eau pour réunir et accumuler la richesse, nous avons la chance d'avoir à notre disposition un capital digital peu coûteux, la faculté d'échanger aisément nos savoir-faire, un coût marginal de production numérique quasi nul et des données de plus en plus granulaires. Cet alignement inédit, pour ne pas dire cet allègement, de planètes est possible car tout objet et tout service est un cristal d'informations que sa numérisation permet de désagréger finement. Lorsque je repense à mes promenades avec Philippe Ariès, je me rends compte qu'il avait appréhendé cette cristallerie d'informations chatoyantes que l'œil, s'il sait spéculer, peut commencer à déchiffrer pour mieux la recomposer. Nous pouvons d'ores et déjà faire plus et mieux avec les outils dont nous disposons aujourd'hui qui n'étaient pas disponibles il y a cinquante ans. Nous sommes en effet les orpailleurs et les sculpteurs en puissance de ces informations que leur numérisation a rendues si malléables. Lorsque je me contente de contempler le seul flux ininterrompu de données qu'engendrent, par exemple, les bibliothèques numériques de Cyberlibris, j'envisage déjà avec enthousiasme les cottages, les estuaires, les archipels qui pourraient naître et prospérer d'une reconfiguration et d'une re-mise en scène de ces données.

Le progrès procédait jusqu'ici d'une information enracinée plutôt qu'enrhizomée [153]. Le progrès se définissait par les espaces dans lesquels il réussissait à enraciner une fière verticalité. Le gratte-ciel new-yorkais, la cheminée fumante de l'usine sont emblématiques de cette verticalité si contraire à la dynamique horizontale du rhizome. Lors d'un voyage à Naples, Jean-Paul Sartre s'étonne du chaos des rues de Naples si différentes de ce boulevard Saint-Germain où il avait ses habitudes. Il est médusé à la contemplation de ces Napolitains dont il capte dans une quasi-promiscuité

---

153. Pour utiliser un néologisme issu du rhizome cher à Édouard Glissant, Gilles Deleuze et Félix Guattari.

les bruits, les odeurs, les sommeils, les vibrations vitales.
Il écrit à Simone de Beauvoir [154] :

> « Il n'y a plus ni dedans, ni dehors… la rue est le prolongement
> de leur chambre, à moitié dedans, à moitié dehors, et c'est dans
> ce monde intermédiaire qu'ils font les actes principaux de leur
> vie… Et le dehors est relié au dedans de façon organique. »

Si la rue napolitaine est étroite, si les maisons sont hautes,
verticales, l'énergie vitale est, elle, horizontale. La vie s'y
propage, tel un rhizome, à l'image de ces innombrables linges
colorés qui, le temps d'un séchage, donnent l'impression que
toute la rue a décidé de joyeusement et bruyamment mettre
les voiles. Le progrès, tel que nous l'avons vécu jusqu'ici,
est antinomique du désordre napolitain. Il passe par la spécialisation des espaces, cette spécialisation qui a conduit du
cottage, une forme d'habitation napolitaine dans laquelle tout
se mélange, à la grande manufacture dans laquelle tout se
sépare pour ne laisser place qu'à cet unique dénominateur
commun qu'est le travail scientifiquement organisé. Ainsi
vont les vies et les villes. Les rhizomes locaux s'étiolent
pour laisser place à des racines planifiées. Vie publique et
vie privée se séparent. On ne travaille plus chez soi mais
chez l'autre. L'urbaniste réécrit la ville dont il spécialise
d'abord les quartiers puis la géographie globale. Les bruits
de la ville changent, ils trahissent cette transformation qui
sédentarise les espaces et les fonctions. La modernité se
construit dans ce morcellement qu'exige de fait la viscosité
de l'information. L'information est cadastrée, pour ne pas
dire cadenassée. L'histoire s'écrit d'une plume sédentaire,
notent Gilles Deleuze et Félix Guattari dans leur livre à
quatre mains, *Mille Plateaux*. Cependant, rien ne peut rester
figé bien longtemps. L'information vit, et elle finit par saisir
toute opportunité qui lui est donnée d'être rhizome plutôt
que racine. La numérisation granulaire de l'information
déclenche cette dynamique rhizomale étonnante, capable

---

154. *Lettres au Castor et à quelques autres*, Gallimard, 1983, tome 1, p. 79.

de s'exprimer à une échelle jusqu'ici inconnue, de libérer des réserves de confiance, d'énergie et de créativité que la sédimentation de l'information jusqu'ici stérilisait.

Cette libération est trop souvent promue sous l'angle quantitatif, celui des big data et des plateformes géantes les contrôlant. C'est de mon point de vue une erreur que de toujours tout mesurer à l'aune de la massification. C'est aussi la meilleure façon de perpétuer l'emprise des maîtres de forges numériques qui, du coup, deviennent vraiment *Too Big Not To Count* (trop importants pour ne pas compter, dans tous les sens du verbe). Cette information libérée doit se mériter, et il nous faut faire preuve de plus de discernement dans cette recherche de gratification immédiate à tout crin qui nous conduit à brader en masse nos données, notre information sans réfléchir plus avant, sans tenter d'en tirer parti nous-mêmes. Ted O'Donoghue et Matthew Rabin [155] font observer que :

> « Les gens ont du mal à se contrôler : nous recherchons la gratification immédiate sans en comprendre les conséquences à long terme. »

Et, il est évident que cette troisième main, plus véloce que les deux autres, qu'est le smartphone sous sa forme actuelle n'arrange rien à ces problèmes de contrôle de nous-mêmes, au point que je finis par me demander pour qui le « phone » est « smart ». Nous sommes en effet des ignares quant aux pouvoirs de cette troisième main au point qu'elle finira un jour par nous gifler [156]. J'ai une admiration profonde pour Élisée Reclus, écrivain, hydrologue, anarchiste, géographe, voyageur au long cours, en un mot spéculateur. Je ne cesse de ruminer ses mots qui résonnent comme une devise « pour se donner il faut s'appartenir ». Ce sont des mots profonds,

---

155. https://www.researchgate.net/publication/240126085_The_Economics_of_Immediate_Gratification
156. Nous avons déjà tous été giflés comme en témoignent par exemple les insupportables déboires essuyés par le fondateur de Wikileaks et l'informaticien Edouard Snowden.

d'une actualité totale. Nous disposons des moyens et données pour nous reprendre en main, pour nous appartenir
et ne pas/plus appartenir à qui que ce soit sous quelque
forme (algorithmique) que ce soit, pour bâtir et fédérer
ces kyrielles de cottages qui redessineront nos vies, notre
éducation, nos villes, nos campagnes, nos solidarités, et
dans lesquels nous réapprendrons à nous regarder faire
sans pour autant toujours devoir être observés. Et, pour
cela point n'est besoin de la sauvagerie de la destruction
créatrice et de la disruption. Les cottages d'antan abritaient
des métiers à tisser le lin, la laine, le coton, des forges. Ces
myriades de cottages dispersés géographiquement travaillaient en réseaux coordonnés par des marchands donneurs
d'ordres [157]. Aujourd'hui, ce sont des réseaux de métiers à
métisser [158] (les talents et les données) que nous pouvons
inventer, assembler, actionner, relier dans nos propres cottages, et au sein desquels la valeur n'est plus expropriée par
les donneurs d'ordres. Nous pouvons façonner localement
nos propres plateformes, nos propres réseaux, les connecter les uns aux autres, croiser leurs richesses respectives,
produire nos objets [159], déployer nos énergies, au propre
comme au figuré, coopérer les uns avec les autres, sans
devoir faire constante obédience à telle ou telle plateforme
sous prétexte qu'elle est mondiale et qu'elle nous aguiche
de sa pseudo-gratuité. Il s'agit d'une question d'attitude,
pas de latitude, d'attitudes plurielles tant ce sont nos bruits
d'où qu'ils viennent qu'il nous faut (re)mettre au monde. Le
projet SOLID [160] de l'inventeur du Web, Tim Berners-Lee,
fait partie de ces initiatives à même de fortifier les rhizomes
des cottages et de les émanciper de la tutelle des maîtres

---

157. Donneurs d'ordre dont il faut quand même rappeler qu'ils
     étaient souvent en position de force.
158. Pour reprendre le très beau titre du livre de René Depestre.
159. Il est difficile de dire aujourd'hui comment la *blockchain*, le projet de Tim Berners-Lee et les imprimantes 3D vont se répandre
     mais, de toute évidence, ils vont affecter nos processus de création, de production et de distribution.
160. http://www.csail.mit.edu/solid_mastercard_gift

de forges numériques. Ce mouvement myriadaire est aussi un mouvement indispensable vers l'antifragilité chère à Nassim Taleb. Tout système centralisé est fragile et dangereux car il suffit qu'il « perde la tête » pour que son intégrité soit totalement, voire irrémédiablement, atteinte. L'épisode du vendredi 21 octobre 2016 durant lequel des services tels Twitter, Netflix, Spotify, Reddit, Etsy, Airbnb et bien d'autres sont devenus inaccessibles illustre cette fragilité. Il aura suffi de la prise de contrôle d'objets connectés, caméras, moniteurs de bébés… pour que des serveurs centraux succombent à un tsunami de requêtes malveillantes. Il faut espérer que le déferlement d'objets connectés qui motive tant les maîtres de forges numériques démontre enfin l'inanité et la fragilité de l'architecture actuelle du Web. La robustesse n'est pas un remède à cette fragilité car elle finit toujours par se fissurer. Et, quand bien même elle resterait intacte, elle demeure incapable de tirer parti du désordre du monde puisqu'elle est censée obstinément lui résister. La myriade à laquelle nous exhorte Tim Berners-Lee est au contraire opportune. Elle fait du désordre son souffle, sa source d'inspiration.

Mais la myriade ne tire pas son élan du seul ingrédient numérique. La myriade est hybride. Les édifices publics de brique, de bois, d'acier, de verre, de béton que certains croient devenus obsolètes, contribuent à leur manière aux myriades de nos cottages. Ainsi, des espaces (re)naissent qui (re)fondent des rencontres de chair et d'esprit sur le partage, l'échange, la coopération [161] en lieu et place de la sacro-sainte concurrence dont on comprend de mieux en mieux les méfaits et, surtout, l'inanité lorsque information et confiance deviennent de plus en plus capillaires. Si la proto-industrie était la fille de la misère, il ne tient qu'à nous qu'une ère (numérique) industrieuse et myriadaire devienne fille et mère de la richesse.

Cette souhaitable effervescence de plateformes sans suzerains, de myriades qui réfléchissent, de lieux redessinés et émancipés ne signifie pas la mort du politique.

---

161. On pourrait presque en conclure que « *Physical is the new digital* » !

Bien au contraire. Les réseaux, physiques ou numériques, et leurs algorithmes n'ont pas vocation, comme le souhaitent trop rapidement à mon goût les libertariens, à éradiquer le politique, mais plutôt à le réinventer en conférant à la main visible de l'État plus de transparence, plus de légèreté et plus de pertinence. Car, après tout, l'État est, *primus inter pares*, un cottage parmi les cottages. Démocratie représentative et démocratie participative peuvent et doivent mutuellement se féconder, afin que les promesses du numérique ne soient plus systématiquement confisquées par des rentiers en quête avide et permanente de soutiers corvéables à merci.

J'espère que notre faculté de dire non à ce monde de soutiers (qui, hélas, bien souvent s'ignorent) est vivante, que notre âme est toujours aussi insurgée [162] que l'était celle des Romantiques. Je conserve un souvenir profondément ému de ma lecture du livre de Michel Le Bris intitulé *L'Homme aux semelles de vent*. Était-ce parce qu'enfant je fus chaque été ce « salaud de touriste » qui venait le tourmenter en son village breton de Plougasnou, village dont il fait le sésame de son livre ? Était-ce parce que, comme lui, j'étais (je le suis toujours) fasciné par Stevenson, par l'épopée de la flibuste et le château du Taureau en baie de Morlaix ? Était-ce parce que, comme lui, je dévorais cette littérature du voyage qu'il a tant contribué à faire connaître et respecter ? Était-ce parce que, comme lui, j'étais entré à HEC pris dans le désir de mes parents ? Était-ce parce que, comme lui, j'étais remué par Novalis et Hölderlin ? À l'évidence, toutes ces connivences ont durablement instillé son homme aux semelles de vent en moi. Mais, il aura fallu quarante ans [163] pour que je découvre que le vrai ressort de cette connivence

---

162. *L'Âme insurgée* est le titre du magnifique livre d'Armel Guerne sur le Romantisme.

163. Quarante années au cours desquelles j'ai enseigné la finance et l'économie, j'ai survécu au vacarme des salles de marchés des banques anglo-saxonnes, j'ai œuvré à la naissance de bibliothèques numériques.

est cette passion commune pour le défi romantique, ce défi que lancèrent à la toute-puissante Raison des Lumières Novalis, les frères Schlegel, Tieck, Brentano, von Kleist et tant d'autres. Ils étaient des hommes aux semelles de vent résolus à ne pas finir en hommes aux cervelles d'airain. De ces hommes révoltés, on n'a bien souvent retenu que leur fragilité, leur folie, leur suicide pour, *in fine*, dénoncer leur échec. Cette étroitesse de vue agaçait profondément Armel Guerne, l'auteur d'un livre ardent, *L'Âme insurgée*. Je ne peux citer ici la totalité de l'introduction de ce livre. Elle est intitulée « Laissez-moi vous dire ». Il faut la lire. J'en extrais ici quelques mots :

> « Misère et nullité d'un temps d'une telle minceur qu'on n'y peut rien ancrer ; d'une fragilité, d'une instabilité et d'une telle inconsistance, puisqu'il faut le lui dire, qu'un souffle peut l'éteindre ou moins encore, une erreur anonyme au fond d'une machine, l'inadvertance ou la maladresse d'un geste effleurant un bouton, l'oubli d'un commutateur de contrôle… Certes, une énorme éruption volcanique s'est produite à un certain moment dans l'océan de la pensée des hommes parce que les plus clairvoyants s'indignaient, ne voulant pas se laisser réduire à ce que leur temps voulait qu'ils fussent ou qu'ils devinssent ; mais la vague de fond propulsée par ce cataclysme déferle directement sur nous, étale sur nos plages désertes, desséchées, la miroitante bénédiction de sa marée adoucie et frangée d'espérance. »

Je fais corps avec le verbe d'Armel Guerne car je pressens, en ce siècle dit des Lumières numériques ou encore des Lumières augmentées, que le défi de ces hommes insurgés est profondément vivant, qu'en cela il est victoire plutôt que défaite. Je suis intimement convaincu que la Raison augmentée des Lumières numériques n'est pas plus éclairée que la Raison des Lumières du XVIIIe siècle et du siècle suivant ne l'était. Elle est tout aussi prématurée. Elle est en revanche un adversaire plus coriace car portée par des maîtres de forges numériques qui ont jusqu'à présent raflé mise sur mise. Nous leur avons facilité la tâche en nous comportant comme des hommes aux cervelles d'airain prompts à signer et subir des contrats de plus en plus léonins [164], crédules au point de croire qu'il n'est de richesse possible que celle issue des décombres et de l'empressement, qu'il n'est de futur que dans le gigantisme centralisateur (des firmes, des entrepôts, des données numériques), qu'il n'est de mesure possible de la démesure dans laquelle nous baignons que par le Nombre.

Tous les outils dont les maîtres de forges de tout poil usent et abusent pour asseoir leur domination focale et prédatrice sont néanmoins à notre portée. Nous pouvons les (re)conquérir, les inverser, les reconfigurer. Ils peuvent faire de nous des hommes aux semelles de vent. Et, de la multitude de nos tâtonnements, de nos improvisations, de nos coopérations, de nos innovations, de leur créolisation, je fais le pari qu'il sortira un monde moins fragile [165], un monde enrichi (dans tous les sens du terme), mû par ces myriades d'inattendus chers à Édouard Glissant. De ces inattendus je peux apporter mon modeste témoignage. C'est en effet une sensation forte que celle de ressentir chaque jour l'emmêlement numérique de pages de livres tournées par des lecteurs dispersés aux quatre vents du monde. Je ne connais pas ces lecteurs, mais mon bonheur est grand de les voir lire ces livres qui leur étaient jusqu'ici inaccessibles. Car, de ce tohu-bohu de lectures digitales ont émergé des bibliothèques créolisées dont je n'imaginais pas il y a dix-sept ans qu'elles fussent possibles. Ces bibliothèques me font rêver et joyeusement agir. Sans elles je n'aurais pas entamé le voyage de ce livre.

---

164. Pierre de Jean Olivi, reviens! Pierre de Jean Olivi, *Traité des contrats*, Les Belles Lettres, 2012.
165. Moins fragile car mieux distribué, moins dépendant de plate-formes centralisatrices, plus proche d'un rhizome, et peut-être un jour antifragile.

(ANTI) BIBLIOGRAPHIE

« Les livres sont ce que nous avons de meilleur en cette vie, ils sont notre immortalité. Je regrette de n'avoir jamais possédé ma propre bibliothèque. »

Varlam CHALAMOV, *Mes bibliothèques*,
Éditions Interférences, 1988.

Clôture du livre. Bibliographie ?

D'où vient cette habitude de clore les mots d'un livre que l'on vient d'écrire par une bibliographie quand il faudrait rendre hommage à sa bibliothèque ou plutôt à ses bibliothèques qui sont le miel de l'écriture ? Bibliothèques au pluriel, car il y a la bibliothèque de laquelle on largue les amarres et celle qu'elle devient au fur et à mesure de la navigation de la plume (ou du clavier) et au hasard des (re)lectures. Un livre que l'on écrit, c'est finalement un pont jeté entre deux rives bibliothécaires.

Michel Serres, *L'Art des ponts. Homo Pontifex*, Poche-Le Pommier, 2013.

Il y a donc cette bibliothèque à partir de laquelle on hisse les voiles. Elle est faite de tous ces livres que l'on a lus et que l'on ne manquera pas de citer. Elle est aussi peuplée de ces livres que l'on a lus, que pourtant on ne citera pas, mais dont les mots suivent l'auteur, telle une ombre bienveillante. Il me semble que c'est cette ombre que regrette Varlam Chalamov, ce cortège de mots dont il dit qu'il change selon les différentes époques de notre vie. Tout livre que l'on écrit est enveloppé de cette nimbe. Avoué ou pas, il en est le débiteur, et je ne connais pas de dette plus joyeuse. Il y a aussi ces autres livres, mes orphelins[166], impatients, tapis dans des coins oubliés de la bibliothèque, prêts à bondir de leurs étagères. Ils attendent le moment propice ou peut-être le provoquent-ils. Soudain ces livres que l'on n'a pas encore lus, qui ne sont que promesses en attente d'être tenues, surgissent comme des évidences. Alberto Manguel écrit dans

La Bibliothèque, la nuit, Actes Sud, 2006.

que les livres ont dans la bibliothèque une patience illimitée. Cette patience agit comme une incubation au terme de laquelle une acquisition ancienne se mue en évidence : l'écrivain exhume un livre dont il comprend en un instant qu'il n'est pas là par hasard. La patience de ma bibliothèque m'impressionne par les trouvailles qu'elle me dispense. Il suffit que je lui porte attention, que je revienne sur mes pas. Chemin musant, ma bibliothèque se transforme pour graduellement devenir celle de cette destination promise qu'est le livre que je suis en train d'écrire. S'y invitent entre-temps d'autres livres, ces livres que je croise au gré de mes flâneries en librairie. À mon voisin de libraire, je donne l'impression d'un chien de chasse, truffe humide, oreilles dressées, reniflant les étagères, pour soudain bondir vers la caisse livres en gueule. Ma bibliothèque est terre d'hospitalité. Ces nouveaux venus seront accueillis comme il se doit. Certains seront sollicités dès leur arrivée, point de répit ! Les autres iront apprendre cette patience dont je sais qu'un jour ou l'autre elle ne manquera pas de me surprendre.

Et puis, il y a cette bibliothèque de l'éther, cette bibliothèque invisible qui n'a besoin ni de la pulpe de bois, ni de l'alignement des étagères, cette bibliothèque numérique dont la lévitation cache la *gravitas*. Alberto Manguel écrit :

« nous avons toujours désiré retenir plus de choses, et nous continuerons, à mon avis, à tisser des filets où attraper les mots avec l'espoir que, d'une manière ou d'une autre, du seul fait de l'abondance des paroles accumulées, dans un livre ou sur un écran, surgira un bruit, une phrase, une pensée bien exprimée qui aura le poids d'une réponse ».

---

166. J'aime à penser que j'écris afin de sortir ces livres de leur solitude.

Il ajoute que « l'imagination humaine n'est pas monogame et n'a pas à l'être ». C'est fort de cette conviction que je me suis lancé dans l'aventure des bibliothèques numériques en cofondant Cyberlibris (www.cyberlibris.com) il y a dix-sept ans. Nous avons, à notre manière, tissé d'autres filets dans lesquels attraper les mots. À la bibliothèque tangible s'est ajoutée une bibliothèque intangible. Comme je l'écrivais plus haut, « la pesanteur de ma bibliothèque ne me pèse pas. La tension fuyante de l'Internet ne m'effraie pas. J'ai la bonne fortune de disposer des deux. À l'instar de Mère Nature, mon écriture tâtonne. Une main arrimée à mes chers livres, l'autre tendue vers mon clavier connecté, je deviens "antifragile" ! »

Nassim Taleb, *Antifragile*, Les Belles Lettres, 2015. http://www. scholarvox.com/catalog/book/docid/88815320

Cette antifragilité, je souhaite la partager avec le lecteur, et c'est pourquoi j'ai titré cette section du livre (Anti) Bibliographie. Je n'aime pas les bibliographies. Elles sont au mieux arides, au pire utilitaires. Arides, car je ne connais pas de terre plus craquelée, plus sèche qu'une bibliographie. La flânerie y est prohibée. Qui pourrait bien avoir envie de flâner dans une bibliographie ? Utilitaires, car elles servent bien souvent de sonde, de métrique. L'auteur connaît-il son affaire ? Cite-t-il les références incontournables ? Dans la bibliographie, on finit par tourner en rond, et je trouve étonnant qu'un article scientifique et un livre doivent se clore par le même artifice. La bibliographie étalonne l'auteur. Sa bibliothèque en revanche est terre d'intimité. Elle est une aimable invitation à la flânerie au-delà des seuls territoires du livre que l'on est en train de lire. C'est une flânerie exigeante car elle fait du livre un livre gigogne, un livre qui avertit : une bibliothèque peut en cacher une autre. Mais, point de danger dans cet avertissement, seulement une envie de partager (mes recettes), envie dans laquelle je n'hésite pas un seul instant à me lancer.

En somme « un making of ».

J'ai longtemps cherché le titre de ce livre au point de penser que je ne le trouverais pas. Caroline Noirot, mon éditrice, est venue à la rescousse, mais rien n'y faisait. Le titre se refusait au livre, à son éditrice et à son auteur. Ce refus n'est pas une fin de non-recevoir. Si l'auteur est trop impatient, le livre redouble de patience. Je suis devenu patient, pour ne pas dire indifférent, au point de ne plus chercher de titre. À ma grande surprise, cela n'a pas inquiété Caroline, ou du moins ne m'en a-t-elle rien dit.

J'ai écrit sans me soucier de cette absence de frontispice. De temps à autre, je marquais des pauses sonores dans cette écriture sans titre. Je ne peux en effet écrire sans me relire à haute voix. J'aime ces moments où mon chien assoupi près de moi dresse l'oreille. Il connaît le rituel de son maître qui lit à voix haute, il sait qu'en dépit des apparences ce n'est pas encore le moment de la promenade. Un jour donc, je lus à voix haute les mots que je venais de poser sur la page : maîtres de forges numériques. Au son des forges j'associai immédiatement les métaux lorsque mon regard fut par un propice hasard (?) happé par le titre du flamboyant livre de Michel Le Bris

> *D'or, de rêves et de sang. L'épopée de la flibuste (1494-1588),* Hachette Littératures, 2001.

L'or qui n'a pas d'âge mais qui ne cesse de nous le promettre. C'était une évidence, d'or il fallait que le titre fût fait. Mais l'or ne pouvait suffire en dépit des promesses des maîtres de forges numériques de lendemains qui chantent. J'ai alors réveillé quelques orphelins mythologiques de ma bibliothèque. Je n'avais jamais lu le

> *Dictionnaire de l'Antiquité. Mythologie, Littérature, civilisation,* publié sous la direction de M. C. Howatson, Robert Laffont, coll. « Bouquins », 1993.

Je sortis de sa torpeur ce livre tapi dans ma bibliothèque depuis vingt-quatre ans. L'entrée « Or » me renvoya à l'entrée « Mines ». Il y est hélas plus question de mines que de mythologies métallurgiques. Les entrées concernant les Hespérides et leurs pommes d'or ou encore Jason et la toison d'or me laissèrent sur ma faim. Insatisfait, je rendis visite à mon voisin de libraire et fis l'acquisition de :

> *La Mythologie. Ses dieux, ses héros, ses légendes* d'Edith Hamilton, Poche Marabout, réédition 2013.
> *Dictionnaire de la mythologie gréco-romaine,* publié sous la direction d'Annie Collognat, Omnibus, 2016.

L'or se mit à pleuvoir. Je passai d'un mythe doré à l'autre. Celui de Danae m'intrigua. J'y redécouvris l'airain, cet airain dont je connaissais bien la loi, cette loi citée par tant d'ouvrages d'économie. Je tenais mon second métal, et le titre du livre se forma sous mes yeux, *D'or et d'airain*. À l'énoncé du titre (qu'elle approuva sans réserve aucune), Caroline me demanda d'un air malicieux si je connaissais

Le Système périodique, de Primo Levi, Biblio, Le Livre de poche, réédition 2015.

De Primo Levi, je n'avais lu que *La Trêve*. Un autre livre allait donc rejoindre ma bibliothèque, un livre métallurgique qui me conforta dans l'idée d'un contraste entre l'or (ami) et l'airain (ennemi). Dans la foulée, tel un effet boule de neige, le sous-titre apparut : Penser, Cliquer, Agir.

Je dois les deux premiers verbes au titre d'un livre de Michel Blay :

Penser ou cliquer, CNRS Éditions, 2016

Dans ce livre, Michel Blay s'inquiète de l'emballement numérique au point de douter que l'on puisse et penser et cliquer. Ma conviction est que c'est possible, que c'est même le prélude à l'action. Mais que dire de cette action que je m'empressais d'ajouter à penser et cliquer ? Comment la justifier ? Je m'interrogeai alors sur cette (trop) fameuse destruction créatrice schumpetérienne :

Joseph Schumpeter, *Capitalisme, socialisme, démocratie*, Paris, Petite Bibliothèque Payot, 1974.
Joseph Schumpeter, *Théorie de l'évolution économique*, Paris, Dalloz, 1999.
Joseph Schumpeter, *Histoire de l'analyse économique*.

Ruminant cette interrogation, je découvris sur la Toile une vidéo de Romain Laufer (https://www.youtube.com/watch?v=zQ5nKLDt58I) qui fut mon collègue à HEC, dans laquelle il exprime son admiration pour un livre d'Hélène Vérin :

Entrepreneurs, entreprise. Histoire d'une idée, Paris, Classiques Garnier, 2011.

Ce livre que je recommande à tout entrepreneur, apprenti ou pas, est une réflexion érudite sur l'action face à un ordre préétabli. Cliquer est agir. C'est agir numériquement face à un ordre physique préétabli. J'ajoutai donc « agir » au sous-titre tout en me demandant pourquoi l'action face à un ordre préétabli est si souvent associée à la destruction créatrice. Je ne crois pas à la table rase, encore moins à ceux qui prétendent la justifier par une comptabilité dont eux seuls détiennent les clés. Une voix convaincante s'élève de ce brouhaha de la destruction créatrice pour dénoncer ce primat de la place nette, celle de Pierre Caye dans son beau et exigeant livre :

Critique de la destruction créatrice, Les Belles Lettres, 2015.

Le passé n'a finalement aucune grâce aux yeux de la destruction créatrice. Si les conséquences de la destruction créatrice n'étaient pas si affligeantes, on pourrait en rire. Tout espoir n'est néanmoins pas perdu, et je suis par exemple bien placé pour savoir que tous ceux qui ont prétendu détruire (« disrupter ») le livre s'y sont cassé le nez. Ils ont simplement oublié que le livre est là depuis bien plus longtemps qu'ils ne le sont [167]. Ce sont d'ailleurs les mêmes qui convoquent *ad nauseam* la main invisible d'Adam Smith comme si la destruction créatrice avait un besoin impérieux de complicité :

The Wealth of Nations, Bantham Dell, réédition, 2003.
Théorie des sentiments moraux, Rivages, réédition, 2016.

Cocktail finalement détonnant que cette main invisible dont on voudrait qu'elle passe son temps à jouer avec des explosifs !

Je dois avouer que si le titre de mon livre m'a donné du fil à retordre, l'introduction ne m'a guère laissé de répit non plus. Je ne parvenais pas à en formuler la mélodie. Je suis alors revenu sur mes pas, des pas d'il y a quarante ans, les miens et ceux d'un homme remarquable, l'historien Philippe Ariès. Philippe m'a appris le regard patient, le regard long, le regard qui (s')interroge. Il faut dire qu'à la lecture de ses livres, j'étais à bonne école :

Le Temps de l'histoire, Monaco, Éditions du Rocher, 1954.
Histoire des populations françaises et de leurs attitudes devant la vie depuis le XVIIIe siècle, Éditions du Seuil, 1971.
L'Enfant et la vie familiale sous l'Ancien Régime, 1960.
Le Présent quotidien 1955-1966, Éditions du Seuil, 1997.

---

167. Certains auteurs dont Nassim Taleb font référence à l'effet dit de Lindy pour expliquer que le passé compte d'autant plus que l'on a affaire à des objets ou des technologies qui ont démontré leur durabilité.

Essais sur l'histoire de la mort en Occident du Moyen Âge à nos jours, Éditions du Seuil, 1975.
L'Homme devant la mort, Éditions du Seuil, 1977.
Histoire de la vie privée. De la Première Guerre mondiale à nos jours, Éditions du Seuil, 1987 (avec Georges Duby).
Un historien du dimanche, Éditions du Seuil, 1980.

Ces livres, dont on sent la patiente genèse par le regard, ont une place à part dans ma bibliothèque tant ils sont imprégnés du souvenir de mes flâneries historiennes.

Prendre le temps, marcher, regarder, observer, tenter de décoder… les promenades faites en compagnie de Philippe prenaient soudain tout leur sens, un sens que ma plongée professionnelle dans le numérique aurait pu éroder. J'ai donc pris le parti auquel Charles-Ferdinand Ramuz (faire et se regarder faire) nous exhorte dans deux de ses livres promenade :

Découverte du Monde – Vendanges – Paris, Notes d'un Vaudois, Lausanne, Éditions Rencontre, 1968.
Taille de l'homme, H. L. Mermod, 1945

auquel j'ajoute cette authentique madeleine qu'est :

Le Petit Village, Éditions Héros-Limite, 2010 (réédition).

Regarder, c'est déjà entreprendre. Cyberlibris ne serait sans doute pas née si je n'avais pas regardé. J'observe non sans frustration combien la pédagogie délivrée à ces petites Poucettes chères à Michel Serres manque de richesse :

Petite Poucette, Le Pommier, 2012.

La tendresse de Michel Serres envers les Petites Poucettes me touche, et je le rejoins sur bien des points. Je ne suis pas sûr en revanche que nous soyons (déjà) entrés, comme il l'écrit, dans un âge doux. Ma méfiance est sans doute liée à ma pratique de l'Internet et à la lecture de Jacques Ellul :

Le Grand Bluff technologique, Pluriel, Hachette Littératures, 1988.

et d'Alessandro Barrico :

Les Barbares. Essai sur la mutation, Gallimard, 2014.

Pourtant, c'est vrai, rien ne dit que la barbarie ou la disruption doivent mener le jeu. Il ne tient qu'à nous d'agir autrement. J'essaie dans ce livre d'agir avec les mots. Pour l'écrire, j'ai beaucoup marché, regardé, écouté et lu. J'ai en particulier écouté et lu la voix des poètes que l'on pense d'ordinaire loin de l'action. Parmi ceux-ci Édouard Glissant m'aura surpris plus d'une fois. Je dois avouer avoir eu du mal à le lire. Alors pour mieux le lire, je l'ai regardé. J'ai visionné les nombreux entretiens qu'il a accordés au long de sa vie. J'ai surtout regardé ce magnifique documentaire intitulé *La Créolisation du monde*:

http://www.edouardglissant.fr/creolisation2010.html

Créolisation, un mot qui ne devait plus me lâcher. Je lus alors Glissant avec gourmandise:

La Cohée du Lamentin, Gallimard, 2005.
Poétique de la Relation, Gallimard, 1990.
Philosophie de la Relation, Gallimard, 2009.
L'Intention poétique, Gallimard, 1997.
Le Discours antillais, Gallimard, coll. « Folio », 1997.
Une nouvelle région du monde, Gallimard, 2006.

L'évidence s'est faite de plus en plus manifeste. Ce n'est ni de destruction créatrice, ni de disruption dont il nous faut parler. C'est à la créolisation que nous devons nous abreuver. Philippe Ariès, Michel Serres, Édouard Glissant, un magnifique trio pour une introduction dont je tenais enfin les clés.

J'ai écrit ce livre comme une promenade, une flânerie à la rencontre de lieux, d'objets et de gens dont je sentais qu'ils m'aideraient à mieux comprendre comment en cet âge numérique qui n'avoue pas (encore) son métal, or ou airain, on pouvait penser, cliquer et agir. Le premier lieu dans lequel la créolisation exprime ces inattendus dont elle est la matrice, c'est la bibliothèque. Jorge Borges disait qu'on ne sortait jamais d'une bibliothèque. Il n'est en effet pas de plus belle métaphore qui rende compte d'une société que ses bibliothèques. De nombreux livres leur ont été consacrés. Parmi ces livres, celui de Virgile Stark m'a profondément attristé:

Le Crépuscule des bibliothèques, Les Belles Lettres, 2015.

Je n'ai pas compris ce « blues », cet abandon signalé dès le titre, cette renonciation tout comme je n'ai pas saisi pourquoi il nous faudrait assister passivement à « la destruction sans fin des bibliothèques » dénoncée par Lucien X Polastron :

Livres en feu, Éditions Denoël, 2004.

Je préfère sa

Brève histoire de tous les livres, Actes Sud, 2014.

Je ne comprends pas non plus cette vindicte qui anime les auteurs de :

L'assassinat des livres par ceux qui œuvrent à la dématérialisation du monde, collection Frankenstein (!), Éditions L'Échappée, coll. « Frankenstein » (!), 2015.

Heureusement, une bibliothèque est cousue de pessimisme et d'optimisme. Face au pessimisme, l'optimisme de Jean-Claude Carrière et d'Umberto Eco me réjouit :

N'espérez pas vous débarrasser des livres, Grasset & Fasquelle, 2009.

Il ne faut pas non plus espérer se débarrasser des bibliothèques. Ces quelques livres issus de ma bibliothèque témoignent de l'ardent et fervent compagnonnage que les hommes entretiennent (toujours) avec leurs bibliothèques :

Milad Doueihi, *La Grande Conversion numérique*, Éditions du Seuil, 2008.
Fred Lerner, *The Story of Libraries*, Continuum, 2009.
François Bon, *Après le livre*, Éditions du Seuil, 2011.
Jean Sarzana (avec Alain Pierrot), *Impressions numériques. Quels futurs pour le livre ?*, Éditions du Cerf, 2011.
Jacques Bonnet, *Des bibliothèques pleines de fantômes*, Éditions Denoël, 2008.
Anthony Grafton, *La Page, de l'Antiquité à l'ère du numérique*, Hazan, Louvre Éditions, 2012.
Andrew Piper, *Book Was There – Reading in Electronic Times*, The University of Chicago Press, 2012.
Daniel Ménager, *Le Roman de la bibliothèque*, essais, Les Belles Lettres, 2014.
Holbrook Jackson, *The Anatomy of Bibliomania*, University of Illinois Press, 2001.

Matthew Battles, *Library: an Unquiet History* (W. W. Norton), 2003.
Jeffrey Schnapp and Mattew Battles, *The Library Beyond the Book*, Harvard University Press, 2014.
Charles Nodier, *L'Amateur de livres*, Le Castor astral, 1993.
Walter Benjamin, *Je déballe ma bibliothèque*, Payot-Rivages, 2000.
Robert Darnton, *Apologie du livre. Demain, aujourd'hui, hier*, Gallimard, 2011.
Claude Poliak, Gérard Mauger et Bernard Pudal, *Histoires de lecteurs*, Éditions du Croquant, 2010.
Andrea Kerbaker, *Dix mille*, Grasset & Fasquelle, 2004.
Luciano Canfora, *La Véritable Histoire de la bibliothèque d'Alexandrie*, Éditions Desjonquères, 1988.
http://international.scholarvox.com/catalog/book/docid/88827902
Margaret Willes, *Reading Matters. Five Centuries of Discovering Books*, Yale University Press, 2010.
Annie François, *Bouquiner*, Éditions du Seuil, 2000.
Alessandro Ludovico, *La Mutation de l'édition depuis 1894*, Éditions B42, 2016.
Cécile Ladjali, *Ma Bibliothèque. Lire, écrire, transmettre*, Éditions du Seuil, 2014.
Neri Segrè, *Le Livre*, Avant-propos, 2014.

Je termine cette étagère déjà lourdement chargée par le malicieux opuscule d'Umberto Eco qui devrait figurer dans toutes les bibliothèques :

De Bibliotheca, L'Échoppe, 1986.

La lecture de ces livres renforce ma conviction qu'une bibliothèque est une « technologie de savoir » qui vieillit à l'envers. Sa vieillesse est le meilleur gage de sa jouvence. Si sa vieillesse est euclidienne, sa jouvence sera très certainement non euclidienne et créolisée. Car, en matière de bibliothèque, tout est finalement affaire de géométrie. Géométrie du rangement qui obsédait Georges Perec :

Penser/Classer, Éditions du Seuil, 2003.

Géométrie du parcours car si les livres sont des bateaux, les bibliothèques sont leurs océans :

Émile Ollivier, *Mille eaux. Haute Enfance*, Gallimard, 1999.
Jean Romain, *Le Bibliothécaire*, L'Âge d'homme, 2005.

Géométrie tout simplement parce que l'on y rencontre des étagères parallèles, mais aussi des étagères (numériques) qui se croisent, issues de myriades de lectures dont j'ai un jour tenté de comprendre le comment et le pourquoi, ce comment et ce pourquoi chers à Jean d'Ormesson :

Comme un chant d'espérance, Éditions Héloïse d'Ormesson, 2014.

Lorsque bibliothèque et géométrie s'entremêlent, la technique n'est jamais loin. Elle est même nécessaire, et il n'est guère surprenant que le poète (Édouard Glissant) et l'historien des sciences et techniques (David Edgerton, Lewis Mumford) finissent par dialoguer par livres interposés :

David Edgerton, *Quoi de neuf ? Du rôle des techniques dans l'histoire globale*, Éditions du Seuil, 2013.
Lewis Mumford, *Art et technique. Six conférences inédites*, La Lenteur/La Roue, 2015.
Lewis Mumford, *Technique et civilisation*, Éditions du Seuil, 1950.

C'est ainsi que la bibliothèque euclidienne se créolise au contact de la bibliothèque virtuelle, et qu'elle échappe à ce que Robert Casati appelle le colonialisme numérique :

Contre le colonialisme numérique. Manifeste pour continuer à lire, Albin Michel, 2013.

Heureux hasard des titres ! Ce n'est sans doute pas une coïncidence si le « colonialisme numérique » est facteur de créolisation. L'histoire rime !
Ce n'est donc ni la fin des livres :

http://www.scholarvox.com/catalog/book/docid/41000245, un texte surprenant et visionnaire écrit par Octave Uzanne en 1894

Ni la fin des bibliothèques :

http://www.scholarvox.com/catalog/book/docid/88829312, un texte qui illustre magnifiquement ce qu'une bibliothèque peut révéler des pratiques de savoir.

De la bibliothèque je suis ensuite passé à l'école. J'ai abordé ce lieu que nous connaissons tous en lisant et relisant Walter Benjamin :

De l'œuvre d'art à l'époque de sa reproductibilité technique, Éditions Allia, 2014.

Et Paul Valéry :

La Conquête de l'ubiquité. Pièces sur l'art, Paris, 1934, p. 103-104 (Bibliothèque de la Pléiade, tome II, 1960, p. 1284).
Variété III, IV et V, Gallimard, coll. « Folio », 2010.
Le Bilan de l'intelligence, Éditions Allia, 2011.

Pourquoi avoir choisi ces deux auteurs ? Parce que l'un pose la question de l'authenticité (de l'œuvre d'art) et l'autre se méfie des diplômes. Ayant longtemps pratiqué le métier d'enseignant, je ne pouvais trouver meilleurs éclaireurs que Benjamin et Valéry à un moment où l'enseignant et son art pédagogique sont devenus numériquement reproductibles, à grande échelle, perdant ainsi leur authenticité, à un moment où les diplômes sont remis en question par cet enseignement non linéaire dispensé au rythme des fameux MOOCs. Je conseille de lire et relire ces textes. Ils sont tous deux lumineux tout comme l'est cet autre texte d'Angela Lugrin :

En-dehors, Éditions Isabelle Sauvage, 2015.

Je ne crois pas avoir lu de texte plus émouvant, plus pénétrant, plus fragile que ce livre, carnet intime d'un voyage pédagogique à la prison de la Santé.
Le livre de Raffaele Simone :

Pris dans la Toile. L'esprit aux temps du Web, Gallimard, 2012

installe le débat en termes plutôt francs : Apprendre, se rappeler, oublier.
Chemin lisant, j'ai croisé sur le Web Sir Ken Robinson, auteur de nombreux livres consacrés à l'école et à la pédagogie, dont il faut visionner cette hilarante vidéo :

https://www.ted.com/talks/ken_robinson_says_schools_kill_creativity?language = fr et Sugata Mitra, un pétillant professeur dont je recommande également cette étonnante vidéo :

https://www.ted.com/talks/
sugata_mitra_the_child_driven_education

Tous deux illustrent, à la lueur d'expériences fascinantes, cette joie spontanée d'apprendre, sans limite, que le système scolaire actuel semble s'acharner à museler. Ce système scolaire fait encore la part trop belle au PowerPoint, à l'estrade toute-puissante. Le professeur hérisson trône sur son podium face à des élèves renards qui, souris ou GSM en main, pratiquent l'école e-buissonnière.

Irène Tamba, *Le Hérisson et le Renard : une piquante alliance*, Paris, Klincksieck, 2012.

Cette métaphore du hérisson et du renard est intemporelle. Il ne s'agit pas pour autant de privilégier les renards au détriment des hérissons ou l'inverse. Si l'on suit le raisonnement de Benjamin, le numérique « banalise » la pédagogie, la pousse dans ses retranchements. Renards et hérissons, qu'ils le veuillent ou non, doivent innover tant dans la manière que dans les lieux où cette manière s'exprime. Ce n'est pas nouveau bien sûr.

Ivan Illitch, *Une société sans école*, Éditions du Seuil, 1971.
Célestin Freinet, *Œuvres pédagogiques*, Éditions du Seuil, 1994.
Krishnamurti, *De l'éducation*, Albin Michel, 2013.
Maria Montessori, *Les Étapes de l'éducation*, Desclée de Brouwer, 2008.
Alexander S. Neill, *Libres enfants de Summerhill*, La Découverte, 2004.

Qui en effet n'aurait pas aimé avoir comme professeur cet enseignant joué par Bernard Blier dans le film *L'École buissonnière* ?

Ce qui est nouveau en revanche, c'est l'envergure de la palette de savoirs que les élèves peuvent mobiliser d'un clic de souris *via* l'Internet. Au risque de simplifier à l'extrême, les élèves devaient jusqu'ici solliciter abondamment leur mémoire. Aujourd'hui, c'est leur capacité à relier au bon moment, à bon escient tous ces éléments afin qu'ils prennent forme de savoir. De ce point de vue, et en dépit de ses simplifications souvent abusives, l'ouvrage de Daniel Pink :

L'Homme aux deux cerveaux, Éditions Robert Laffont, 2007

est une lecture stimulante. Il en va des bibliothèques comme de la pédagogie. Leur banalisation numérique les pousse à inventer, à accueillir l'inattendu. Et, c'est bien de ce mélange « créolisateur » entre pédagogie « traditionnelle » et pédagogie numérique que peuvent sourdre ces nouveaux modes et espaces pédagogiques émancipés du castrateur PowerPoint. À nous d'agir !

Cette promenade à travers les MOOCs m'a confronté à la gratuité, cette gratuité qui semble consubstantielle à l'Internet. Je dis semble car rien n'est moins sûr. Je nourris une passion indéfectible pour les phares, ces vigies océanes. Pendant longtemps, j'ai cru à leur gratuité. Après tout, c'est ce que m'avaient enseigné nombre de mes bons maîtres en économie. Il aura fallu la lecture de Ronald H. Coase :

La Firme, le Marché et le Droit, Diderot Éditeur, 1997.

pour découvrir que cette histoire de la nécessaire gratuité des phares est une fable. Aux passionnés des sentinelles de Fresnel, je m'empresse d'abord de recommander la lecture de :

Jean-Pierre Abraham, *Armen*, Le Tout pour le Tout, 1988.
Petites histoires de… Phares bretons, Terre de Brume, 2012.

Bien que récipiendaire du prix Nobel d'économie, Ronald H. Coase n'est pas un économiste. C'est un juriste. Il faut sans doute des « non-économistes » pour dire et écrire des choses lucides à propos de l'économie. Coase n'est le seul de son espèce. Je vous invite chaleureusement à lire tous ces prix Nobel d'économie qui ne sont pas des économistes !

Daniel Kahneman, *Système 1, système 2. Les deux vitesses de la pensée*, Flammarion, 2012.
Herbert A. Simon, *Administration et processus de décision*, Economica, 1983.

La gratuité n'est donc pas une fatalité de l'Internet quand bien même on ne cesse de nous asséner le contraire. C'est bien connu, quand c'est gratuit, on ne pose pas de question. C'est une erreur profonde, car cette gratuité imposée est incroyablement « dispendieuse », comme disent nos amis québécois. La gratuité a fait l'objet de tant d'écrits qu'on peut en conclure qu'elle ne va pas de soi :

Guillaume Sire, Cécile Méadel et Joëlle Farchy, *La Gratuité à quel prix ? Circulation et échanges de biens culturels sur Internet*,

Presses des Mines, 2015, http://www.scholarvox.com/catalog/book/docid/88828413

Jean-Louis Sagot-Duvauroux, *De la gratuité*, Éditions de l'Éclat, 2013, http://www.scholarvox.com/catalog/book/docid/88823872

Jean-Louis Sagot-Duvauroux, *Pour la gratuité*, Éditions de L'Éclat, 2016.

Rémy Rieffel, *Mythologie de la presse gratuite*, Éditions Le Cavalier bleu, 2010, http://www.scholarvox.com/catalog/book/docid/45003827

Gabriel Nadeau-Dubois, *Libres d'apprendre : plaidoyer pour la gratuité scolaire*, Écosociété, http://www.scholarvox.com/catalog/book/docid/88825937

Laurent Paillard, *La Gratuité intellectuelle*, Éditions Parangon, 2013.

Denis Olivennes, *La Gratuité c'est le vol*, Grasset, 2007.

Olivier Bomsel, *Gratuit ! – Du déploiement de l'économie numérique*, Gallimard, 2007.

Francine Markovits, *C'est gratuit*, Albin Michel, 2007, http://international.scholarvox.com/catalog/book/docid/88814564

Ludovic Hirtzman et François Martin, *Le Défi des quotidiens gratuits*, Éditions Multimondes, 2004, http://international.scholarvox.com/catalog/book/docid/88816121

Cécile Méadel et Joëlle Farchy, *Télécharge-moi si tu peux : Musique, film, livre*, Presses des Mines, 2015, http://www.scholarvox.com/catalog/book/docid/88828597

Bruce Schneier, *Data and Goliath – The Hidden Battles to Collect Your Data and Control Your World*, W.W. Norton & Company, 2015.

La gratuité, gratification immédiate sans contrepartie (visible), est ainsi devenue l'adjuvant incontournable de l'Internet. Elle est aux mains de ces marchands mondiaux que sont les maîtres de forges numériques. Entre leurs mains, la gratuité luit comme les boucliers de Damoclès, ces boucliers d'airain qu'il fallait continûment lustrer pour leur donner l'apparence de l'or. Sans le scintillement du vernis doré de la gratuité, toutes nos données finiraient par trop affleurer. Cet affleurement et ses conséquences sont précisément à l'origine du remarquable livre de Jaron Lanier :

Internet. Qui possède notre futur ?, Éditions Le Pommier, 2014.

J'ai lu ce livre au moment de sa parution alors que je séjournais dans la Silicon Valley. Sa lecture locale avait une saveur particulière car je pouvais en discuter autour d'un café avec ces fameux geeks de la Vallée. Ce livre est important car son auteur est un des pionniers de l'Internet et de la réalité virtuelle. Son avertissement à propos de nos données et de leur traitement est salutaire. Certes le penchant de l'homme pour les données et leur traitement n'est pas chose nouvelle. Ma bibliothèque contient de nombreux ouvrages consacrés au Nombre et à ses adeptes :

Alain Supiot, *La Gouvernance par les nombres*, Fayard, 2015.
Olivier Rey, *Quand le monde s'est fait nombre*, Éditions Stock, 2016.

Fernand Braudel ne manque pas de citer d'illustres coureurs du Nombre dans son ouvrage fleuve :

Civilisation matérielle, économie et capitalisme, XVe-XVIIIe siècle, Armand Colin, 1979.

C'est une évidence. On ne peut reprocher au monarque de compter ses richesses, à l'assureur de mesurer les risques qu'il couvre, au démographe d'estimer la fécondité d'une population. L'histoire de ces tentatives est d'ailleurs passionnante :

Jacob Soll, *The Reckoning*, Penguin Books, 2014.
R. A. Fisher, *Les Méthodes statistiques appliquées à la recherche scientifique*, Presses universitaires de France, 1947.
Daniel Zajdenweber, *Économie des extrêmes*, Flammarion, 2000.
Ivar Ekeland, *Au hasard. La chance, la science et le monde*, Éditions du Seuil, 1991.
Jean Fourastié, *Productivité et richesse des nations*, Gallimard, coll. « Tel », 2005.
Michèle Virol (sous la direction de), *Les Oisivetés de Monsieur de Vauban*, Éditions Champ Vallon, 2007.

Le saut devient néanmoins quantique lorsque l'empire du nombre se veut hégémonique au point de vouloir gouverner les hommes (et les choses, les hommes par les choses et *vice versa*), souvent à leur insu. La lecture des récents ouvrages de :

Marc Dugain et Christophe Labbé, *L'Homme nu. La dictature invisible du numérique*, Plon, 2016.

Baudoin de Bodinat, *Au fond de la couche gazeuse 2011-2015*, Fario, 2015.
Maurizio Ferraris, *Mobilisation totale*, Presses universitaires du Monde (dont je ne cesse de méditer la phrase « Avoir le monde en main signifie aussi, automatiquement, être aux mains du monde »)

est de ce point de vue indispensable. On pourra « pondérer » leur lecture par celle de :

Nicolas Colin et Laetitia Vitaud, *Faut-il avoir peur du numérique*, Armand Colin, 2016.
Dominique Boullier, *Sociologie du numérique*, Armand Colin, 2016.
Dominique Vinck, *Humanités numériques*, Le Cavalier Bleu Éditions, 2016, http://www.scholarvox.com/catalog/book/docid/88832629

Jaron Lanier a raison. Il est impératif de poser la question du traitement de nos données, car elles vont bientôt déferler à une cadence « tsunamique ». Une vague (scélérate ?) d'objets connectés est en train de se former, et on en viendrait presque à croire qu'avant d'être connectés nos objets n'avaient pas de vie, que notre vie au contact de ces objets « inertes » était mièvre. Si nos objets se réveillent numériquement, cela vaut vraiment la peine de les regarder d'un peu plus près. C'est ce que j'ai tenté de faire avec quelques objets du quotidien, le canif, les lunettes, les tablettes, le livre, la bouteille de vin, auxquels j'ai ajouté la banane. J'avoue que les objets me fascinent, et je connais peu d'auteurs qui en parlent aussi bien qu'Henry Petroski :

The Pencil – A History of Design and Circumstance, Knopf, 1992.
The Evolution of Useful Things, Vintage Books, 1994.

Le canif auquel je consacre des lignes affectueuses est, comme le crayon, un objet simple, pour ne pas dire modeste. L'histoire de l'un et de l'autre n'en est pas moins fascinante, et illustre combien la trajectoire de toute technologie peut être infléchie par des phénomènes apparemment anodins. Vous découvrirez page 207 de *The Pencil* pourquoi nos crayons sont toujours de bois alors qu'ils auraient pu être de papier ! Il ne faut jamais oublier les malices de l'histoire. Une technologie si brillante soit-elle peut succomber à cause d'un détail pourtant insignifiant à l'aune de ses qualités. Soyons donc attentifs à nos objets quotidiens et à leur histoire, ils en disent long sur nos travers, sur nos carences. Écoutons-les, regardons-les attentivement :

Arlette Farge, *Le Peuple et les choses. Paris au XVIIIe siècle*, Bayard, éditions, 2015.
Chiara Frugoni, *Le Moyen Âge sur le bout du nez. Lunettes, boutons et autres inventions médiévales*, Les Belles Lettres, 2011.
Arsenio Frugoni et Chiara Frugoni, *Une journée au Moyen Âge*, Les Belles Lettres, 2013.
Richard Sennett, *The Craftsman*, Penguin Books, 2009.
Jean-Louis Beaucarnot, *Qui étaient nos ancêtres*, Éditions Jean-Claude Lattès, 2002.
André Leroi-Gourhan, *L'Homme et la matière*, Albin Michel, 1971.
André Leroi-Gourhan, *Milieu et technique*, Albin Michel, 1973.
Alex Marshall, *The Surprising Design of Market Economies*, University of Texas Press, 2012.

avant qu'ils ne deviennent des bavards impénitents et qu'ils ne finissent par exacerber nos imprudences :

Bruce Sterling, *Objets bavards. L'avenir par les objets*, Éditions FYP, 2009.
Frédéric Kaplan, *La Métamorphose des objets*, Éditions FYP, 2009.
Matthew Crawford, *Contact. Comment nous avons perdu le monde, et comment le retrouver*, La Découverte, 2015.
Edward Tepper, *Why Things Bite Back – Predicting the Problems of Progress*, Fourth Estate Ltd, 1997 (*Attenzione*, les objets sont rancuniers, ils peuvent prendre leur revanche !)

À ce stade de cette (anti) bibliographie, une halte en compagnie de mon ami Léon Mazzella s'impose, pourquoi pas un verre de Riesling Silberg 2010 de chez Rolly Gassmann (Rorschwir), je l'espère non connecté, à la main :

Dictionnaire chic du vin, Éditions de l'Archipel, 2015.

La lecture du dictionnaire de Léon m'a rappelé des souvenirs académiques, en particulier cette rivalité entre le gourou du vin Robert Parker et l'économiste américain Orley Ashenfelter auquel j'avais consacré un article dans la *CEMS Business Review*. Le vin m'a paru exemplaire tant nous dérapons de la verve gouleyante de Léon vers des algorithmes dont je suis persuadé qu'ils ne peuvent que lui rester en travers du gosier. Qui plus est, un bon verre de vin n'est sans doute pas de trop lorsque l'on réalise que les mots d'Étienne de la Boétie, écrits en 1549 dans son discours de la servitude volontaire, résonnent, encore aujourd'hui, étrangement juste :

> http://classiques.uqac.ca/classiques/la_boetie_etienne_de/
> discours_de_la_servitude/discours_servitude_volontaire.pdf

À la lecture de ce texte, je n'ai pu m'empêcher de penser à la dialectique maître-esclave d'Hegel dans laquelle les rôles finissent par s'inverser. Pourquoi être la cible quand on peut devenir l'archer ? Cette inversion m'a inspiré les pages intitulées « De l'art d'éplucher une banane ». Nous avons en effet souvent tendance à regarder par le même bout de la lorgnette. C'est un tort, car en inversant la perspective comme savait si bien le faire mon ami Jean-Michel Cornu de Lenclos, fondateur de l'Archange Minotaure, le paysage change du tout au tout. Cette inversion est à la base des livres de :

> Ian Ayres et Barry Nalebuff, *Why Not ?*

et de

> Richard Normann et Rafael Ramirez, *Designing Interactive Strategy : From Value Chain to Value Constellation*, John Wiley & Sons, 1998.

Je me souviens avoir beaucoup échangé avec Rafael sur ce sujet lorsque nous étions tous deux enseignants à HEC. Ce principe d'envers anime également l'étonnant dictionnaire publié par les Éditions Thierry Marchaisse :

> *Dictionnaire des mots manquants*, Éditions Thierry Marchaisse, 2016, http://www.scholarvox.com/catalog/book/docid/88832213

Le regard porte étonnamment loin lorsque l'on prend le temps de regarder à l'envers. C'est un exercice rafraîchissant et salutaire. L'airain d'une situation peut devenir l'or d'une autre. C'est ce qu'ont parfaitement compris les maîtres de forges numériques qui ne sont pas maîtres de forges pour rien !

Le vocable de maîtres de forges numériques s'est imposé à moi à la (re)lecture d'ouvrages sur les révolutions industrielles et l'histoire des sciences et techniques. On ne peut comprendre une révolution industrielle et ses acteurs si l'on ne s'est pas au préalable intéressé à celles qui l'ont précédée. La liste qui suit est longue. Lorsque l'on se plonge dans l'histoire économique, il faut le faire à ses risques et périls. Mais la plongée en vaut la peine.

Joël Cornette, *Histoire de la Bretagne et des Bretons*, Éditions du Seuil, 2005.

Joël Mokyr, *The Lever of Riches – Technological Creativity and Economic Progress*, Oxford University Press, 1992.

Joël Mokyr, *The Gifts of Athena, Historical Origins of The Knowledge Economy*, Princeton University Press, 2002.

Patrick Verley, *La Révolution industrielle*, Gallimard, 1997.

Patrick Verley, *L'Échelle du monde*, Gallimard, 2013.

David S. Landes, *L'Heure qu'il est. Les horloges, la mesure du temps et la formation du monde moderne*, Gallimard, 1987.

David S. Landes, *The Wealth and Poverty of Nations – Why Sone Countries Are So Rich and Some So Poor*, W.W. Norton & Company, 1998.

John McMillan, *Reinventing The Bazaar – A Natural History of Markets*, W.W. Norton & Company, 2002.

Henry Méchoulan, *Amsterdam au temps de Spinoza. Argent et liberté*, Berg international éditeurs, 2014.

Simon Schama, *L'Embarras de richesses. Une interprétation de la culture hollandaise au Siècle d'or*, Gallimard, 1991.

Anthony Atkinson, *Inégalités*, Éditions du Seuil, 2016.

P. Guillemenot, *Essai de science sociale ou Éléments d'économie politique*, Bray et Retaux, Libraires-Éditeurs, 1884.

Fr. Merten, *Manuel de sciences commerciales à l'usage des athénées et des collèges*, Librairie Générale de Ad. Hoste Éditeur, 1900.

Daniel Cohen, *Nos temps modernes*, Flammarion, 1999.

Eugen Weber, *La Fin des terroirs*, Fayard, 1983.

François Vatin, *L'Espérance-monde. Essais sur l'idée de progrès à l'heure de la mondialisation*, Albin Michel, 2012.

Stephen A. Marglin, *The Dismal Science – How Thinking Like an Economist Undermines Community*, Harvard University Press, 2008.

Pierre Musso (sous la direction de), *Imaginaire, Industrie et Innovation*, Éditions Manucius, 2016.

Michel Margairaz, *Histoire économique, XVIIIᵉ-XIXᵉ siècle*, Larousse, 1992.

Alain Gras, *Fragilité de la puissance. Se libérer de l'emprise technologique*, Fayard, 2003.

Alain Gras, *Les Imaginaires de l'innovation technique*, Éditions Manucius, 2013.

Françoise Bayard et Philippe Guignet, *L'Économie française aux XVIᵉ-XVIIᵉ-XVIIIᵉ siècles*, Éditions Ophrys, 1991.

Ronald H. Coase, *Essays on Economics and Economists*, The University of Chicago Press, 1994.

Fernand Braudel, *La Dynamique du capitalisme*, Éditions Arthaud, 1985.

Pierre Rosanvallon, *Le Libéralisme économique. Histoire de l'idée de marché*, Éditions du Seuil, 1989.

Jean-Pierre Dupuy, *Libéralisme et justice sociale. Le sacrifice et l'envie*, Hachette, coll. « Pluriel », 1997.

Yoram Barzel, *Economic Analysis of Property Rights*, Cambridge University Press, 1989.

Thomas Piketty, *Le Capital au XXIᵉ siècle*, Éditions du Seuil, 2013.

Gilbert Simondon, *Du mode d'existence des objets techniques*, Aubier, 2012.

Gilbert Simondon, *Sur la technique*, Presses universitaires de France, 2014.

Bob Seidensticker, *Future Hype – The Myths of Technology Change*, Berrett-Koehler, 2006.

Paul Bairoch, *Victoires et déboires. Histoire économique et sociale du monde du XVIᵉ siècle à nos jours*, Gallimard, 1997.

René Duchet, *Bilan de la société technicienne. Anéantissement ou promotion de l'homme*, Privat/Didier, 1955.

Jared Diamond, *Guns, Germs and Steel – A Short History for the Last 13 000 years*, Vintage, 1998.

Keith Thomas (édité par), *The Oxford Book of Work*, Oxford University Press, 1999.

Denis Woronoff, *Histoire de l'industrie en France du XVIᵉ siècle à nos jours*, Éditions du Seuil, 1994.

Daron Acemoglu et James A. Robinson, *Why Nations Fail ? – The Origins of Power, Prosperity, and Poverty*, Crown Business, 2012.

Jared Diamond, *Effondrement. Comment les sociétés décident de leur disparition ou de leur survie*, Gallimard, 2006.

Robert C. Allen, *Global Economic History – A Very Short Introduction*, Oxford University Press, 2011.

Bruno Jacomy, *Une histoire des techniques*, Éditions du Seuil, 2015.

Steven Shapin, *La Révolution scientifique*, Flammarion, 1998.

Thurman Arnold, *The Folklore of Capitalism*, BeardBooks, 2000.

Carlo M. Cipolla, *Histoire économique de la population mondiale*, Gallimard, 1965.

Karl Polanyi, *La Subsistance de l'homme. La place de l'économie dans l'histoire et la société*, Flammarion, 2011.

Michel Beaud, *Histoire du capitalisme – 1550-2010*, Editions du Seuil, 2010.

Élisée Reclus, *L'Homme et la terre. Histoire contemporaine*, Fayard, 1990.

Pierre Kropotkine, *L'Entraide. Un facteur de l'évolution*, Écosociété, 2001.

Pierre Kropotkine, *La Conquête du pain. L'économie au service de tous*, Éditions du Sextant, 2013.

Georges Navel, *Travaux*, Gallimard, 2004.

Chandra Mukerji, *Impossible Engineering. Technology and Territoriality on the Canal du Midi*, Princeton University Press, 2009.

Pamela O. Long, *Artisan/Practitioners and the Rise of the New Sciences, 1400-1600*, Oregons State University Press, 2011.

Je retiens de toutes ces lectures historiques et économiques que l'histoire a plus d'un tour dans son sac, qu'il faut se méfier du mot révolution. Un adjectif m'a particulièrement frappé : industrieux. Accolé à révolution, il donne naissance à un oxymore. Ou plus exactement il lui donne son vrai sens : révolution industrieuse. C'est évidemment moins glorieux que révolution industrielle, cette révolution conduite par les valeureux et visionnaires chevaliers d'industrie. Pourquoi parler de la piétaille quand on peut tisser des hagiographies qui en feront rêver plus d'un ? Je dois avouer que je n'aime guère ces sagas de héros sans la bravoure desquels nous ne serions que ludions à la dérive. Le livre de Mariana Mazzucato a l'immense mérite de mettre les points sur les i :

Maria Mazzucato, *The Entrepreneurial State – Debunking Public vs. Private Sector Myths*, Anthem, 2013.

À sa lecture, vous regarderez votre smartphone différemment. Le coup de pouce que l'État donne à la technologie (la main invisible n'aurait finalement que quatre doigts !) est d'autant plus le bienvenu qu'il force à sa manière le hasard, ce hasard qui nous trompe si souvent au point que nous en faisons (*ex post*) une (bien trop) jolie histoire de talent :

Nassim Nicholas Taleb, *Le Hasard sauvag,*
nous trompe, Les Belles Lettres, 2008, http://,
com/catalog/book/docid/88816506
Nassim Nicholas Taleb, *Le Cygne noir. La*
l'imprévisible, Les Belles Lettres, 2012, http://www..
com/catalog/book/docid/88816505
Nassim Nicholas Taleb, *Force et fragilité. Réflexions philosoph.*
et empiriques, Les Belles Lettres, 2010, http://www.scholarvo.
com/catalog/book/docid/88816504
Robert H. Frank, *Luck and Success – Good Fortune and the Myth
of Meritocracy*, Princeton University Press, 2016.
Michael J. Mauboussin, *The Success Equation – Untangling Skill
and Luck in Business, Sports, and Investing*, Harvard Business
Review Press, 2013.
Ed Smith, *Luck – What it Means and Why it Matters*, Bloomsbury
Publishing, 2012.

La duperie du hasard est à son paroxysme lorsque le bienheu-
reux gagnant rafle la mise. Il est alors ce surfeur qui, non content
de surfer et de vaincre la gigantesque vague du succès, en vient
à penser qu'il est Neptune !

Robert H. Frank et Philippe Cook, *The Winner-Take-All Society*,
The Free Press, 1995.

Nous sommes peut-être les héritiers de héros. Nous sommes
plus certainement les héritiers de ces mains industrieuses dont la
peine quotidienne et l'humble génie sont à la source de tant de
choses. Il faut s'en réjouir car cet héritage n'est pas mort. Les flux
de l'Histoire sont l'envers de ses reflux. Plus je lisais ces ouvrages
consacrés à l'histoire de l'économie, à celle de la technologie, plus je
percevais le bruit parfois sourd de ces flux et reflux. J'en ai tiré une
intuition que j'ai essayé de modeler dans cette dernière partie du
livre que j'ai intitulée « Idées », en quelque sorte une coalescence
des lieux, des objets et des gens. Les machines nous ont conduits à
l'usine[168], hors de nos cottages. Devenues numériques, elles vont
nous « chasser » de ces usines et nous inciter à refonder nos cottages. De tels flux et reflux ne se font pas sans heurts. Les maîtres
de forges numériques ont acquis un tel ascendant qu'ils comptent

---

168. Usine au sens large du terme, un siège social est une usine tertiaire.

bien mener la danse, toujours et encore. La sculpture d'Amilcar
Zannoni en est l'intuition torturée. J'ai rencontré cette sculpture
dans un des livres de la bibliothèque de mon père qui a vécu une
partie de son enfance non loin de chez Amilcar.

Pierre Mangin, *Le Pays de Briey en images*, Mangin, 1990.

À cette intuition du fer métamorphosé par les mains du mineur
et aux interrogations que cette métamorphose pose quant à l'avenir
de l'homme au travail et à celui des classes moyennes tentent de
répondre de nombreux livres :

François Jarrige, *Techno-critiques. Du refus des machines à la contestation des technosciences*, La Découverte, 2014.
Denis Vidal, *Aux frontières de l'humain. Dieux, figures de cire, robots et autres artefacts*, Alma éditeur, 2016.
Pedro Domingos, *The Master Algorithm – How the Quest for the Ultimate Learning Machine Will Remake Our World*, Allen Lane, 2015.
Jean Rostang, *Peut-on modifier l'homme ?*, Gallimard, 1956.
Lars Svendsen, *Le Travail. Gagner sa vie, à quel prix ?* Éditions Autrement, 2013.
Erik Brynjolfsson and Andrew McAfee, *The Second Machine Age – Work, Progress, and Prosperity in a Time of Brilliant Technologies*, W.W. Norton & Company, 2014.
Martin Ford, *Rise of the Robots, Technology and the Threat of a Jobless Future*, Basic Books, 2015.
Nick Bostrom, *Superintelligence – Paths, Dangers, Strategies*, Oxford University Press, 2014.
Richard Susskind and Daniel Susskind, *The Future of the Professions – How Technology Will Transform the Work of Human Experts*, Oxford University Press, 2015.
Jerry Kaplan, *Humans Need Not Apply – A Guide to Wealth and Work in the Age of Artificial Intelligence*, Yale University Press, 2015.
Dominique Cardon, *À quoi rêvent les algorithmes. Nos vies à l'heure des big data*, Éditions du Seuil, 2015.
Miguel Benasayag, *Cerveau augmenté, homme diminué*, La Découverte, 2016.
Antonio R. Damasio, *L'Erreur de Descartes. La raison des émotions*, Odile Jacob, 2010.
Antonio R. Damasio, *Spinoza avait raison. Joie et tristesse, le cerveau des émotions*, Odile Jacob, 2004

Georges Bernanos, *La France contre les robots*, Le Castor astral, 2015.
Denis Le Bihan, *Modéliser le cerveau. Les avancées de l'imagerie*, Éditions Manucius, 2015.
John Bowe, Marisa Bowe, and Adam Streeter (édité par), *GIG – Americans Talk About Their Jobs*, Three Rivers Press, 2009.
Pierre-Yves Gomez, *Le travail invisible. Enquête sur une disparition*, François Bourin Editeur, 2013.
Pierre-Yves Gomez, *Intelligence du travail*, Desclée de Brouwer, 2016.

Cette longue liste mériterait d'être complétée par des ouvrages de science-fiction, d'anticipation. Je me contenterai de citer un livre que je dois à mon voisin de libraire :

Nicolas Nova, *Futurs ? – La panne des imaginaires technologiques*, Les moutons électriques éditeur, 2014. (La postface de David Calvo est un morceau de bravoure.)

que je n'hésite pas à associer à un vivifiant et remuant opuscule :

Norbert Hillaire, *L'Art dans le tout numérique*, Éditions Manucius, 2015, http://www.scholarvox.com/catalog/book/docid/88833910

À ce questionnement sur l'avenir du travail, sur la relation entre homme et machine se superpose celui sur l'avenir de la propriété intellectuelle. Homme ou machine, tout ou rien, le débat est hélas posé plus souvent qu'à son tour en termes binaires. Pourtant, il ne me semble pas qu'il faille chercher les solutions exclusivement dans les coins, et de ce point de vue le livre de Lawrence Lessig :

The Future of Ideas – The Fate of the Commons in a Connected World, Vintage, 2002

décrit magistralement la tension entre incitations à créer (brevets, copyright) et création issue du partage (communs) qu'Internet exacerbe. Cette tension n'est finalement que le reflet de choix que nous n'avons pas encore correctement formulés, d'une liberté dont nous n'avons pas encore fait le tour. Réjouissons-nous de cette abondance de choix, de formules avec lesquelles nous allons pouvoir redéfinir le champ de la propriété intellectuelle. J'ai senti cette joie à l'œuvre dans le pétillant ouvrage de Jean Haëntjens et Stéphanie Lemoine :

> *Éco-urbanisme – Défis planétaires, solutions urbaines*, Écosociété, 2015.

Cette joie est néanmoins toujours sous risque de confiscation par les maîtres de forges numériques. Les ouvrages qui suivent décillent vigoureusement les yeux.

> Tom Slee, *Ce qui est à toi est à moi. Contre Airbnb, Uber et autres avatars de l'économie de partage*, Lux Éditeur, 2016.
> Evgeny Morozov, *Pour tout résoudre cliquez ici. L'aberration du solutionnisme technologique*, Éditions FYP, 2014.
> Evgeny Morozov, *Le Mirage numérique. Pour une politique du Big Data*, Les Prairies ordinaires, 2015.
> Aaron Perzanowski and Jason Schultz, *The End of Ownership. Personal Property in the Digital Economy*, The MIT Press, 2016.
> Geoffrey Parker, Marshall W. Van Alstyne and Sangeet Paul Choudary, *Platform Revolution. How Networked Markets Are Transforming the Economy and how to Make Them Work for You*, W.W. Norton & Company, 2016.

Evgeny Morozov a stimulé ma réflexion. Il est une voix détonante. Le défi posé par les maîtres de forges numériques est de taille. Taille parce qu'on nous répète à l'envi que nous sommes entrés dans le siècle des Lumières numériques, le siècle de la Raison augmentée. Le mot défi sonnait juste dans ma tête et ma plume car il me rappelait d'anciennes lectures, en particulier celles des livres de Michel Le Bris :

> *L'Homme aux semelles de vent*, Grasset, 1977 (un livre qui a compté et compte encore beaucoup pour moi).
> *Le Paradis perdu*, Grasset, 1981.
> *Le Grand Dehors*, Payot, 1992.
> *Un hiver en Bretagne*, Nil Éditions, 1996 (le lieu de son hiver était le lieu des étés de mon enfance).
> *Le Défi romantique*, Flammarion, 2002.

Je ne citerai pas les ouvrages d'une autre connivence avec Michel Le Bris (Robert-Louis Stevenson et la flibuste, la liste serait longue), quand bien même il est évident que la flibuste n'est pas morte et que ce n'est pas l'envie qui m'en manque. Je mentionne Stevenson (le père de *L'Île au trésor*) et les flibustiers à dessein car nous avons beaucoup à apprendre de cette prise de risque des confins qu'était la course. Je ne peux toutefois résister à mentionner une acquisition faite chez mon voisin de libraire que je n'ai fait que feuilleter, et dans la lecture duquel j'ai hâte de me plonger :

Gilbert Buti et Philippe Hrodĕj, *Histoire des Pirates et des Corsaires. De l'Antiquité à nos jours*, CNRS Éditions, 2016

Tout au long de son œuvre Michel Le Bris parle avec une immense affection du défi romantique, ce défi porté en particulier par les préromantiques allemands face à la toute rayonnante Raison des Lumières. Ma conviction est que nous devons d'urgence renouveler le bail de ce défi car la Raison n'a rien perdu de sa superbe. Elle se revendique désormais augmentée. Il est grand temps de (re)lire Michel Le Bris et tous ceux qui, comme lui, se sont passionnés pour cette insurrection des vulnérables face aux infaillibles de la Raison :

Armel Guerne, *L'Âme insurgée. Écrits sur le romantisme*, Seuil, coll. « Point », 2011.
Armel Guerne, *Les Romantiques allemands*, Phébus, 2004.
Philippe Lacoue-Labarthe et Jean-Luc Nancy, *L'Absolu littéraire. Théorie de la littérature et du romantisme allemand*, Éditions du Seuil, 1978.
Albert Bégin, *L'Âme romantique et le rêve*, Librairie José Corti, 1991.
Georges Gusdorf, *Les Sciences humaines et la pensée occidentale*, t. VII : *Naissance de la conscience romantique au siècle des Lumières*, Payot, 1976.
Georges Gusdorf, *Les Sciences humaines et la pensée occidentale*, t. IX : *Fondements du savoir romantique*, Payot, 1982.
Georges Gusdorf, *Les Sciences humaines et la pensée occidentale*, t. XI : *L'Homme romantique*, Payot, 1984.
Georges Gusdorf, *Les Sciences humaines et la pensée occidentale*, t. XII : *Le Savoir romantique de la nature*, Payot, 1985.
Georges Gusdorf en ligne :
http://classiques.uqac.ca/contemporains/gusdorf_georges/gusdorf_georges.html

Charles Le Blanc, Laurent Margantin et olivier Schefer, *La Forme poétique du monde. Anthologie du romantisme allemand*, Librairie José Corti, 2003.

Un pamphlet à succès encourageait récemment les gens à s'indigner. L'indignation, pour sincère qu'elle soit, est une épée de bois face à des boucliers d'airain. « Insurgez-vous » a plus de chance de réussir. Nous pouvons inverser cette métallurgie de pacotille au travers de laquelle l'airain tente de se faire passer pour l'or. Il nous faut pour cela revenir, en quelque sorte, sur nos pas et (re)devenir les orpailleurs de nos données. J'ai écrit çà et là ma conviction que le monde est information. Nous sommes et devons rester les orpailleurs de ces informations. La prolificité de ces informations est merveille, et je ne suis pas seul dans cet émerveillement :

Jean-Louis Dessalles, Cédric Gaucherel et Pierre-Henri Gouyon, *Le Fil de la vie. La face immatérielle du vivant*, Odile Jacob, 2016.
Vlatko Vedral, *Decoding Reality – The Universe as Quantum Information*, Oxford University Press, 2010.
César Hidalgo, *Why Information Grows – The Evolution of Order, from Atoms to Economies*, Allen Lane, 2015.
François Jacob écrivait dans :
La logique du vivant. Une histoire de l'hérédité, Gallimard, 1976

qu'« *aujourd'hui, le monde est messages, codes et informations.* » Il est message à qui prend le temps de regarder. Une bibliothèque est une puissante métaphore de ce monde messager. À cette information libérée, fluide et bariolée, je ne peux m'empêcher, sans trop savoir pourquoi, d'associer le mot harmonie. Sans doute parce qu'il s'agit de la vie, du fil de la vie. Je me rends bien sûr compte combien cette association est périlleuse. Je parviens à ressentir l'harmonie sans pour autant être capable de la définir. J'en ai néanmoins trouvé quelques clés dans la culture japonaise. Cette harmonie, les Japonais la qualifient WA, mot qu'ils lient à la gratitude.

WA – L'essence du design japonais, Phaidon, 2014.
Philippe Bonnin, Nishida Mastasugu et Inaga Shigemi, *Vocabulaire de la spatialité japonaise*, CNRS Éditions, 2013.
Sōetsu Yanagi, *Artisan et inconnu. La beauté dans l'esthétique japonaise*, L'Asiathèque, 1992.

À la lecture de ces livres, il est une évidence. Les maîtres de forges numériques ne sont pas WA. Ils ne sont pas harmonieux. Ils sont trop encombrants, trop sûrs d'eux, trop centralisateurs pour l'être. Ils sont SWAP, du S (soutiers) et du P (plateformes) ils font une mâchoire qui broie le WA. Cette mâchoire enlaidit l'architecture de l'Internet. Cette disharmonie la rend fragile, nous rend fragiles.

Lorsque j'écrivais le mot soutiers, la sourde et menaçante rumeur du gouffre d'Édouard Glissant revenait, tenace, à mes oreilles. Je ne peux, sans frémir, relire les lignes d'Édouard Glissant à propos du ventre du navire négrier. Ce ventre est gouffre. Triple gouffre. Le gouffre, c'est la cale sordide, obscure du bateau. Le gouffre, c'est l'abîme marin, le ventre insatiable de la mer qui engloutit les corps. Le gouffre, c'est l'eau à n'en plus finir, l'horizon sans terre. Et puis le gouffre est sorti des eaux. Il y eut le gouffre de la grande manufacture. Il y a, menaçant, le gouffre du Serveur rentier. Édouard Glissant le pressent qui écrit dans *Poétique de la relation* :

> « Les profiteurs des techniques sont incapables de considérer l'Un ni son contraire le Divers dans leurs imprédictibles. Ils se contentent de manœuvrer l'inextricable et l'imprévisible, hors de toute connaissance commune, le profit pour eux en est inévitable. La plus rare des manières de s'opposer serait ici de fréquenter à notre tour l'imprévisible et l'inextricable, les devinant. »

Je lis ces lignes comme une exhortation au ciel ouvert de la pirogue. Glissant a raison, il nous faut fréquenter l'imprévisible et l'inextricable. Le ventre du Serveur rentier nous en donne l'asservissante illusion. La pirogue nous en donne la liberté. La pirogue demeure notre poétique.

Excipit.

Dans son livre au suave parfum de nostalgie, Jean Clair compare la tablette numérique du touriste photographe à la *tavoletta* de Brunelleschi, l'architecte inattendu du Baptistère de Florence.

La Part de l'ange. Journal 2012-2015, Gallimard, 2016.

Tavoletta, tablette numérique en trois mots tout est dit. Un pont est jeté, tout comme l'est cette (anti) bibliographie, arpentage buissonnier entre deux rives bibliothécaires. Ma bibliothèque s'est singulièrement enrichie de cette traversée oblique, de cet authentique désordre provoqué par l'écriture de ce livre.

Ce désordre est le bienvenu. Il n'est ni d'or ni d'airain.

De l'or, il n'a pas la prétention. À l'airain, il espère avoir échappé.

REMERCIEMENTS

Si les livres sont des bateaux, écrire c'est hisser les voiles.

Mais ce n'est pas une course en solitaire en dépit de cette ascèse érémitique du clavier et de la page qu'il faudra parvenir à noircir.

Lorsque j'ai hissé les voiles, je savais que des vents amicaux insuffleraient ma traversée :

François Lascaux, mon ami et associé dans Cyberlibris depuis tant d'années que nous ne les comptons plus, est Demani, ce vent africain que l'on dit propice en swahili. Sans Demani, point de traversées aux confins.

Caroline Noirot, mon éditrice qui rend les lettres belles et chouettes, est Hupe, ce vent frais du soir tahitien. Sans Hupe, surchauffe de l'auteur.

Je les remercie chaleureusement de m'avoir permis une traversée (numérique) à couper le souffle !

Ce livre de bord est aussi le leur.

TABLE DES MATIÈRES

Ce volume,
publié aux Éditions Les Belles Lettres,
a été achevé d'imprimer
en décembre 2016
sur les presses de l'imprimerie SEPEC
01960 Péronnas-France

N° d'éditeur : 8455
N° d'imprimeur : 0545161104
Dépôt légal : janvier 2017